I0211651

Guillermo Caba Serra

LA ARQUEOLOGÍA
DE LA CONCIENCIA

la tempestad | no ficción

La arqueología de la conciencia

Primera edición: mayo de 2016

© Guillermo Caba Serra
© de esta edición: Ediciones de La Tempestad SL, 2016

Ediciones La Tempestad®
c/ Pujades, 6 - Local 2
08005 Barcelona
Tel: 932 250 439
E-mail: info@llibresindex.com
www.edicionestempestad.com

ISBN: 978-84-7948-136-0
Depósito legal: B-10.852-2016
Impreso en la Unión Europea

Bajo las sanciones establecidas por la legislación, están rigurosamente prohibidas, sin la autorización escrita de los titulares del copyright, la reproducción parcial o total de esta obra mediante cualquier procedimiento mecánico o electrónico, y la distribución de ejemplares mediante alquiler o préstamo público.

Índice

Agradecimientos

En esta obra utilizo referencias que no son familiares para buena parte de los lectores. Por este motivo, estoy especialmente agradecido a las personas e instituciones que han aportado las fotografias que aparecen en las siguientes páginas. Éstas ayudarán a entender las numerosas hipótesis que formulo.

En primer lugar quiero expresar mi gratitud a Miquel Boladeras por aportar, tal y como ya hizo en mi obra anterior, las imágenes del Antiguo Egipto. Las fotos del sarcófago de la Gran Pirámide así como la del faraón Hor I son de Jon Bodsworth. Alix Guillard ha contribuído con la imagen de las *Deer Stones* de Mongolia y Luis Tello con la del extraordinario mural de Tepantitla. La imagenes de Tikal, del jaguar y del cenote son del infatigable viajero Bjørn Christian Tørrissen. Obed Suhail ha cedido la fotografía del yacimiento de Harappa, antigua ciudad de la desconcertante civilización del Valle del Indo. Por su parte el Nicholas Roerich Museum de New York me ha permitido la reproducción de la imagen del sabio ruso. Asimismo, agradezco especialmente a los responsables del Ramanasramam de Tiruvannamalai que me hayan permitido reproducir, de su archivo, las imágenes de Ramana Maharshi, así como la de la colina Arunáchala y la del ashram.

Mi actividad como escritor me sería menos fácil si no fuera por las ayudas y el apoyo que diversas personas han tenido conmigo. De entre éstas, quiero mencionar muy especialmente a mi sobrino Gerard, a Ariadna Pujol y a Mercè Riaza. También quiero expresar mi gratitud a Marta Gutiérrez de la Universitat Pompeu Fabra, a Concha Palacios, a Xavier Bartlett, a Fernando Proto Gutiérrez y a Lyubov Kuznetsova. De Ecuador, quiero mencionar a Estela Gaviria de Quito, a Rosario Orellana de Mendieta de la librería Siglo xx de Cuenca, y a la siempre hospitalaria familia de Francisco Andi, en el río Napo. Más al este, en el río Negro, debo mencionar a Silvana Pimentel de Oliveira.

Asimismo, en lo concerniente a las peticiones de información que he llevado a cabo en diferentes instituciones, me he encontrado con la agradable sorpresa de conectar con personas que desempeñan su actividad más allá de lo que uno podría esperar. En este sentido, quiero mencionar muy especialmente a Lluís Feliu, de l'Institut del Pròxim Orient Antic de la Universitat de Barcelona; a Pepa Iglesias, de la Sociedad Española de Estudios Mayas de la Universidad Complutense de Madrid; a Joaquín Mª Córdoba, del Centro Superior de Estudios de Oriente Próximo y Egiptología de la Universidad Autónoma de Madrid; así como a Patricia Sánchez Marrou, de la Biblioteca Central de la Pontificia Universidad Católica de Perú.

También agradezco a Greg Reeder que me indicase la existencia del paper *The Ka-House and the Serdab*, y a Rosa Grau por permitirme el acceso a su biblioteca egiptológica.

Querría aclarar que la ayuda que he recibido de todas estas personas, y la gratitud que siendo hacia ellas, no implica que éstas comulguen con las hipótesis que formulo en esta obra. Dichas hipótesis, abiertas como están a la crítica y al proceso de verificación, son debidas única y exclusivamente a mi propia responsabilidad. En este sentido, quiero mencionar al profesor Josep Montserrat Torrents, fundador y director de la *Escola d'Egiptologia del Museu Egipci* de Barcelona, por acceder a hacer una evaluación de la hipótesis que planteo acerca de la Gran Pirámide de Giza.

De una manera u otra, también estoy en deuda con los voluntarios que han posibilitado que haya podido llevar a cabo varios cursos de meditación Vipassana en el centro Dhamma Neru. Al fin y al cabo, las hipótesis que planteo en esta obra se me suscitaron tras hacer mi primer curso de meditación en enero del 2008.

Finalmente, quiero mencionar a mi padre, a mi madre, a mis hermanos y, sobretodo, a Marta Bitlloch i Puigvert, por su ayuda, paciencia y comprensión.

El ser, siendo, no nace. El no ser, no siendo, no nace
Nagarjuna

INTRODUCCIÓN

En este libro se formulan hipótesis sobre la razón de ser de la Gran Pirámide y de la Esfinge de Giza, así como del acontecimiento catastrófico, transmitido por multitud de tradiciones sagradas, del Diluvio Universal. Para ello me he basado en una perspectiva totalmente distinta a la que utilizan los académicos para estudiar el pasado. En mi anterior trabajo, *Conciencia. El enigma desvelado*, ya abordé el estudio de la antigüedad desde un punto de vista original: tomé como punto de partida los estudios científicos que, desde la física, la biología o la neurología, rompen con su propio paradigma, al tiempo que mantienen aspectos coincidentes entre sí. Dicha aproximación me permitió llegar a plantear diversas hipótesis sobre la razón de ser de determinados monumentos y tradiciones sagradas que eran coherentes con los elementos comunes que subyacen a todos estos descubrimientos científicos. Las conclusiones entraban de lleno en lo que podríamos denominar la genealogía de la conciencia del ser humano.

Así pues, a través de este diálogo transversal encontré respuestas novedosas a la razón de ser de algunos aspectos de la antigüedad que, de acuerdo con mi perspectiva de trabajo, están mal enfocados porque no incorporan las teorías e hipótesis científicas más innovadoras que han aparecido en los últimos decenios.

Ahora llevo a cabo la aproximación a esas mismas tradiciones sagradas del mundo antiguo tomando como punto de referencia el testimonio que nos legó el que, para mí, es el místico más importante del siglo xx: el hindú Sri Ramana Maharshi. Lo interesante de esta manera novedosa de abordar el mundo antiguo es que, a través de ella, he encontrado confirmación de los datos que expuse en mi obra anterior, al tiempo que los provee de mayor amplitud, profundidad y, en suma, claridad. Es decir, que mediante este nuevo enfoque constato una vez más cómo la conciencia del ser humano, en sus distintos planos de existencia, vuelve a estar insertada en el mensaje fundamental de textos y monumentos antiguos.

Este trabajo es, por lo tanto, una emanación o continuación del primero, aunque he tratado que el lector tenga a su disposición todos los eslabones argumentales, algunos de los cuales ya utilicé en *Conciencia. El enigma desvelado*, para que, paso a paso, pueda entender las hipótesis que propongo.

Por otro lado, antes de entrar en materia, querría advertir al lector de otro aspecto fundamental de esta obra, aspecto que no remite a su contenido sino al estilo en que ha sido redactado: al igual que en mi libro anterior he escogido un estilo neutro y sencillo, desprovisto de florituras retóricas y en el que tampoco intercalo historias o experiencias personales.

El motivo de esta decisión es que una narración de carácter novelado, que se lea como un *thriller* cargado de suspense, está totalmente en contradicción con el contenido de este ensayo. Precisamente, este trabajo pretende dar cuenta de lo que queda de nosotros cuando ya no tenemos ego que defender. Así pues, para la lectura de este libro hacen falta dos cualidades: atención y cierto sosiego interior. Si el lector no las posee espero que, al menos, la lectura de esta obra se las fomentará.

© Sri Ramanasramam, Tiruvannamalai.
Seguir los pasos de Ramana Maharshi nos ayudará a formular una hipótesis sencilla y clara sobre la razón de ser de la Gran Pirámide, la Esfinge de Giza y el Diluvio Universal.

Capítulo 1
RAMANA MAHARSHI, EL SABIO DE LA MONTAÑA SAGRADA

Si quieres tener paz, ve al Sri Ramanasramam y permanece unos días en presencia de Sri Ramana Maharshi. No hace falta que hables ni que le hagas preguntas. Este es el consejo que en 1938 el propio Mahatma Gandhi le dio a quien más tarde sería primer presidente de la India, Rajendra Prasad.[1] ¿Por qué Gandhi le dijo al futuro presidente de la India que para obtener la paz fuera a ver a este extraño personaje del que casi nadie ha oído hablar? ¿Quién era Ramana Maharshi?

Cuando consideramos a personas célebres del siglo xx se nos ocurren nombres como Einstein, Picasso o el mismo Gandhi. Sin embargo, por mucho que alarguemos dicha lista, difícilmente constará en ella el nombre de una persona que, como Ramana Maharshi, la mayoría de personas ni tan sólo sabe que haya existido. Y esto no deja de ser extraño porque el mismo Carl Gustav Jung dijo de él que «en la India, él es el punto más blanco de un espacio blanco».[2]

Lo que nos interesa de este personaje, que nació en una población del sur de la India en 1879, es que a la edad de 17 años tuvo una experiencia que cambió su vida y que conocemos por el nombre de iluminación, satori o nirvana, dependiendo de la religión desde la cual queramos interpretar su experiencia. Lo fundamental en Maharshi es que a partir de ese momento, y hasta que falleció a la edad de 72 años, continuamente fue consciente de ese otro estado de conciencia.

Para los que no somos personas «iluminadas» es una suerte que Maharshi permaneciera en este estado a lo largo de toda su vida y que esto no fuera un obstáculo para su comunicación con los demás. Muy al contrario, tal y como en su momento indicó *The Times*, Maharshi «demostró en su persona que

---

1   BALLESTEROS, Ernesto, *Las enseñanzas de Ramana Maharshi*, Editorial Kairós, Barcelona 1998, p. 57.

2   Ramana Maharshi, *Enseñanzas Espirituales*, Prólogo de C. G. Jung, Editorial Kairós, Barcelona 1983.

una conciencia que trasciende a la vez el plano físico y el plano mental es compatible con el pleno uso de las facultades físicas y mentales… Pertenecía al verdadero linaje de los maestros espirituales de la India».

Ramana Maharshi hacia los sesenta años de edad.

Este pleno uso de sus facultades físicas y mentales permitió, a los que reconocieron en él a un auténtico sabio, el que resolviera sus dudas y les diera indicaciones para que ellos, a su vez, avanzasen en su camino hacia la liberación. Afortunadamente parte de estos diálogos, que mantuvo con los visitantes que acudían hasta él en busca de la auténtica sabiduría, se publicaron —previa corrección del mismo Maharshi— en forma de libros. Las inestimables respuestas que él dio a las preguntas que recibía de los visitantes que buscaban como ser conscientes de su propia eternidad vertebrarán buena parte de lo que se expone en este libro.

La vida de este singular ser humano nos interesa por dos motivos. En primer lugar porque en un mundo en el que parece que todos vamos a la deriva, la existencia de individuos que vivieron en paz consigo mismos y que difundieron esta paz hacia los demás debería generar en nosotros al menos cierto interés. El asunto es que Maharshi vivió entre 1879 y 1950, un período ciertamente convulso en la historia de la India que culminó en 1947 con la independencia de este país respecto de Gran Bretaña. Sin embargo, el sentimiento común a todos los testimonios que nos han llegado de los visitantes que fueron a su ashram nos hablan de lo mismo: Maharshi irradiaba una paz sublime, tremendamente contagiosa, que desapegaba a las mentes de las mundanales preocupaciones y las transmutaba en gozo, en beatitud y compasión hacia la totalidad de la existencia. En este sentido, tampoco está de más añadir que abundan los testimonios de devotos que entraban en un estado de trance espiritual cuando Maharshi posaba su mirada en ellos.

El segundo aspecto que nos interesa de Maharshi deriva de su experiencia como persona iluminada. Su manera de ser y las explicaciones que daba a los que le preguntaban cómo alcanzar el nirvana eran pura sencillez y claridad. A pesar de proceder de la tradición hindú, Maharshi no adoctrinaba a los visitantes con ningún dogma. Tampoco alimentaba ningún tipo de misterio o de adulación hacia su persona o hacia el tipo de conocimientos que ostentaba debido a su propia experiencia de persona iluminada. A esto hay que sumar otras consideraciones: el que fuera una persona totalmente asequible a los visitantes que acudían hacia él en busca de la verdadera sabiduría; el que en su ashram no hubiera jerarquías y que, por ejemplo, él mismo participase en las tareas cotidianas como la de preparar la comida. Quizás por estos motivos aún hoy, cuando tan necesitados estamos de paz, Maharshi es más bien desconocido.

Sin embargo, Maharshi nos interesa especialmente porque, como buen místico, había independizado su conciencia de su vinculación con el cuerpo. Se había dado cuenta que él no era el cuerpo. No había ni apegos ni aversiones que sesgasen o distorsionasen su captación de la realidad.

Por este motivo, sus explicaciones acerca de cómo hacer para alcanzar la iluminación, que en sí mismas son muy recomendables de tomar en cuenta, nos pueden ayudar a entender los incontables testimonios que nos ha legado la historia de la humanidad y que nos hablan de los estados de existencia que están más allá de la conciencia ordinaria. Nos hablan, en suma, de todo aquello de lo que Maharshi era un ejemplo viviente.

Así pues, Maharshi será el punto de anclaje desde el cual abordaremos los testimonios del pasado que señalan a una dimensión sagrada y trascendente del ser humano, de nuestra naturaleza eterna y, por tanto, inmortal. Se trata, en suma, de antiguos testimonios que se expresaron a través de la arquitectura, la iconografía o mediante la transmisión —primero oral y después escrita— de mitos y tradiciones.

Puesto que sólo lo semejante conoce lo semejante, la luz que nos aportará Maharshi nos permitirá darnos cuenta que, detrás del abigarrado corpus de textos y monumentos sagrados legados por la antigüedad, hay un mensaje común que no remite a lo oscuro, a lo rebuscado o a lo gratuitamente misterioso, sino a algo que nos es absolutamente próximo, sencillo y claro. Al fin y al cabo, si en medio del ruido ambiental no oímos el sonido de la hoja del árbol que cae ello no es debido a que la hoja no haya hecho ruido al caer sino al ruido de fondo. De acuerdo con Maharshi, el foco principal de este ruido ambiental, que nos impide conocer lo esencial de nosotros mismos y del universo, es la creencia que somos un cuerpo.

Dicho esto, la mejor forma de comenzar es yendo al momento en que Maharshi se dio cuenta que era algo más que un trozo de carne y huesos. Tenía entonces 17 años y, debido a que este acontecimiento cambió radicalmente su vida, he preferido hacerlo llegar al lector a través de sus mismas palabras.

1.1- Cuando Maharshi encontró su tesoro interior

Seis semanas antes de abandonar definitivamente Madurai (mediados de julio de 1896) se produjo un acontecimiento inesperado que cambió radicalmente mi vida: estaba sentado a solas en una habitación del primer piso de la casa de mi tío, raramente me encontraba enfermo y aquel día me hallaba bien de salud, como era habitual, pero de súbito me invadió un terrible miedo a la muerte. No había ningún síntoma (patológico) que justificara aquella impresión y nunca he podido encontrar una causa que lo explicara; tampoco me pregunté si aquella angustia tenía fundamento, sencillamente pensé que iba a morir, a morir realmente, y me pregunté qué podía hacer en aquel trance. No se me ocurrió la idea de ir a buscar un médico o consultar algún amigo o a una persona de experiencia; sentí claramente que tenía que resolver el problema por mí mismo, sin salir de aquel lugar.

El choque producido por el miedo a la muerte me hizo concentrarme en mi interior y me dije, sin pronunciar físicamente las palabras: «La muerte ha llegado, ¿qué significa eso?, ¿quién es el que muere? este cuerpo se muere», y entonces procuré dramatizar físicamente la propia escena de mi muerte, estiré mis miembros y los mantuve tensos, como si fueran invadidos por una rigidez mortal, imité la actitud de un cadáver para dar mayor realidad a mi indagación, retuve el aliento y apreté los labios para que no pudiera escaparse por ellos el menor sonido, ni siquiera la palabra yo, pero me dije (sin pronunciar estas palabras): «Este cuerpo está muerto, será transportado al campo crematorio para ser quemado y reducido a cenizas, pero con la muerte de este cuerpo ¿muero yo realmente?, ¿soy yo este cuerpo?, mientras está silencioso e inerte, siento la fuerza de mi personalidad como algo distinto a él e incluso la palabra "yo", en el fondo de mi ser, como algo distinto a este cuerpo, por lo tanto yo soy un espíritu que trasciende el cuerpo, el cuerpo material muere pero el espíritu no puede ser tocado por la muerte, soy un espíritu inmortal». Todo esto no era un simple proceso intelectual, resplandecía vivamente en mi interior como una verdad brillante que percibía directamente sin necesidad de reflexión alguna. Yo era algo completamente real, lo único real

de todo aquel proceso, y toda mi actividad consciente en relación con mi cuerpo
se centraba en aquel Yo.

A partir de aquel instante, este Yo o mi Ser fue el centro de toda mi atención,
que me atraía como una poderosa fascinación; el miedo a la muerte había desa-
parecido para siempre.[3]

© Sri Ramanasramam, Tiruvannamalai
Esta es la primera foto que se ha conservado de Maharshi.
Fue hecha poco después de su llegada a Arunáchala.

Pocas semanas después de experimentar ese otro estado autoconsciente
huyó de su casa y se fue a vivir a Tiruvannamalai, al pie de la montaña
Arunáchala. La colina, de color rojizo, se levanta unos 300 metros por
encima de la interminable llanura circundante, y contiene algunas grutas
que, reconvertidas en ermitas, han sido utilizadas desde tiempos inmemoriales por algunos místicos, como fue el caso del mismo Maharshi. Según
la misma tradición hindú, la montaña es una personificación del dios Shiva,
deidad que simboliza la destrucción de la ignorancia, entendida ésta como

---

3   B. V. Narashima Swami, *Self Realization. The Life and Teachings of Bhagavan Sri Ramana*
     Maharshi, Sri Ramanasramam, Tiruvannamalai, 2010 (third edition), pp. 16-17.

la identificación que todos hacemos entre nuestra entidad egótica y nuestro cuerpo físico, y que Maharshi trascendió.

© Sri Ramanasraman, Tiruvannamalai.
Entrada al Ramanasramam, el ashram que se construyó para Ramana Maharshi y que hoy atrae a visitantes de todo el mundo.

Tras su llegada a Arunáchala y a lo largo de los siguiente once años, en los que permaneció en silencio, se fue creando una atmósfera de visitantes interesados hacia Maharshi lo que comportó que, de forma espontánea, se crease un ashram, un centro de meditación y enseñanza hinduista que hoy, bajo el nombre de Ramanasramam, todavía existe. Y es que, a pesar del tiempo que ha transcurrido desde la muerte de este sabio, su vida y enseñanzas atraen hasta este lugar miles de visitantes de todo el mundo.

En 1907 finalizó su período de silencio[4] y, a partir de entonces y hasta su muerte física, el sabio dedicó su vida, desde su ashram, a resolver las dudas que le planteaban los buscadores de eternidad que acudían hasta él.

Poco importaba que Maharshi nunca hubiera leído los Vedas, los Puranas, los Upanishads o la obra cumbre de la mística hindú, el *Bhagavad Gita*. El sabio entendía todos los pasajes que los visitantes le indicaban y no comprendían, debido a que tenía conocimiento directo de lo que estaban

---

4   En las páginas 65 y 66 del libro de A.R.NATARAJAN *Lo eterno en el tiempo, Sri Ramana Maharshi*, (editorial José J. de Olañeta, Palma de Mallorca, 2006), se relata el episodio que motivó el que Maharshi abandonase su período de once años de silencio.

hablando estos textos sagrados. Este es, precisamente, el factor por el que su figura atrajo a tantos devotos: el que su saber no fuera resultado de la erudición sino que provenía de su propia experiencia personal.

En este sentido, la pregunta más común que le hacían los visitantes era la misma que le haría hoy cualquier persona que no se ha iluminado y que desea hacerlo: ¿qué debo hacer para iluminarme?; ¿qué debo hacer para ser consciente de mi propia eternidad?, así como también ¿qué supone la iluminación para la persona que la experimenta? Vayamos por partes.

Para Maharshi, el método más rápido para alcanzar la liberación consistía en lo que él denominaba la autoindagación. El método es tan sencillo de entender como difícil de poner en práctica para la inmensa mayoría de seres humanos que hoy pululamos, cual irreflexivos insectos, por la superficie de Gaia. Dicho método parte de la siguiente constatación:

1- Toda nuestra actividad consciente, todo lo que captamos del mundo y de nosotros mismos, no es nada más que el resultado de nuestros pensamientos.
2- De todos estos pensamientos hay uno que está en el origen de todos los demás: el pensamiento «yo». Por lo tanto:
3- A través de los mismos pensamientos debemos remontarnos hasta la fuente de la que mana este «yo». Si lo conseguimos, ¿qué ocurrirá? Pues que, sencillamente, nuestro «yo» se disolverá y alcanzaremos la iluminación.

La respuesta a la segunda pregunta —¿Qué supone la iluminación para el que la experimenta?— señala que captaremos un estado de conciencia que está más allá de la dualidad sujeto-objeto. Al fin y al cabo, como le gustaba recordar a Maharshi, ¿cómo puede haber mundo cuando ya no hay observador?

De acuerdo con este sabio, dicho estado de iluminación, que en lengua española traducimos como nuestro «Ser», en mayúsculas, es en realidad el testigo que subyace a los tres estados básicos de conciencia. Dichos estados son:

• El de vigilia, en el cual a través del cuerpo burdo (o físico) percibimos las formas burdas (o físicas) de nuestra realidad cotidiana.
• El que crea los sueños cuando estamos dormidos. En este estado, a través de la mente percibimos creaciones mentales (los sueños).
• El de sueño profundo. En éste, en la medida en que no hay mente, tampoco hay objetos de percepciones.

Así pues, Maharshi señala que la iluminación es algo distinto a estos tres estados, al tiempo que los engloba a todos ellos. Para utilizar un símil que explique esta experiencia supraconsciente, que se sitúa más allá de nuestro «yo» y del mundo asociado a esta entidad egótica, y que acostumbra a ser percibida con un terror absoluto para los que no la hemos experimentado y con un gozo total para los que sí han merecido vivenciarla, este sabio utilizó con frecuencia el siguiente ejemplo: imaginemos una pantalla de cine en la que se proyectan las imágenes de una película. Mientras todo cambia, ella permanece sin cambios pues en nada le afectan las escenas proyectadas. No sólo está más allá de todo lo que acontece en las películas proyectadas sino que es el substrato a partir del cual la proyección es posible.

La parte angular de toda esta situación es que, de la misma manera que en nombre de la acción que se desarrolla en una película nos olvidamos de la pantalla de cine en donde ésta se proyecta, en nuestra conciencia ordinaria de vigilia nos identificamos totalmente con la mente y el cuerpo olvidando el substrato común que les es inherente. Precisamente, trascender la vinculación con el propio cuerpo y la propia mente se puede equiparar a dejar de proyectar las imágenes en la pantalla. ¿Qué ocurre en este momento? Que la pantalla en la que se proyectaba la película se manifestará con toda claridad. De acuerdo con esta manera de percibir la existencia, los universos, los pensamientos, los objetos y los acontecimientos de nuestras vidas no son más que meras imágenes que se mueven en la pantalla de la Conciencia Pura que, de acuerdo con Maharshi, es lo único verdaderamente real.[5]

En este punto, al lector muy legítimamente se le puede suscitar la siguiente pregunta: ¿en nombre de qué se puede hablar de la existencia de un substrato común a los tres estados básicos de sueño profundo, sueño con sueños y vigilia?

Sobre este aspecto, a Maharshi le gustaba recurrir a la siguiente reflexión: si somos lo que captamos de nosotros mismos durante el estado de vigilia o de conciencia ordinaria, ¿dónde estamos durante el sueño profundo? ¿Sabemos durante ese trance de sueño profundo que dormimos y que somos inconscientes del mundo? Lo cierto es que sólo describimos ese estado de inconsciencia cuando permanecemos en estado de vigilia.

A su vez cuando dormimos, ya sea con o sin sueños, no decimos que soñamos. Esto es algo que sólo identificamos una vez nos hemos despertado. Llegados a este punto, el lector puede preguntarse: si el que dormía era «yo», está claro que este «yo» del sueño era algo totalmente distinto al «yo» consciente de mi vigilia. Por este motivo, señalaba Maharshi, el objetivo fundamental de

5   COHEN, S. S., *Guru Ramana*, Trompa de Elefante, Madrid 2008, p. 69.

cualquier ser humano es encontrar la realidad inalterable que subyace a estos tres estados. Al fin y al cabo, ¿cómo podemos ser algo que, como el «yo» de la vigilia, aparece y desaparece y no tiene una existencia estable?

De acuerdo con Maharshi desde esta metaconciencia, que es el testigo mudo e inalterable de los tres estados básicos de conciencia, ¿qué son nuestros placeres y nuestros sufrimientos, nuestro nacimiento y muerte? Según este sabio, sólo son como las imágenes que se proyectan en la pantalla de cine. Poco importa el contenido de dichas imágenes porque la pantalla no se ve afectada lo más mínimo. Así, el espejismo del ego se puede entender como si se hubiera desplegado de esta metaconciencia original —la pantalla de cine—, que subyace más allá del espacio y del tiempo. Otra de las consideraciones de este estado de cosas es que nuestro ego sólo existe en tanto nos identifiquemos con la mente primero y con el cuerpo después.

1.2- Desandar el camino de la conciencia

Para Maharshi, la liberación consiste, precisamente, en desandar este camino. Como el ego no es más que un agregado de pensamientos, el primero de los cuales es el pensamiento «yo», si nos remontamos hasta la fuente de donde mana el pensamiento «yo», nuestro «yo» se disolverá en su fuente «como un muñeco de sal en el océano»,[6] según recordaba poéticamente Maharshi.

Para los que no hemos cruzado este umbral, las implicaciones de este acto nos provocan un auténtico *horror vacui*. Desde este punto de vista, que es al fin y al cabo el de los ignorantes —entre los cuales me encuentro—, el único consuelo que nos queda es el testimonio de los que sí lo han cruzado: todos indistintamente hablan de gozo infinito.

No deja de ser curioso que los que han accedido al otro lado de la realidad no se den ninguna importancia. Al fin y al cabo, como reconocía un Ramana Maharshi que permanecía en dicho umbral con la misma facilidad con la que los demás pensamos que somos un cuerpo, ¿qué es el «yo» del estado de vigilia sino sólo y únicamente el pensamiento «yo» y nada más?

A partir de aquí, vale la pena remarcar algunos aspectos que Maharshi enfatizaba y que nos ayudarán a contextualizar los datos que incorporaremos del ámbito de la antigüedad. Dice el sabio de la Arunáchala:

---

6   MUNGALA S. Venkataramiah (Swami Ramanananda Saraswati), *Talks with Sri Ramana Maharshi*, Sri Ramanasramam, Tiruvannamalai, Thirteenth Reprint, diálogo 286, p. 256.

El mundo es aprehendido por los sentidos en los estados de vigilia y de sueño; es el objeto de las percepciones y los pensamientos, siendo los dos actividades mentales. Si la actividad mental del sueño y del estado de vigilia no existieran, no habría percepción del mundo ni la conclusión que existe. En el sueño profundo, esta actividad está ausente; pues los objetos y el mundo no existen para nosotros en ese estado. En consecuencia, la «realidad del mundo» no puede ser creada más que por el ego, por su emergencia desde el sueño; y esta realidad es engullida o desaparece en la medida en que el alma retoma su propia naturaleza en el sueño profundo. La aparición y la desaparición del mundo son comparables a la araña que teje su tela y después la reabsorbe.[7]

© Sri Ramanasramam, Tiruvannamalai.

Según Maharshi, para alcanzar la iluminación hemos de trascender el pensamiento «yo».

Ante esta exposición, el lector puede presentar la siguiente objeción: si todo lo que captamos es puramente mental y, por tanto, no tiene una realidad objetiva; si todo en sí mismo —nosotros incluidos— es maya, ilusión, ¿cómo es posible que todos los seres humanos captemos el mismo universo? De acuerdo con Maharshi, esto es así porque «detrás de la diversidad de fenómenos hay un solo vidente o testigo».[8]

---

7   Ibid, p. 25, diálogo 25.

8   Ibid., p. 143, diálogo 164.

¿Es ésta una evasiva? Antes de juzgar como un sinsentido todo lo dicho hasta aquí vale la pena señalar que físicos como Albert Einstein o James Jeans,[9] a tenor de las repercusiones que conllevaban los resultados de los experimentos en el ámbito de la física cuántica, reconocían que el universo se parecía mucho más a un gran pensamiento que a una gran realidad objetiva y material. Veamos dicha reflexión a través de las palabras de Jeans:

> La corriente del conocimiento humano está llevando imparcialmente hacia una realidad no mecánica: el universo comienza a parecer, más que una gran máquina, un gran pensamiento. La mente ya no parece ser un intruso accidental en el campo de la materia. Estamos comenzando a sospechar que deberíamos considerarla como la creadora y gobernante de este reino.[10]

Mucho más recientemente, en noviembre del 2013, la revista New Scientist abordaba este mismo tema en un extenso reportaje de portada titulado *The now delusion. Do past, present and future exist only inside our heads?* y reconocía que nuestro "ahora" así como la percepción del tiempo que transcurre «es una ilusión que creamos dentro de nuestras cabezas».[11] Si esto es así, la percepción que cada cual tiene de sí mismo no puede ser más que una ilusión sin existencia objetiva, lo cual coincide exactamente con lo que sabía Ramana Maharshi por experiencia propia.

Otra correspondencia que ilustra esta coherencia entre la denominada Nueva Física y el testimonio de los místicos proviene del físico David Bohm. De acuerdo con este científico, que recién doctorado pasó a trabajar con Albert Einstein en la Universidad de Princeton a petición del sabio alemán, todo induce a pensar que el origen de todo lo que captamos, ya sea de nosotros mismos o del universo, reside en una realidad no manifiesta por los sentidos cuya dinámica está más allá de las coordenadas espacio-tiempo que delimitan nuestra autoconciencia.[12]

---

9 Sir James JEANS fue matemático, físico y astrónomo. Aportó contribuciones decisivas a la teoría dinámica de los gases, a la teoría matemática del electromagnetismo, al conocimiento de la evolución de las estrellas gaseosas y al de la naturaleza de las nebulosas, por citar unas pocas de entre ellas. El título de sir le fue concedido en 1924, y acabó convirtiéndose en uno de los más eminentes y populares filósofos de la ciencia.

10 JEANS, James, *The mysterious universe*, Cambridge University Press, 1930, p. 137.

11 SLEZAK, Michael, *The now delusión. Do past, present and future exist only inside our heads?*, New Scientist, 2 November 2013, p. 35.

12 BOHM, David, *La totalidad y el orden implicado*, Editorial Kairós, Barcelona 1992, p. 260.

Asimismo, Bohm proponía que todo lo que captamos de manera fragmentada, lo cual incluye la percepción que tenemos de nosotros mismos respecto de los demás, forma parte de una totalidad continua que existe en otro nivel de realidad, más allá del espacio y del tiempo. Para decirlo de una forma gráfica, imaginemos que la percepción que los seres humanos tenemos de nosotros mismos es igual a la percepción que tenemos cuando vemos un enorme archipiélago de islas. Por encima del nivel del mar están separadas las unas de las otras. Sin embargo, por debajo del nivel del mar, que en el caso de Bohm equivaldría a la realidad que está más allá de lo que captamos por los sentidos, están unidas las unas a las otras. Es decir: todos nosotros formamos parte de la misma unidad de la que sólo somos, para decirlo de una manera, concreciones formales.

Finalmente, este alumno aventajado de Einstein sostenía que si este universo que no captamos a nivel sensorial, y que él denominaba Orden Implicado, fuera un océano, el universo que captamos por los sentidos, lo que denominamos realidad, sería únicamente una gota salpicada de una ola que rompe contra un acantilado.

Esta imagen tan poética es muy importante: Maharshi, basándose no en la lectura de los trabajos de los científicos del siglo xx sino a partir de su propia experiencia personal, utilizó una metáfora tremendamente similar a través del diálogo que el 7 de noviembre de 1935 estableció con un visitante. Éste le preguntó:

> Visitante: *Algunos recomiendan no meditar más que sobre objetos materiales; esto puede ser un desastre si lo que buscamos es de eliminar la mente.*
> Maharshi: *¿Para quién es un desastre? ¿Puede existir un desastre al margen del Ser? El Ser ininterrumpido es el océano infinito; el ego, el pensamiento «yo», no es más que una burbuja en la superficie de este océano; se la llama jiva o alma individual. Igualmente, la burbuja de agua, cuando ella estalla, no hace más que volver al océano; y cuando es burbuja, ella siempre hace parte del océano.*[13]

A partir de ahora iremos a la antigüedad en busca del testimonio de seres humanos que eran conscientes de que sólo eran burbujas efímeras en la superficie del océano. Dichos individuos dejaron su huella en textos de corte esotérico, en la iconografía sagrada, así como en monumentos cuyo significado los historiadores, creo, no han comprendido. Al fin y al cabo, éstos todavía no se han dado cuenta que ellos no son un cuerpo sino, más bien, una minúscula y efímera burbuja en medio de un abismo insondable.

---

13   *Talks with Sri Ramana Maharshi*, p. 90, diálogo 92.

Capítulo 2
LA GRAN PIRÁMIDE Y LA INMORTALIDAD

2.1- Una conversación interesante

Ramana Maharshi fue prácticamente un desconocido fuera de la India hasta que un escritor británico tuvo el acierto de ir a visitarle. Se llamaba Paul Brunton, y una conversación que mantuvo con el sabio nos permitirá establecer un puente entre la mística hindú y el mensaje contenido en la Gran Pirámide de la meseta de Giza. Mucho se ha escrito acerca de la razón de ser de este espectacular monumento, y puede que hasta ahora nadie haya dado en la diana porque la respuesta no está afuera de nosotros sino adentro, en la percepción que cada cual tiene de sí mismo. Así al menos lo sostuvo Maharshi, de manera que vale la pena analizar el contenido de su indicación y, de paso, ir tirando del ovillo todo lo que ésta —que es muchísimo— nos dé de sí.

De toda esta conversación, que tuvo lugar el 23 de enero de 1936, nos quedamos con una sección que representa el nudo gordiano del asunto:

> Brunton: *¿Cuál es el misterio de esta Colina?*
> Maharshi: *Lo ha dicho usted en* «*Egipto Sagrado*»: «*el misterio de la pirámide es el misterio del Ser. Igualmente el misterio de esta Colina es el misterio del Ser.*[14]

La vinculación, por parte de Brunton, entre la pirámide y el Ser, nace de su experiencia dentro de la denominada Cámara del Rey de la Gran Pirámide de Giza. El relato de su vivencia puede parecer la obra de un auténtico charlatán. En todo caso, no me resisto a ofrecer una versión abreviada del mismo.

Tras convencer a la policía local, consiguió el permiso para permanecer una noche en este espacio de la Gran Pirámide, considerado el sanctasanctorum del monumento. Una vez adentro, el escritor se vió progresivamente acosado

---

14   Ibid., p. 128, diálogo 143.

por pensamientos llenos de temor aunque, finalmente, consiguió calmarse. Fue en ese instante de serenidad cuando captó la presencia de dos figuras altas que vestían togas blancas y sandalias. Una de ellas le preguntó si estaba dispuesto a perder el contacto con el mundo mortal. Brunton se declaró preparado y el segundo ser le pidió que se estirase en el suelo. En medio de una parálisis total, cosa que nos recuerda la iluminación de Maharshi cuando tenía 17 años, Brunton percibió que su alma se separaba de su cuerpo. El sacerdote que guiaba la experiencia de Brunton, le señaló:

Ahora aprendiste una gran lección. El hombre, cuya alma nació de lo impere-cedero, no puede morir... Dedícate a buscar en tu mente el pasaje secreto que te conducirá a la cámara escondida dentro de tu propia alma, y habrás encontrado algo realmente valioso. El misterio de la Gran Pirámide es el misterio de tu propia alma. Las cámaras secretas y los antiguos archivos de la historia están todos contenidos en tu propia naturaleza. Lo que enseña la pirámide es que el hombre debe volverse hacia su propio interior, debe aventurarse a penetrar en el centro desconocido de su ser para buscar su alma, como debe penetrar en las simas desconocidas de este templo a buscar su más profundo secreto. ¡Adiós![15]

© Sri Ramanasramam, Tiruvannamalai.
La colina Arunáchala, símbolo del dios Shiva, el dios destructor
de la ilusión y de la ignorancia.

---

15   Brunton, Paul, *El Egipto Secreto*, Editorial Kier, Buenos Aires 1987, pp. 78 y 81.

La Gran Pirámide en una imagen del siglo xix.

Hasta aquí el relato de Brunton, que no aporta ninguna prueba del por qué la Arunáchala es el misterio de la Gran Pirámide. El escritor tampoco resolvió esta correspondencia en sus escritos posteriores, de manera que para avanzar algo debemos remitirnos al sabio hindú y plantear el asunto de la siguiente manera: si Ramana Maharshi estuviera en lo cierto al establecer una identificación entre la colina Arunáchala y la Gran Pirámide, esto significaría que este monumento expresaría esa realidad sutil que subyace a los tres estados básicos de conciencia. Es decir: la Gran Pirámide significaría lo mismo que la pantalla de cine en donde se proyecta la película, de manera que sería una escenificación de ese estado de existencia que es testigo de los tres estados básicos. Para comprobar dicha identificación debemos buscar en las declaraciones de Maharshi la clave que nos permita demostrar la vinculación entre la experiencia de la iluminación y el significado de este singular monumento.

En mi obra anterior[16] hice un rastreo en diversas tradiciones sagradas y herméticas a partir de las cuales formulé una hipótesis sobre la razón de ser de la Gran Pirámide. A pesar de que en ese momento no sabía nada del sabio de la Arunáchala, encontré un factor común en todas estas antiguas tradiciones que, precisamente, es coherente con el mensaje fundamental de Maharshi.

---

16   CABA SERRA, Guillermo, *Conciencia. El enigma desvelado*, Corona Borealis, Málaga 2010.

Este concepto angular que el sabio de la Arunáchala tuvo interés en remarcar, y que está estrechamente vinculado con la interpretación que hice de la Gran Pirámide, es el siguiente: el ser humano participa de tres estados de conciencia: el de la conciencia cotidiana, en el que a través de los sentidos físicos capta la realidad burda del mundo y del cuerpo físico; el de la conciencia correspondiente a la actividad onírica, en la que la mente crea las realidades puramente mentales que denominamos sueños; y el de la conciencia del sueño profundo en el que, en la medida en que desaparece el «yo» mental, también desaparece cualquier tipo de realidad objetivable, ya sea física o puramente mental.

Y ahora vayamos a la llanura de Giza porque basta este simple marco conceptual para proponer una hipótesis sencilla, clara y al mismo tiempo profundamente mística, para resolver el acertijo de la Gran Pirámide.

2.2- Las conexiones celestiales de la Gran Pirámide

La Gran Pirámide es un monumento mudo, no contiene inscripciones que se puedan atribuir a sus anónimos constructores y sí algunos grafittis, uno de los cuales hace referencia a Keops. Para los egiptólogos esto, y el testimonio del geógrafo Heródoto, según el cual los informantes con los que habló le dijeron que en la pirámide estaba enterrado dicho faraón, es suficiente para atribuir a este gobernante la construcción de su propio mausoleo. Pero como no hay el testimonio de que alguien haya encontrado momia alguna dentro del monumento, y que ni tan sólo se hayan encontrado los restos de un saqueo, es verosímil pensar que la razón de ser de la Gran Pirámide sea otra. En suma: que Heródoto, quien recogió sus datos hacia el 500 a.C., 2000 años después de la construcción de la Gran Pirámide, se informó mal.

Esto es lo más probable porque hasta el siglo IX el monumento permaneció sellado. En ese momento, el califa Al-Ma'mum pudo perforar una entrada y recorrer el interior de monumento. ¿Resultado? No hay ningún documento de esa época o posterior que nos indique que hubiera encontrado un tesoro.

A lo sumo, constató lo que hoy los visitantes pueden comprobar: el monumento contiene tres estancias: una inferior, excavada en la misma roca en la que se asienta el monumento, una intermedia y otra superior. Al acceder al habitáculo intermedio, estos buscadores de tesoros comprobaron que su techo era una bóveda de descarga en ángulo doble, es decir, con forma de V invertida. Esta estructura era característica de la arquitectura funeraria musulmana destinada a los entierros de mujeres, motivo por el cual denominaron este espacio Cámara de la Reina. La estancia situada encima de ésta, en la que encontraron un sarcófago vacío y sin tapa, tenía el techo plano típico de los entierros de hombres. De manera que, aplicando el mismo criterio de la otra estancia, llamaron a ésta Cámara del Rey.

© John Bodsworth

Sarcófago de la denominada comúnmente Cámara del Rey de la Gran Pirámide. En las paredes de la derecha y de la izquierda, fuera de plano, hay los orificios de los canales norte y sur.

Sin embargo, si nos atenemos a la estructura interna de estos espacios, comprobamos que la identificación que hace Maharshi entre la colina Arunáchala —como símbolo de la iluminación— y la Gran Pirámide es totalmente pertinente, y que las denominaciones de Cámara de la Reina y Cámara del Rey no tienen ningún argumento a su favor. Por el contrario, la correspondencia con lo señalado por Maharshi se expresa, fundamentalmente, en la cámara superior, espacio considerado el sanctasanctórum de la Gran Pirámide. Pero vayamos paso a paso.

Este habitáculo contiene un sarcófago vacío y sin tapa así como dos orificios, uno en la pared norte y otro en la pared sur. A través de ambas aperturas se extiende un canal de 20 centímetros de grosor que, de forma sinuosa, atraviesa la estructura del monumento hasta salir al exterior. En el siglo XIX se descubrió que, de forma correlativa, la cámara intermedia también tenía sus canales norte y sur, aunque 15 centímetros de piedra de la pared cerraban su extremo interior. Por lo que hace referencia al recorrido por el interior de la pirámide, éste finaliza unos metros más allá, en el interior del monumento. Es decir, a diferencia de los conductos de la Cámara del Rey, éstos no alcanzan el exterior de la pirámide.

En su momento se estimó que estos conductos tenían como finalidad la ventilación de dichas cámaras. Sin embargo, nunca hubo consenso al respecto porque, como advertían algunos, la ventilación de las estancias no hubiera facilitado la conservación de las presuntas momias que debían acoger. Por otro lado, si los canales de la Cámara de la Reina no tienen salida al exterior, mal podían ventilar dicha estancia en donde, se suponía, habría sido enterrada una mujer.

En 1964 se dio a conocer una teoría alternativa sobre la razón de ser de estos conductos cuando el arquitecto egipcio Alexander Badawy intuyó que los dos canales que parten de la cámara del Rey tenían como función permitir el viaje del alma del faraón hacia las estrellas.[17] Ayudado por la astrónoma Virginia Trimble, demostró[18] que en el año 2600, fecha aproximada que se atribuye a la construcción de la pirámide, el canal norte apuntaba a la estrella Tubán de la constelación del Dragón, mientras que el canal sur apuntaba a las tres estrellas del cinturón de Orión a su paso por el meridiano. El meridiano es un arco imaginario, una línea situada en el firmamento que va de norte a sur y que pasa por encima de nuestra vertical. De manera que divide el cielo en dos partes iguales por encima de la cabeza del observador.

Posteriores observaciones, así como la consideración de que el recorrido de los dos conductos no es totalmente lineal y de que las alineaciones no se producen todas en los mismos años, han aportado discrepancias a estas precisas conexiones estelares, aunque no en lo que se refiere a las identificaciones zodiacales. Es decir, que hay consenso general en reconocer lo evidente: que el canal norte apunta a la constelación del Dragón y el sur a Orión a su paso por el meridiano. Este descubrimiento es particularmente importante porque es coherente con secciones del contenido que encontré en los denominados *Textos de las Pirámides*.

---

17   BADAWY, A., *The Stellar Destiny of Pharaoh and the so-called Air-safts in Cheop's Pyramid*, en MIOAWB, Band 10, 1964, pp. 189-206.

18   Ibid. El trabajo de Trimble también está disponible en el apéndice 1, pp. 251-255, del libro de Robert BAUVAL *El misterio de Orión*, Círculo de Lectores, Barcelona 1995.

2.3- Pistas en los *Textos de las Pirámides*

Los *Textos de las Pirámides*, son un compendio de fórmulas y encantamientos para que el faraón supere el juicio de Osiris y alcance la vida eterna, se esculpieron en las cámaras mortuorias, antecámaras y corredores de acceso de las necrópolis de faraones de las VI-VIII dinastías, al final del Imperio Antiguo, entre el 2400 y el 2100 a.C. Es decir, se esculpieron entre 200 y 700 años después de la construcción de la Gran Pirámide y representan el corpus de textos funerarios más antiguo de la civilización egipcia. De hecho, a partir de estos textos derivarían, en primer lugar, los *Textos de los Sarcófagos*, y más tarde, el texto funerario más conocido del Antiguo Egipto: el *Libro de los Muertos*.

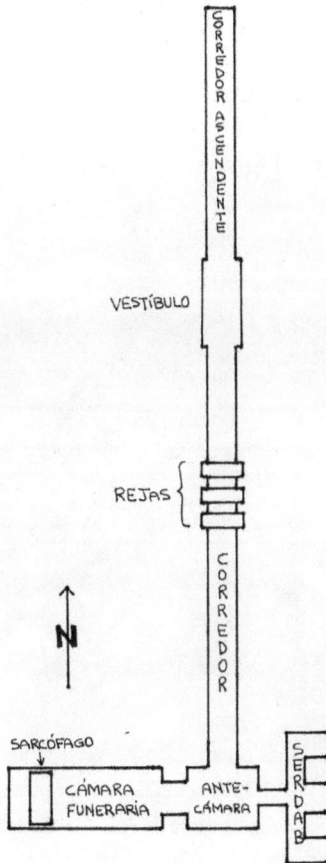

Estructura interna de la necrópolis del faraón Pepi I que sigue el mismo patrón que la mayoría de tumbas en donde se esculpieron los *Textos de las Pirámides*.

La estructura interna de estas necrópolis, cuyos muros y dinteles acogen los *Textos de las Pirámides*, reproducen el viaje de ultratumba que debía realizar el faraón para alcanzar la vida eterna. Básicamente dicha estructura contiene cuatro elementos fundamentales: en primer lugar, un corredor de acceso que discurre en dirección norte-sur. Al final de dicho corredor se llega a la antecámara funeraria. Desde el punto de vista de la persona que llega a ella, a la izquierda tiene un corto pasaje que lo conduce a una habitación tripartita denominada *serdab* cuya función era albergar una estatua que, según las creencias de los antiguos egipcios, conservaba el *Ka* del faraón.

Dicho *Ka* era un elemento o naturaleza de la que estaba formado el ser humano. Depositario del principio universal del difunto al que confería la inmortalidad, su jeroglífico eran dos brazos alzándose hacia el cielo: ⊔. La segunda característica más llamativa de este espacio tripartito es que no contenía inscripciones. Es decir, la *serdab* era un espacio mudo.

Por el contrario, si nos situamos de cara a la cámara funeraria, de espaldas a la entrada de la *serdab*, en la pared de enfrente encontramos un estrecho pasaje que conduce a la cámara funeraria, en donde se sitúa el sarcófago que contiene la momia del faraón.

Fuente: Wikipedia.
Necrópolis del faraón Unis. La imagen se ha tomado desde la antecámara funeraria y muestra el pasaje que conduce hacia la cámara funeraria. Tanto en las paredes, como en el dintel, así como en el pasaje, se aprecian las declaraciones de los *Textos de las Pirámides* que habían de permitir al faraón alcanzar la vida eterna.

Esta estructura recorrida en sentido inverso —de la cámara funeraria a la antecámara y de la antecámara al corredor de acceso— no es arbitraria: representa el itinerario nocturno que tenía que hacer el sol de poniente —pues la cámara que contiene el sarcófago se sitúa en el extremo occidental del complejo funerario— hasta que volvía a elevarse por oriente con un nuevo amanecer. De forma complementaria, esta estructura de la necrópolis que debía recorrer el faraón simboliza una matriz porque representaba el itinerario a partir del cual el faraón podía renacer a la vida eterna.

Precisamente, el contenido de los *Textos de las Pirámides*, ya estuviera grabado en el sarcófago, en las paredes o en los dinteles de la cámara y antecámara funerarias así como en el corredor de acceso, pretendía ir dando las instrucciones pertinentes para que el faraón alcanzase la vida eterna. Esto es: saliera por el corredor de acceso en forma de espíritu inmortal.

Así, al salir primero del sarcófago, el faraón tenía que atravesar la cámara funeraria, que se correspondía con la Duat, y que es el lugar desde el cual el dios Osiris juzga los muertos. Dicha cámara tenía su contraparte celestial en la constelación de Orión.

Tras salir de esta cámara funeraria, el faraón alcanzaba la antecámara funeraria. Dicha estancia se denomina Akhet, y en ella el faraón recibía su forma y existencia «efectiva» para convertirse en un espíritu inmortal, entidad que los antiguos egipcios denominaban *akh*.

Finalmente, el espíritu renacido del faraón encontraba en las paredes del corredor de acceso los encantamientos que le ayudaban a salir del Akhet. Procedía pues, a través de este pasaje, de sur a norte en dirección al cielo circumpolar.

El periplo del faraón está muy claro. Sin embargo, hay que tener en cuenta que la disposición de la estructura interna de las necrópolis donde se grabaron dichos textos no es siempre exactamente la misma. La desviación de la norma estructural más evidente se encuentra en la pirámide de la reina Neith, que no dispone de antecámara funeraria.

Por otro lado, queda por esclarecer el papel que juegan los tres nichos sin inscripciones de la *serdab*, en donde se situaba el *Ka* del faraón en forma de estatua. De acuerdo con uno de los más reputados traductores de los *Textos de las Pirámides*, el norteamericano James Allen, el significado de la *serdab* permanece, hasta ahora, «incierto».[19]

Hasta aquí, de forma muy sintética, lo que han interpretado los egiptólogos de acuerdo con el análisis de los textos y de esta necrópolis de estructura

---

19   *The Ancient Egyptian Pyramid Texts. Translated with an Introduction and Notes by James P. Allen*, Brill, Leiden · Boston, 2005, p. 14, nota 17.

más bien simple. Sin embargo, antes de abordar estos textos, hay que tener en cuenta varios aspectos:

1- Los egiptólogos reconocen que a pesar de que los *Textos de las Pirámides* más antiguos pertenecen a finales de la V[a] dinastía, éstos «representan ideas religiosas mucho más antiguas, y algunos pasajes pueden datarse en los inicios de la civilización egipcia».[20]

2- Según los mismos especialistas, dichos textos funerarios son una «recopilación desordenada de un sistema cosmológico y religioso muy avanzado».[21]

© Miquel Boladeras
Sección de los *Textos de las Pirámides* de la necrópolis del faraón Teti.

3- De acuerdo con los mismos expertos, parece claro que los escribas o sacerdotes que grabaron los textos en estas necrópolis no entendían el significado de los textos. De hecho, como señala Allen:

---

20   *Los Textos de las Pirámides. Traducción, notas y comentarios por Francisco López y Rosa Thode*, II.

21   Ibid., III.

Aunque primeramente están atestiguados en la pirámide de Unis, la mayoría de los *Textos de las Pirámides* son más antiguos. Con pocas excepciones, su gramática pertenece a un estadio del lenguaje que desapareció de inscripciones seculares al menos cincuenta años antes, y la arquitectura de las cámaras de las pirámides que reflejan comenzaron a ser usadas al final de la Cuarta Dinastía, mucho más de cien años antes de la época de Unis. Algunos de los textos reflejan prácticas de entierro que son incluso más antiguas, en sepulcros bajo tumbas de barro cocido.[22]

A esto hay que añadir tres consideraciones más:

4- Por un lado, las declaraciones de estos textos varían de una pirámide a otra, de una copia a otra. De acuerdo otra vez con Allen, estas variaciones indican la diversidad de formas en que los egipcios entendían, o reinterpretaban, el texto.[23] En el caso de los textos de la necrópolis del faraón Pepi II, en donde el contenido de las declaraciones no sigue la lógica del lugar que ocupan dentro del contexto funerario, Allen reconoce que «la racionalidad detrás de esta disposición disparatada es poco clara».[24]

5- Por otro lado, en estos textos se aprecian dos teorías cosmológicas: la primera con mitos solares, contemporáneos de los faraones que ordenaron grabarlos, donde el rey es conducido hacia el dios solar Ra. La segunda, que nos interesa especialmente, contiene una mitología estelar mucho más antigua. En ésta, el camino que debe tomar el faraón se dirige a las estrellas circumpolares, aquellas que eran consideradas inmortales porque permanecen siempre visibles en el cielo nocturno.

6- Finalmente se considera que, a día de hoy, no existe una traducción de estos escritos que se pueda considerar definitiva porque los mismos especialistas reconocen que tienen un conocimiento imperfecto de la estructura gramatical, semántica y léxica de esos textos. Buena prueba de ello es que en este momento hay varias traducciones llevadas a cabo por distintos investigadores con diferencias sustanciales en la traducción de algunos pasajes.

---

22   *The Ancient Egyptian Pyramid Texts*, p. 4.

23   Ibid., p. 337.

24   Ibid., p. 240.

2.4- Muchas variaciones y una versión canónica

Hasta aquí las consideraciones básicas que los mismos egiptólogos hacen sobre los *Textos de las Pirámides*. Ahora vayamos a las consideraciones que Ramana Maharshi hacía de los textos sagrados de la tradición hindú. Sólo entre los Vedas, palabra que en sánscrito significa «ver la verdad», hay cuatro textos, y entre los Puranas, colección enciclopédica de historia, genealogías, tradiciones, mitos, leyendas y religión, hay hasta dieciocho. Para conocer la consideración que le merecían a Maharshi, baste relacionar algunas de las respuestas que dio a algunos de los visitantes:

> Maharshi: *Diferentes visionarios han visto distintos aspectos de las verdades, en momentos diferentes, y cada uno de ellos ha subrayado una perspectiva particular... El objetivo esencial de los Vedas es que aprendamos la naturaleza del Atman (Ser) imperecedero y mostrarnos que nosotros somos Eso (el Ser).*
> Visitante: *Este aspecto de los Vedas me satisface.*
> Maharshi: *Entonces considere el resto como si fueran argumentos complementarios o como exposiciones destinadas a los ignorantes que buscan la génesis de las cosas y los hechos.*[25]

En otra ocasión recordaba que:

> *Las Escrituras son útiles para indicar la existencia de un Poder superior (el Ser) y la vía que conduce a él. Su esencia no va más lejos. Cuando este punto se ha asimilado, el resto es inútil. Pero existen tratados voluminosos adaptados a la evolución del buscador. A medida que uno se eleva y progresa, constata que los niveles que acaba de rebasar no han sido más que escalones hacia un estadio superior y que los peldaños, una vez alcanzados, devienen, éstos también, sucesivamente puntos de vista refutados hasta que el objetivo sea alcanzado. Cuando el objetivo se alcanza, subsiste sólo él y todo el resto deviene inútil.*[26]

Así como también:

> *El Yo-Yo (Ser) ininterrumpido es el océano infinito; el ego, el pensamiento «yo», no es más que una burbuja en la superficie de este océano; se la llama*

---

25   *Talks with Sri Ramana Maharshi*, p. 38, diálogo 30.

26   Ibid., pp. 71-72, diálogo 63.

jiva o alma individual. Igualmente, la burbuja de agua, cuando ella estalla, no hace más que volver al océano; y cuando es burbuja, ella siempre hace parte del océano. En la ignorancia de esta verdad simple, innumerables métodos, tales como el yoga, bhakti, karma, etc. han sido enseñados. Cada uno de ellos aportando numerosas modificaciones, han sido enseñados con mucha habilidad y detalles complicados solamente para seducir a los buscadores y sembrar la confusión en sus espíritus. Es lo mismo para las religiones, las sectas y los dogmas. ¿Para qué sirven? Únicamente para hacer conocer el Ser. Son ayudas y prácticas de las que se tiene necesidad para conocer el Ser.[27]

Finalmente:

Las filosofías de diferentes escuelas- un laberinto complicado- son consideradas para clarificar las cosas y revelar la Verdad, pero de hecho ellas crean la confusión en donde la confusión no tiene necesidad de existir. No hay más que el Ser para entender las cosas. El Ser es evidente. ¿Por qué no permanecer siempre en el Ser. ¿Qué necesidad hay de explicar lo que no lo es?.[28]

Tras haber indicado primero la opinión que los egiptólogos tienen de los *Textos de las Pirámides*, y después la opinión que Maharshi tenía de la literatura sagrada hindú, podemos establecer la siguiente analogía:

Los *Textos de las Pirámides* son a la Gran Pirámide lo que la literatura sagrada hindú es a Ramana Maharshi.

Es decir: de la misma manera que Ramana Maharshi era la encarnación del mensaje fundamental de toda la literatura sagrada hindú, ¿puede ser que, de forma análoga, la Gran Pirámide sea una especie de partitura original, algo así como la escenificación de un mensaje fundamental, que en los *Textos de las Pirámides* sufrió varias reinterpretaciones por escribas y sacerdotes que no entendían el contenido de lo que estaban escribiendo? Al fin y al cabo, los mismos egiptólogos reconocen que, de acuerdo con el estudio de dichos textos, parece claro que los sacerdotes que ordenaron su redacción ignoraban el significado real de las declaraciones.

De esta manera, podemos partir del supuesto de que los anónimos constructores que erigieron la Gran Pirámide tenían más que ver con el

---

27   Ibid., p. 90, diálogo 92.

28   Ibid., p. 376, diálogo 392.

estado de conciencia de Maharshi que con el nivel de conciencia de quienes esculpieron los *Textos de las Pirámides*. Para demostrar que esto es así, deberíamos constatar lo siguiente:

1- La presencia de elementos comunes entre lo que expresa la arquitectura de la Gran Pirámide, y el contenido cosmológico subyacente de los *Textos de las Pirámides*.

2- Puesto que Maharshi era la encarnación del mensaje fundamental de la tradición hindú, y puesto que el misterio de la Arunáchala —que es el misterio de la iluminación, el de ser conscientes de nuestra propia eternidad— es el misterio de la Gran Pirámide, este sabio debería de proporcionarnos, en términos hindúes, la clave para entender la Gran Pirámide.

3- Finalmente, si encontrásemos este elemento común entre las enseñanzas de Maharshi y la Gran Pirámide, lógico es pensar que dicho factor también deberíamos hallarlo en multitud de tradiciones sagradas.

© Sri Ramanasramam, Tiruvannamalai.
El sabio era la encarnación del mensaje fundamental de la tradición sagrada hindú.

Capítulo 3
El MISMO MENSAJE EN LA INDIA Y EN EGIPTO

3.1- Distintas naturalezas en el ser humano

Para avanzar unos pasos en este sendero que nos ha de conducir a aportar una hipótesis que explique qué razón de ser tiene la Gran Pirámide, es conveniente señalar las distintas naturalezas o esencias fundamentales que, según los sacerdotes que ordenaron esculpir los *Textos de las Pirámides*, componían el ser humano.

1- El substrato físico, el cuerpo, que se destruía tras la muerte.

2- El *ba*, término que podemos traducir por el alma, y cuyo jeroglífico era 🦅, un pájaro con cabeza humana. Esta parte de la naturaleza humana es la que haría de cada persona un ser individual, aparte del elemento físico del cuerpo.

3- Asimismo consideraban el *akh* —o *aju*, según las traducciones— que se asemejaría a lo que denominamos espíritu, y cuyo jeroglífico 🦩 representa el ave ibis.

4- El *Ka*, del que ya hemos hablado, y cuyo jeroglífico era ⊔. Recordemos que de acuerdo con los antiguos egipcios, contenía la esencia inmortal difunto, estaba inextricablemente vinculado a su destino, y en las necrópolis en donde se esculpieron los *Textos de las Pirámides* estaba personificado en la estatua que se situaba en el espacio mudo y tripartito de la *serdab*.

Tal como mostré en mi obra anterior,[29] si tomamos los *Textos de las Pirámides* constatamos que tanto el *ba* (alma) como el *akh* (espíritu) del difunto tienen sus correspondientes correlaciones estelares. Es decir, por un lado encontré declaraciones en las que el alma del difunto, el *ba*, se identificaba con la constelación de Orión. Por este motivo, señalé que la vinculación

---

29 *Conciencia. El enigma desvelado*, pp. 188-195.

entre el *ba* y Orión remitía al canal sur de la comúnmente denominada Cámara del Rey de la Gran Pirámide.

Así, por ejemplo, en estos textos funerarios podemos leer un pasaje en el que el faraón, en tanto que identificado con Osiris, posee su *ba*.[30] Por otro lado, los egiptólogos reconocen que en estos textos funerarios «el *ba* (del difunto) avanza a través del inframundo y se hace cargo de la soberanía de la muerte de Osiris».[31] Además, los mismos académicos señalan que «es notable que en los *Textos de los Sarcófagos*[32] la identificación de Osiris con el fallecido es expresada indicando que el *ba* de este último es el *ba* de Osiris».[33] Finalmente hay que indicar que en una declaración el *ba* del faraón fallecido es directamente llamado Osiris.[34] Queda pues clara la identificación del *ba*, el alma del faraón fallecido, con Osiris —Orión— canal sur de la Cámara del Rey de la Gran Pirámide.

Por otro lado, en mi obra anterior también identifiqué numerosos pasajes de los *Textos de las Pirámides* en las que el *akh*, o espíritu del difunto, debía alcanzar las estrellas circumpolares. Por este motivo propuse que estas declaraciones tenían su contraparte arquitectónica en el canal norte de la misma estancia de la Gran Pirámide. En la presente obra, en la que he trabajado con una nueva traducción de los *Textos de las Pirámides*, he decidido situar en el apéndice final las declaraciones que vinculan el *ba* con el canal sur y el *akh* con el canal norte de la Gran Pirámide.

Es decir, que de una forma un tanto extraña pero evidente, los *Textos de las Pirámides* hablaban del hecho que, en el momento de morir, tenía lugar una partición o separación de las diferentes naturalezas de las que estaba constituído el fallecido. Estos elementos se correspondían con los tres elementos presentes en la denominada Cámara del Rey: su cuerpo físico, que tenía su contaparte en el sarcófago que acoge dicha estancia, así como su *ba* (alma) y su *akh* (espíritu), que tenían sus contrapartes en los canales sur y norte de este monumento.

Lo interesante de esta aparentemente absurda tripartición del difunto, es la coherencia que mantiene con pasajes de textos antiguos vinculados a

---

30   *The Ancient Egyptian Pyramid Texts*, Textos de la piràmide de Neith, p. 321, declaración 226.

31   GRIFFITHS, L. Gwyn, *The Origins of Osiris and his Cult*, E. J. Brill, Leiden, p. 224.

32   Dichos textos funerarios son, en el tiempo, posteriores a los *Textos de las Pirámides* y anteriores al *Libro de los Muertos*.

33   *The Origins of Osiris and his Cult*, p. 221.

34   Ibid, p. 228, nota 37.

los saberes trascendentes. Así, dentro del corpus de los *Textos Herméticos*[35] disponemos del tratado *El pensamiento a Hermes*, en el que se especifica que «la muerte no consiste en la destrucción de las cosas reunidas sino en la disolución de la unión».[36]

Por otro lado, el filósofo griego neoplatónico Jámblico, indicó en el siglo III d.C. algo que es coherente con la hipótesis que propongo sobre la razón de ser de la Cámara del Rey de la Gran Pirámide. De acuerdo con Jámblico, los textos egipcios indicaban que el ser humano constaba de dos almas:

> Una derivada del primer inteligible, que participa también del poder del demiurgo, la otra, en cambio, engendrada a partir del movimiento de los cuerpos celestes, en la cual penetra el alma que contempla a la divinidad. Siendo las cosas así, la que desciende de los mundos a nosotros acompaña los movimientos de estos mundos, mientras que el alma derivada de lo inteligible, inteligiblemente presente en nosotros, es superior al ciclo del devenir, y por ella tiene lugar la liberación de la fatalidad y el ascenso hacia los dioses inteligibles.[37]

En este sentido, lo que para Jámblico es el alma derivada del primer inteligible, la que participa del poder del demiurgo y que no está afectada por el ciclo del devenir, es, según mi hipótesis, una referencia clara al lugar en donde apunta el canal norte de la Gran Pirámide: a las estrellas circumpolares, que son los astros que nunca se ocultan por debajo del horizonte, y cuya correlación funeraria remitía al *akh* o espíritu del difunto. Por su parte, lo que en Jámblico es la otra alma que estaba engendrada a partir del movimiento de los cuerpos celestes y que estaba afectada por los movimientos de éstos es, según mi hipótesis, el lugar del firmamento en donde apunta el canal sur de la Gran Pirámide: la constelación de Orión, cuya

---

35   Los *Textos Herméticos* son una recopilación de tratados de origen egipcio sobre magia, alquimia y astrología, que a partir del siglo I d.C. dieron a conocer diversos autores cristianos. Se denominan herméticos en honor a Hermes Trimegisto, que es el equivalente griego al dios Thot de la mitología egipcia. Uno de los pilares del movimiento hermético era la elevada espiritualidad que vinculaba el conocimiento con la piedad. En el Renacimiento sabios como Marsilio Ficino, Agrippa von Nettesheim o Giordano Bruno sostuvieron que en estos textos estaban las claves que permitirían la reforma del mundo medieval.

36   *Textos Herméticos*, Editorial Gredos, Madrid 1999, p. 186.

37   JÁMBLICO, *Sobre los Misterios Egipcios*, editorial Gredos, Biblioteca Clásica Gredos, vol. 242, Libro VIII, 6, p. 209.

localización en el firmamento varía en función del movimiento precesional[38] del planeta y que, como hemos visto, se asimila en los textos funerarios con el *ba* o alma del difunto.

3.2- La conexión entre Maharshi y la Gran Pirámide

Tras estos pasajes tan sugestivos presentes en los *Textos Herméticos* así como en Jámblico ya podemos identificar claramente una primera asociación entre Maharshi y la Gran Pirámide. Sencillamente, podemos establecer la correlación entre los tres elementos clave de la mal llamada Cámara del Rey —sarcófago, canal sur y canal norte— con los tres estados de conciencia básicos del ser humano a los que se refería el sabio hindú. Vayamos a este espacio tan interesante de la Gran Pirámide. En él encontramos:

- El sarcófago sin tapa. De acuerdo con mi hipótesis, remite a lo que Maharshi identifica como la conciencia de vigilia. En ésta, a través de los sentidos de nuestro cuerpo físico —vista, oído, olfato, tacto y sabor— captamos la realidad material. Este plano de conciencia deja de existir cuando muere el substrato físico que lo hace posible: el cuerpo físico.
- El canal sur, que tiene asignado el *ba* — 🦅 —, el alma del difunto y que señala hacia la constelación de Orión, lo asimilo a lo que Maharshi establece como la mente desligada de su vinculación con los sentidos del cuerpo. Este ámbito de existencia incluye a la mente onírica que produce sueños, así como a todas aquellas experiencias extracorpóreas que, por ejemplo, testimonian haber experimentado algunas personas que han tenido un ataque cardíaco.[39] Conviene recordar que los científicos que han estudiado dichos episodios clínicos concluyen que debe

---

38   La precesión es un fenómeno que se produce debido a que el eje de la Tierra tiene un movimiento pendular similar al de una baldrufa o peonza. Es decir, a medida que gira rápidamente sobre sí misma, el eje describe un círculo sobre sí mismo. En el caso de la Tierra, el círculo se completa cada 25.920 años. Dicho de forma gráfica: si colocásemos un lápiz que atravesara el eje de la Tierra y se prolongara más allá del polo norte, hacia el cielo, veríamos que cada 25.920 años este lápiz completaría un círculo en el firmamento.

39   Este tema ya lo desarrollé en mi obra anterior, pp. 48-50. Hasta ahora, el paper más importante publicado en una revista científica es el de Pim van LOMMEL, Ruud van WEES, Vincent MEYERS y Ingrid ELFFERICH, *Near-death experience in survivors of cardiac arrest: a prospective study in Netherlands,* The Lancet, vol 358, december 15, 2001, 2039-2045.

ponerse en discusión la creencia de que la conciencia y la memoria estén localizadas en el cerebro.[40]

• Finalmente el canal norte, que tiene asignado el *akh* — —, o espíritu del difunto, y que apunta hacia las estrellas circumpolares, en Ramana Maharshi equivale al estado de sueño profundo. En ese estado del ser, en la medida en que la conciencia se ha desligado de la mente, no hay observador y, por este motivo, tampoco hay mundo.

Estas asociaciones, que me parecen totalmente pertinentes y plausibles, nos permitirán completar la hipótesis sobre la razón de ser de la Gran Pirámide. Antes del asalto final al misterio de este monumento singular no está de más añadir un dato que dará solidez a la argumentación final.

La hipótesis de que el ser humano participa de tres naturalezas o esencias, y de que cada una de éstas tiene su contraparte en uno de los tres elementos básicos presentes en la Cámara Superior de la Gran Pirámide,[41] tiene su correspondencia en la literatura funeraria egipcia con el ideograma que representa los cuernos de un bovino.

El significado de este ideograma es, precisamente, «dividir, separar»[42] así como «abrir», lo cual es coherente con el contenido de los pasajes señalados de los *Textos Herméticos* y de Jámblico. Por este motivo, los pasajes del *Libro de los Muertos*[43] en que aparece este ideograma son coherentes con la idea de la naturaleza tripartita del ser humano que estamos utilizando como hipótesis de trabajo. El jeroglífico aparece en las siguientes declaraciones:

---

40   *Near-death experience in survivors of cardiac arrest: a prospective study in Netherlands*, p. 2044.

41   Es decir: el sarcófago, que asimilamos al cuerpo físico, el canal sur para el alma y el canal norte para el espíritu.

42   BERTRÓ, María Carmela, *Jeroglíficos Egipcios. 580 signos para comprender el Antiguo Egipto*, ediciones Témpora, Madrid 2003, p. 119.

43   En el momento de llevar a cabo este trabajo no disponía de una traducción de los *Textos de las Pirámides* en la que se incluyeran los jeroglíficos, y sí del *Libro de los Muertos* (Ediciones Sirio, Málaga 2007). Sin embargo los mismos egiptólogos reconocen que la representación jeroglífica y el significado de los glifos que utilizo ya estaban presentes en los *Textos de las Pirámides*. De forma que podemos extrapolar su significado a la época en que se erigió la Gran Pirámide, en el Imperio Antiguo (entre el 2700 y 2200 a.C.).

ᵞ : «Oh abridores del camino y abridores de las rutas para las almas perfeccionadas en la casa de Osiris...»[44]; «...abrid por tanto las rutas para el alma de Osiris».[45]

Tras la lectura de estas declaraciones muy apropiadamente nos podemos preguntar si la imagen de los cuernos se puede asimilar a los dos canales de la Cámara del Rey. Al fin y al cabo dichos canales tienen un camino tan sinuoso como los cuernos del ideograma. Asimismo, podemos considerar que el cuadrado que reposa en la base de los cuernos remite al sarcófago sin tapa que hay en este espacio de la Gran Pirámide.

Veamos más pasajes parecidos que aportan peso a estas asimilaciones:

ᵞ: Esta variación del ideograma aparece dos veces asignado a la acción de abrir: «...he abierto el camino en Re-stau».[46] Este significado es totalmente coherente con la asimilación cuernos-canales porque Re-stau es el «nombre dado a los pasajes de las tumbas que llevan de este al otro mundo». [47] «Yo abro la puerta del cielo. Yo gobierno en el trono, abriendo nacimientos en este día,...»;[48] «He abierto los caminos,...».[49]

Lo singular de este glifo es que contiene otro significado que da solidez a la hipótesis de que la mal llamada Cámara del Rey en realidad sea una representación condensada de la iluminación mística. Y es que en un pasaje del conocido como *Papiro Westcar*, que se compuso en el 1.700 a.C., hacia la misma época en que se empezaron a escribir las primeras versiones del *Libro de los Muertos*, este glifo significa «el útero en el alumbramiento».[50]

---

44   *El libro Egipcio de los Muertos, Papiro Ani*, Placa VI, p. 207.

45   Ibid., Placa IV, p. 208.

46   Ibid., Placa XI, p. 246 y 248.

47   *El libro Egipcio de los Muertos, Papiro Ani*, p. 156.

48   Ibid., Placa XXXII, p. 425.

49   Ibid., Placa XXII, p. 427.

50   FAULKNER, Raymond, *A concise dictionary of Middle Egyptian*, Griffith Institute, Ashmolean Museum, Oxford 1988, p. 59.

A esto hay que añadir que en otros papiros significa «revelar la verdad» y «discernir el secreto».[51]

¿Puede ser que esta verdad que debe ser revelada, así como secreto que debe ser discernido, sea la iluminación, el cuarto estado de conciencia, el Ser del que nos habla Maharshi, a partir del cual estos tres se proyectan y retroproyectan? Si realmente es así: ¿dónde está este Ser, este cuarto estado de conciencia en la literatura funeraria egipcia así como en la Gran Pirámide?

3.3- La Cámara del *Ka* de la Gran Pirámide

Mi hipótesis es que el Ser hindú, la iluminación, encuentra su correlación en el *Ka* de los antiguos egipcios, esa entidad que contenía la inmortalidad del difunto y que, en última instancia, provenía del creador y retornaba a los dioses en el momento de morir.[52] Como hemos visto, dicha esencia o naturaleza de los seres humanos se representaba con el símbolo de dos brazos extendidos hacia arriba con las manos abiertas, ⊔.

Así pues, a partir de ahora vamos a seguir las huellas que nos deja este *Ka* porque, de acuerdo con mi hipótesis, es mucho más importante de lo que los egiptólogos han extraído de él. Y lo es hasta tal punto que nos da la llave para entender este monumento mudo y desconcertante que es la Gran Pirámide. Como argumentaré, se trata de un monumento dedicado al *Ka* de todos los seres humanos y su mal llamada Cámara del Rey en realidad es un espacio dedicado a esta entidad de la cual todos formamos parte y que en la tradición egipcia se denominó *Ka*. Una vez más, vayamos paso a paso.

3.4- Vacas, toros y el abrazo de los dioses

En todas las versiones que hasta ahora se han encontrado de los *Textos de las Pirámides*, este abigarrado corpus de textos de contenido funerario, se indican de forma recurrente dos cosas fundamentales. La primera de ellas tiene que ver con la naturaleza bovina del origen y del destino del faraón. La segunda de ellas con la necesidad que tiene el faraón de que, en el Más Allá, las deidades lo acojan como si fuera una de ellas, acto que se materializa a través del gesto del abrazo.

---

51   Ibid., p. 59.

52   *The Ancient Egyptian Pyramid Texts*, p. 7.

Veamos primero el aspecto de la naturaleza bovina del fallecido:

1- En primer lugar, y tal y como recuerda el catedrático y Director de la Expedición Egipcia de la Universidad de Arizona, Richard H. Wilkinson, en los *Textos de las Pirámides* la diosa Nut, que simboliza la bóveda del cielo, desempeña un papel central en la resurrección del rey muerto como vaca celestial.[53]

2- En segundo lugar, ya hemos indicado que en estos textos se mezclan dos cosmologías: una solar y otra estelar, siendo esta segunda mucho más antigua que la primera. Si en la primera de ellas se indica que el padre del faraón fallecido es el dios Sol Atum, en la segunda, que es la que más nos interesa, se indica que los padres son un toro y una vaca. Debido a que buena parte de los lectores se pueden aburrir leyendo estas declaraciones de los *Textos de las Pirámides*, he optado por añadirlas en el apéndice que hay al final del libro.

3- En tercer lugar, en otras necrópolis, como es el caso de la del faraón Unis, se especifica que éste alcanza la vida eterna siendo un toro. Debido a que estas declaraciones son bastante numerosas, también he decidido referenciarlas en el apéndice final.

Queda claro pues que, a nivel celestial o divino, se consideraba que el faraón era hijo de un toro y una vaca, asimismo celestiales o divinos y que, por lo tanto, él también lo era. ¿Por qué los sacerdotes recurrían a estas imágenes de bovinos divinos? Por qué veían en los toros y en las vacas un atributo o característica que remitía a lo divino, a lo que trasciende el plano material de existencia. Dicho atributo es fundamental, como dentro de poco veremos.

Pero antes debemos referenciar otro tipo de pasajes que, sin embargo, están íntimamente vinculados con los primeros. Estas otras declaraciones, que también se recogen en el mismo apéndice final, expresan que el rey, tras sortear los obstáculos en su camino hacia la inmortalidad, finalmente ha sido acogido por los dioses en el Más Allá. En la literatura funeraria egipcia, este acto de aceptación se expresa a través del gesto del abrazo.

Tras este repaso al contenido de los textos, más de un lector se habrá dado cuenta de la relación que hay entre tres aspectos presentes en toda la literatura funeraria egipcia. Vayamos a ellos:

---

53 WILKINSON, Richard H., *Todos los dioses del Antiguo Egipto*, Oberon-Grupo Anaya, Madrid 2003, p.161.

1- En primer lugar, el hecho que los jeroglíficos ⍦ y ⍦, signifiquen «abrir» y «dividir/separar». Recordemos que mi hipótesis era que el cuadrado que reposa en la base de los cuernos remite al sarcófago, mientras que ambos cuernos remiten a los canales abiertos a las estrellas- el norte a las estrellas circumpolares y el sur a la constelación de Orión- de la Cámara Superior de la Gran Pirámide. Asimismo conviene recordar que en el *Papiro Westcar*,[54] el segundo de estos jeroglíficos, significa «el útero en el alumbramiento»,[55] y que en otros papiros significa «revelar la verdad» y «discernir el secreto».[56]

2- En segundo lugar, las referencias sobre la íntima naturaleza bovina del faraón, entendida evidentemente a nivel simbólico, así como la necesidad que tiene el faraón de ser acogido por los dioses, expresado este gesto en forma de abrazo.

3- Y en tercer lugar la importancia del *Ka*, entidad que hoy, de acuerdo con los egiptólogos, simbolizaba la energía vital y cuyo glifo era ⊔.

© John Bodsworth

Estatua del *Ka* del faraón Hor I. De acuerdo con mi hipótesis, dicha estatua simboliza que el faraón ha alcanzado la vida eterna.

---

54   Documento que se compuso en el 1.700 a.C., hacia la misma época en que se empezaron a redactar las primeras versiones del *Libro de los Muertos*.

55   *A concise dictionary of Middle Egyptian*, p. 59.

56   Ibid., p. 59.

A partir de estos tres aspectos podemos proponer la hipótesis sobre la razón de ser de la Gran Pirámide porque el glifo del *Ka* —⎣ ⎦— remite claramente a la idea de abrazo dirigido hacia lo celestial, la morada de los dioses.

Por otro lado, el *Ka* tiene una connotación añadida. En al menos una representación el *Ka* del faraón se escenifica con una estatua, que personifica al mismo mandatario, a la que se añade el glifo ⎣ ⎦ encima de su cabeza. No hay que tener mucha imaginación para que este glifo, situado en la cabeza del faraón, nos haga evocar la idea de cornamenta.

Es decir, que si seguimos el hilo de estas argumentaciones, podemos establecer la siguiente hipótesis:

* La Cámara Superior de la Gran Pirámide, mal llamada Cámara del Rey, en realidad es la Cámara del *Ka* del fallecido.
* En términos de Ramana Maharshi, el *Ka* sería el cuarto estado del ser que es el testigo de los otros tres. Así pues, en su origen, el *Ka* egipcio es el Ser o el nirvana de la tradición hindú. Este aspecto se aclara si volvemos, una vez más, a la mal llamada Cámara del Rey de la Gran Pirámide.

La presencia del sarcófago remite a la conciencia diurna. Dicho sarcófago se corresponde con los cuadrados que aparecen en los jeroglíficos ⍗ y ⍐. Uno de los cuernos de los mismos glifos remiten al canal sur, al *ba* del difunto, al alma y, por tanto, a la actividad mental desprovista de su ligazón con el cuerpo, esto es, a la conciencia onírica. El segundo de los cuernos remite al canal norte, al *akh* del difunto, al espíritu y, por tanto, a la actividad de la conciencia en la que, por no haber mente, tampoco hay creación mental de mundo alguno. Este estado de conciencia se corresponde con el del sueño profundo.

Finalmente, el *Ka* es el testigo de estos tres estados de conciencia, la pantalla en donde se proyecta la película del mundo físico, del mundo mental y el del sueño profundo, en el ejemplo de Maharshi. Así pues, el *Ka* es el elemento fundamental que permite la vida eterna y no el *akh*, tal como se interpreta en los *Textos de las Pirámides*. ¿Puede ser que los escribas y sacerdotes responsables de la redacción y grabado de estos textos se equivocaran hasta este punto? Ya he mencionado los motivos que tienen los egiptólogos para considerar los textos no como un corpus coherente de consignas que se entendían sino, muy al contrario, como un abigarrado conjunto de textos que, a priori, eran incomprensibles para los mismos escribas y sacerdotes.

3.5- Instrucciones para un faraón asustado

A esta consideración hay que sumar otra: los *Textos de las Pirámides*, que representan instrucciones para que el faraón alcance la inmortalidad y salga con buen paso de todas las pruebas que se encuentra por el camino, no reflejan ningún tipo de devoción, ecuanimidad o paz interior por parte del fallecido. Estas son cualidades que, desde siempre, han desarrollado los individuos iluminados, los que han experimentado conscientemente su propia eternidad: la paz interior con la que vivieron y murieron.

Por el contrario, si el faraón que fallecía comulgaba con el contenido de las inscripciones esculpidas en su necrópolis, lo único que está claro es que no sólo no las tenía todas consigo sino que tenía miedo, mucho miedo.[57] Su viaje al Más Allá estaba lleno de enemigos a los que debía vencer. El faraón, en suma, creía en un Mas Allá salpicado de dioses, guardianes monstruosos y zonas del firmamento que había que alcanzar a través de duras pruebas.

En conclusión: ni el faraón, ni los escribas que reinterpretaron estos textos, parece que fueran unos auténticos iniciados que tuvieran el mismo tipo de experiencias trascendentes que sí tenía un individuo como Ramana Maharshi. Y, en este sentido, es importante remarcar que todos los testimonios que nos han llegado sobre el proceso de enfermedad de este santo hindú, que acabó con su vida terrenal, hablan de un individuo que se enfrentó a su propia muerte de forma totalmente serena.[58]

Desde este punto de vista, los autores de los *Textos de las Pirámides* no habrían tenido conocimiento directo de este tipo de experiencias místicas. Este presumible desconocimiento de las realidades trascendentes es coherente con lo que los egiptólogos nos han dicho de los *Textos de las Pirámides*: son una mezcla incoherente de declaraciones, que debía recitar el faraón, pasadas por el tamiz de una cosmogonía que no entendían ni los mismos escribas. Por lo tanto, los autores de dichos escritos tenían un conocimiento imperfecto de la realidad sutil, trascendente, de todo aquello que pertenece

---

57   El temor que la muerte suscitaba en los egipcios la trató J. ZANDEE en su paper *Death as an Enemy According to Ancient Egyptian Conceptions*, Studies in the History of Religions: Supplements to "Numen" (Leiden 1960), pp. 25-31.

58   Los pormenores sobre los últimos meses —y en algunos casos días— de vida de este sabio están expuestos por S. S. COHEN, un devoto iraquí de origen judío que convivió catorce años con Ramana Maharshi, en su obra *Guru Ramana*, Trompa de Elefante, Madrid 2008. También hay testimonios memorables, tremendamente balsámicos, de la paz que este sabio irradió hasta el final de su vida en las siguientes obras: *Surprasing Love and Grace*, pp. 206-208, así como en la obra de G. V. Subbaramayya, *Sri Ramana Reminiscenses*, Sri Ramanasramam, Tiruvannamalai, 1994, pp. 215-216.

a nuestra naturaleza y que está más allá —o más acá— de lo que podemos captar a través de nuestro estado de conciencia ordinario.

Todo lo apuntado hasta ahora para asimilar la mal llamada Cámara del Rey de la Gran Pirámide con el Ser de Maharshi puede parecer sin fundamento. Sin embargo, al margen de lo apuntado hasta ahora, podemos encontrar en las necrópolis en las que se grabaron los *Textos de las Pirámides* más datos que dan solidez a la hipótesis de que este espacio de la Gran Pirámide en realidad fue concebido como Cámara del *Ka*.

3.6- La clave en el espacio silencioso

En lo que concierne a la estructura interna de las necrópolis que contienen los *Textos de las Pirámides*, el lector recordará que hemos hecho referencia al espacio denominado *serdab*. Como ya he indicado, lo más extraño de él es que no contiene inscripción alguna y, hoy por hoy, los egiptólogos tampoco pueden atribuirle ninguna función, aparte de contener una estatua que representaba el *Ka* del difunto. Contrariamente a lo que podría pensarse, la disposición de la *serdab* no era algo residual en estas necrópolis del Imperio Antiguo, pues este espacio se mantenía incluso en las modestas pirámides de las esposas del faraón Pepi II. Es decir, tal y como recuerda oportunamente el egiptólogo Audran Labrousse: «un elemento que uno habría podido creer sin importancia como la *serdab* siempre es conservado».[59] ¿Por qué la *serdab*, este espacio mudo, era tan importante?

Puede que la respuesta esté contenida en su estructura. De acuerdo con mi análisis, dicho espacio también es una escenificación de la Cámara del *Ka* de la Gran Pirámide y, por ello, remite a la idea de *Ka* o estado místico de completa iluminación. Vayamos paso a paso:

- Algunas de las *serdabs* de las necrópolis en donde se esculpieron los *Textos de las Pirámides*, al igual que la Cámara del *Ka* de la Gran Pirámide, tienen una estructura ternaria: tres nichos en el caso de la *serdab* y un sarcófago y dos canales abiertos a las estrellas en el caso de la Cámara del *Ka* de la Gran Pirámide.
- La disposición de ambas estructuras es norte-sur y en ambas el techo es horizontal.
- Estos dos aspectos pueden parecer poco significativos. Pero puede que al lector más exigente no se lo parezcan tanto cuando recordamos que

---

59   Labrousse, A., *L'Architecture des pyramides à textes*, BdE 114/1-2, 1996, p. 178.

las *serdabs*, al igual que la Cámara del *Ka*, no contienen inscripción alguna. Este aspecto es clave porque tal y como señala el investigador de la Université Paul Valéry de Montpellier, Bernard Mathieu,[60] en su trabajo dedicado a la *serdab* de la pirámide de Unis:

La ausencia de inscripciones conviene perfectamente, en efecto, a este lugar denominado a veces Igéret, literalmente la silenciosa, regido por el señor del silencio.[61]

Esta *serdab* en donde reina el silencio remite claramente a lo que Maharshi indicaba acerca del silencio mental que envuelve a la persona que experimenta la iluminación, el Ser. Precisamente, Maharshi se refería a «la verdad expuesta por el silencio»[62] cuando hablaba de aquel estado del ser que trasciende los tres estados básicos de conciencia —el de vigilia, el de sueño con sueños y el de sueño profundo— y que, al mismo tiempo, no sólo es el testigo de ellos sino que es a partir del mismo que estos se proyectan o retroproyectan de la misma manera que una araña teje y desteje su tela. Conviene recordar que el silencio es, de acuerdo con este sabio y con todos los seres humanos que han alcanzado la iluminación, el estado que se manifiesta tras la disolución del ego que caracteriza nuestra individualidad.[63]

Otro diálogo de este sabio hindú también ilustra esta idea:

Maharshi: *El mauna (silencio) es el estado que trasciende la palabra y el pensamiento.*
Visitante: *¿Como alcanzarlo?*
Maharshi: *Concéntrese sobre cualquier concepto y remonte hasta su fuente. De esta concentración resulta el silencio. Cuando esta práctica deviene natural, acaba en el silencio. La meditación sin actividad mental es silencio.*[64]

---

60   Mathieu, Bernard, *La signification du serdab dans la pirámide d'Ounas*, pags 289-304 en Études sur l'Ancient Empire et la nécropole de Saqqâra dédiées à Jean Leclant. Editado por Berger y B. Mathieu. Orientalia Monspeliensia 9. Montpelier: Université Paul Valéry.

61   Ibid., p. 294.

62   *Talks with Sri Ramana Maharshi*, pp. 76-77, diálogo 68.

63   Ibid., p. 114, diálogo 122.

64   Ibid., p. 196, diálogo 231.

Sin salirnos del ámbito de la India, encontramos otra referencia que aporta solidez a lo expuesto hasta aquí. En el texto religioso más antiguo de la India, el *Rig Veda*, que se compuso hacia mediados del segundo milenio a.C., aunque hay acuerdo en que durante los siglos anteriores a esa fecha se habría transmitido de forma oral, la palabra *Kha* significa «el agujero en el ombligo de la rueda a través del cual corre el eje».[65] Asimismo, en otros contextos de la antigua India significa «cero» así como el «vacío». Es decir, que este *Kha* del *Rig Veda* puede muy bien estar relacionado con el Ser de Maharshi, así como con el *Ka* de los anónimos constructores de la Gran Pirámide. Al fin y al cabo es un monumento también vacío, en el sentido que no contiene ni inscripciones ni policromados ni iconografía de ningún tipo y que, tal y como estamos viendo, muy bien puede simbolizar nuestro propio eje interior, nuestro punto cero o substrato a partir del cual se despliega toda nuestra existencia.

3.7- La Gran Pirámide construida para el *Ka*

Estos argumentos nacieron debido a que consideramos la *serdab*, un elemento estructural clave de estas necrópolis, como espacio que representa el *Ka* del faraón. Hay otro argumento a favor de dicha hipótesis que proviene de los mismos *Textos de las Pirámides*.

Por un lado, en el pasaje que conduce a la *serdab* de la pirámide de Pepi I se lee la sentencia «*Ka* en reposo», lo cual es bastante llamativo vistos los diferentes datos que estamos aportando hasta ahora porque, en todo caso, en los textos no hay referencias a que el *ba* o al *akh* también deban estar en reposo. Pero es que en el mismo corredor de acceso al interior de una de las necrópolis se lee: «La ofrenda-Geb que Atum ha dado: la instalación de esta pirámide y este recinto de los dioses para Pepi y para su *Ka*, y que esta pirámide y recinto de los dioses es restringido para Pepi y para su *Ka*».[66] Encontramos pasajes muy parecidos en la necrópolis del faraón Pepi II, en donde se repite tres veces la expresión «...esta pirámide de Pepi Neferkare».[67]

---

65 COOMARASWAMY, Ananda K., *Kha and other words denoting Zero» in Connection with the metaphysics of Space*, Bulletin of the School of Oriental Studies, University of London, Vol. 7, No. 3 (1934), pp. 487-497.

66 *The Ancient Egyptian Pyramid Texts*, Textos de la Pirámide de Pepi I, p. 167, declaración 483.

67 Ibid., Textos de la Pirámide de Pepi II, p. 269, declaración 359.

Tras esto nos debemos preguntar: ¿por qué no hay ningún pasaje en el que se indique que la pirámide era para el *ba* o para el *akh* del difunto? La respuesta más certera es que el *Ka* es el elemento fundamental de la existencia postmortem de faraón.

A favor de esta hipótesis tenemos este extraño apelativo, Neferkare, añadido al nombre propio del faraón. Y es que dicha palabra significa literalmente «El incomparable perfecto del *Ka* del Sol».[68] De manera que la expresión «...esta pirámide de Pepi Neferkare»[69] en realidad significa «esta pirámide de Pepi el incomparable perfecto del *Ka* del Sol».

Además de Pepi, el apelativo *Neferkare* aparece en los textos funerarios de dos faraones más: Pepi II y Merenre. En el caso de Pepi II las declaraciones en las que se utiliza este epíteto coincidían con las que expresan el gesto de ser acogido por los dioses.

En este sentido, es oportuno indicar que en los escritos funerarios de la necrópolis del faraón Merenre no hay ninguna referencia a que éste fuera acogido en el Más Allá por los dioses con los brazos abiertos. Esto no resta peso a nuestra hipótesis en relación a la importancia del motivo cornudo, el *Ka*, como el factor esencial en la vida ultraterrena de todos los gobernantes. Esto es debido a que en la necrópolis de Merenre leemos directamente que dicho faraón es «el *Ka* de todos los dioses»[70], y que a su nombre también se añada el apelativo Neferkare. Es decir, que Merenre también era considerado «el Incomparable Perfecto del *Ka* del Sol», lo que aporta de por sí peso a la idea que también en su caso el *Ka* sea el aspecto angular de la vida en el Más Allá.

Pero hay otros datos procedentes de los *Textos de las Pirámides* que secundan la hipótesis del *Ka* como elemento que explica la razón de ser de la Gran Pirámide. Estos datos proceden, en primer lugar, de un pasaje escrito en la necrópolis de Pepi II en donde se lee: «Padre Pepi Neferkare (Incomparable Perfecto del *Ka* del Sol), tu has venido a ser *ba*, *akh*, y estimado. Tienes tu *ba* alrededor de ti, tienes tu *akh* dentro de ti, y tienes tu corazón en tu cuerpo».[71]

Y es que esta declaración, que también encontramos en el mausoleo de su consorte Neith,[72] es coherente con la indicación de Maharshi según la cual el Ser es ese estado de conciencia que es testigo de los otros tres. Porque lo

---

68   Ibid, Textos de la Pirámide de Pepi II, p. 239.

69   Ibid., Textos de la Pirámide de Pepi II, p. 269, declaración 359.

70   Ibid., Textos de las Pirámide de Merenre, p. 213, declaración 32a.

71   Ibid., Textos de la Pirámide de Pepi II, p. 247, declaración 67.

72   Ibid., Textos de la Pirámide de Neith, p. 323, declaración 241b.

que nos está diciendo es que el faraón, en tanto de Incomparable Perfecto del *Ka* del Sol, tiene su *ba* alrededor de él, su *akh* dentro de él y su corazón en su cuerpo. Dicho de otra manera: ¿cuál es la entidad que reúne estas tres naturalezas que, además, son coherentes con los tres elementos estructurales —sarcófago, canal norte y canal sur— de la mal llamada Cámara del Rey de la Gran Pirámide? La entidad no puede ser otra que el *Ka*, que sería el testigo de los estados de conciencia asociados al cuerpo —vigilia—, al *ba* —sueño con sueños— y al *akh* —sueño profundo.

Si todo lo apuntado hasta aquí es cierto, no sólo las *serdabs* remiten al *Ka* sino también la estructura interna de las necrópolis en donde están esculpidos los *Textos de las Pirámides* pues también tienen una estructura tripartita. Por un lado tenemos el sarcófago, que remite al cuerpo; la cámara funeraria, que contiene el sarcófago, que remite al *ba* del difunto y que es una escenificación de la Duat, el lugar que la constelación de Orión ocupa en el cielo. Por otro lado la antecámara remite al *akh* o espíritu. De manera que en las necrópolis de los *Textos de las Pirámides* tenemos indicaciones del *Ka* por partida doble: en la *serdabs* y en las estructuras de las necrópolis.

Finalmente, y en lo concerniente a los *Textos de las Pirámides*, podemos traer más agua al molino de la estructura tripartita de la naturaleza humana del fallecido a través de otras dos extrañas declaraciones. Éstas aparecen en la necrópolis de Pepi I.

En la primera de ellas se indica «tu, el de la separación en tres».[73] De acuerdo con James Allen, "la separación en tres" debe remitir al desmembramiento de cuerpo del dios Horus tras su lucha con Seth,[74] lo cual se me hace extraño porque no conozco ningún pasaje mitológico egipcio en el que se indique que Horus fuera despedazado en tres trozos.

La segunda declaración, que apunta a una idea muy similar, dice así: «Osiris Pepi, yo tengo para ti aquel que te mató, cortado en tres pedazos».[75] Sobre qué significa dicha aparente carnicería Allen no propone solución alguna, aunque conviene remarcar que en los *Textos de las Pirámides* no hay un solo pasaje en el que se indique que hay que separar o cortar al faraón en dos, cuatro, cinco u otro número de partes. Sólo tenemos estas dos referencias en las que se especifica que hay que cortar en tres secciones.

Según mi hipótesis, estas declaraciones de la separación tripartita remiten a la idea expresada en el tratado Hermético *El Pensamiento a Hermes* en

---

73   Ibid., Textos de la Pirámide de Pepi I, p. 102, declaración 14.

74   Ibid., p. 201, nota 13.

75   Ibid., p. 172, declaración 490.

donde, como ya hemos señalado, se especifica que «la muerte no consiste en la destrucción de las cosas reunidas sino en la disolución de la unión». Por lo tanto, mi hipótesis es que en estas dos declaraciones lo que se separa o corta en tres remite a la disolución de lo que permite mantener unidos el cuerpo, el alma —*ba*— y el espíritu —*akh*— del ser humano.

· Por otro lado, esta tripartición puede explicar la presencia de un elemento que encontramos en la Gran Pirámide así como en las necrópolis que acojen los *Textos de las Pirámides*: las tres losas de piedra que, en la Gran Pirámide, se situaban antes de acceder al estrecho pasaje que conduce a la Cámara del *Ka* de la Gran Pirámide. Por su parte, en las necrópolis en donde se esculpieron los *Textos de las Pirámides* se colocaron en el corredor de acceso. De acuerdo con los egiptólogos, la función de dichas losas era impedir el acceso de posibles ladrones de tumbas. Esto no es verosímil por dos motivos. En primer lugar porque son, precisamente, tres. ¿Por qué no dos o cuatro? En segundo lugar porque, tal y como hemos explicado, no hay constancia que el sanctasanctorum de la Gran Pirámide, la Cámara del *Ka*, haya acogido el tesoro y el cuerpo de faraón alguno. Así pues, el hecho de que sean tres losas nos sugiere que seguramente tengan una función simbólica relacionada con la naturaleza del ser humano a la que estamos apuntando y que, según lo que se desprende de lo analizado hasta ahora, se consideraba que era tripartita.

3.8- El *Ka* en la historia de Egipto

Para dar más fundamento a la hipótesis de que la estancia superior de la Gran Pirámide simboliza el *Ka* del fallecido, vamos a contextualizar esta hipótesis con otros datos procedentes del mismo Egipto. El primero de ellos remite al período anterior al Imperio Antiguo, a la etapa previa a la redacción de los *Textos de las Pirámides*. Cito una vez más a Richard Wilkinson: «Un reciente estudio sobre los yacimientos de Nabta Playa y Bir Kisseiba en el Sahara, al oeste del Valle del Nilo, ha demostrado que allí se veneraron bovinos mucho antes de su domesticación hacia el 7.000 a.C.».[76]

Podríamos pensar que la veneración era motivada por creencias vinculadas a la fertilidad y no a algún tipo de existencia postmortem. Sin embargo esto es poco probable porque otra indicación del mismo profesor nos lleva más claramente al orden de cosas que estamos constatando: «el tuétano de los cuernos se colocaba en los enterramientos de Tushka, en Nubia, ya

---

76   Wilkinson, p. 15.

en el 10.000 a.C., lo que sugiere su asociación con creencias y rituales de una vida futura, un hecho que encaja bien con el predominio en el Egipto dinástico de la imaginería de las vacas en asociación con diosas como Hathor, Nut y Neith».[77]

Asimismo en los entierros de la cultura Natufiense, que se desarrolló hace más de 10.000 años en parte de lo que hoy es Palestina y el este de Egipto, se han encontrado cuernos de gacela junto a los restos humanos.[78] De manera que los miembros de dicha cultura probablemente también atribuían a los cuernos algún tipo de significado funerario vinculado con la trascendencia del ser humano.

Ahora vayamos a las necrópolis predinásticas de la denominada fase cultural Nagada, que se desarrolló entre el 4000 y el 3000 a.C., justo antes que alboreasе la civilización de los faraones. De estos cementerios nos interesan los restos de cerámica que se han podido recuperar. Veamos qué dice de ellos la egiptóloga británica Joyce Tyldesley:

> En estos recipientes, entre escenas ribereñas, barcos, animales y hombres esquemáticos, vemos muchas figuras femeninas cuyos largos y curvados brazos se alzan sobre sus cabezas sin rostro, recordándonos a los curvos cuernos de una vaca. Las figuras pintadas encuentran un paralelo en las sencillas figuras de cerámica incluidas en algunas tumbas nagadienses. Con rostros rudimentarios parecidos al de los pájaros, pero con pechos y caderas bien definidos, éstas también alzan unos brazos parecidos a cuernos por encima de la cabeza.[79]

De manera que volvemos a encontrar una vinculación clara entre el motivo bovino cornudo, el abrazo y la muerte. Más tarde, en el amanecer de la civilización egipcia hacia el 3.000 a.C., también encontramos el motivo cornudo vinculado con el simbolismo funerario. Concretamente, está presente en una tumba del reino de Djet, cuarto faraón de la primera dinastía egipcia, en la disposición de varias cabezas bovinas de las que se destacan sus prominentes cuernos.[80]

---

77   Ibid., p. 15.

78   WENGROW, David, *The Archaeology of Early Egypt*. Social Transformations in the North-East Africa, Cambridge University Press, New York 2006, p. 68.

79   TYLDESLEY, Joyce, *Mitos y leyendas del antiguo Egipto*, Editorial Crítica, Barcelona 2011, p. 173.

80   *The Archaeology of Early Egypt*, p. 241.

De esa misma época tenemos dos jeroglíficos que aportan peso a nuestra hipótesis según la cual los antiguos egipcios consideraban el *Ka* como el substrato que subyace a toda nuestra existencia. Concretamente, los signos provienen de Merneit, faraona de la primera dinastía, y en cuyos sellos encontramos los jeroglíficos ﹇ y ﹇.[81] En el primero de ellos un signo *Ka* invertido abraza, contiene, el signo que identifica el *akh* o espíritu. De acuerdo con los egiptólogos, dicha composición significa «aquel quien abraza el espíritu».[82] Esto es coherente con lo que hemos señalado acerca del *Ka* como superestructura que contiene el cuerpo físico, el *ba* y el *akh*, y no como un elemento más que estaría al mismo nivel que estos tres. En el segundo de ellos el mismo *Ka* abraza, contiene, uno de los conceptos más importantes de la civilización egipcia: el *ankh* o símbolo de la vida.

Se da el caso de que, entre los escasos objetos de culto que nos ha dejado el nacimiento de la civilización egipcia, hay uno que nos interesa especialmente. Dicho objeto, cuyo origen se sospecha que es también de la primera dinastía, es un recipiente de piedra esculpido en el que, al igual que en este segundo jeroglífico, los dos brazos del signo jeroglífico del *Ka* contienen el signo de la vida o *ankh*.[83] Los egiptólogos sostienen que dicho jeroglífico significa «vida para el *Ka*»,[84] sin embargo a mi me suscita la idea que «el *Ka* contiene y sostiene la vida». Dicho claramente: el *Ka*, en la medida en que contiene, abraza, el *ankh*, significa que jerárquicamente era más importante que este elemento que los egipcios utilizaron para simbolizar la vida. O, explicado mediante una metáfora que Maharshi utilizaba: el *Ka*, este concepto que contiene y abraza el *ankh*-vida, no es otro que la pantalla de cine en la que se proyectan, y por lo tanto acoje, las imágenes, los acontecimientos, de la vida.

---

81 Ambos jeroglíficos aparecieron originalmente en la obra de Petrie W. M. F., *The Royal Tombs (Part I) of the First Dynasty*, London 1900, placas XX y XXI respectivamente.

82 FISCHER, Henry G., *The Evolution of Composite Hieroglyphs in Ancient Egypt*, Metropolitan Museum Journal Vol. 12, 1978, p. 5.

83 Lamentablemente, The Metropolitan Museum of Art, propietaria de los derechos de la imagen de dicho objeto ritual, no permite la difusión gratuita de la imagen. El objeto aparece en el paper de Henry G. Fischer, *Some emblematic uses of Hieroglyphs with Particular Reference to an Archaic Ritual Vessel*, Metropolitan Museum Journal, Vol. 5 1972, pp. 5-22; en el libro The Archaeology of Early Egypt. Social Transformations in the North-East Africa, p. 194; y en The Oxford Enciclopedia of Ancient Egypt, Volume 3, p. 331.

84 Ibid, p. 331.

Estos datos remiten a la época anterior a la construcción de la Gran Pirámide así como a la redacción de los *Textos de las Pirámides*. Ahora vayamos al después. Lo hacemos de la mano de la investigadora de la Universidad de Manchester Eve Reymond, quien llevó a cabo un trabajo muy interesante sobre el origen mítico del templo egipcio.[85] Reymond se basó en el contenido de las inscripciones presentes en el Templo de Horus en Edfú que se construyó durante el denominado Período helenístico (siglos VI y I a.C.) sobre las ruinas de un templo mucho más antiguo.

© Miquel Boladeras
Imagen del dios Horus, deidad a la que se dedicó el templo de Edfú.

Dicho monumento nos interesa especialmente porque sus muros contienen las inscripciones más extensas y detalladas de todo el Antiguo Egipto en las que se reflejan las creencias que los egipcios tenían acerca del origen de los templos y los lugares sagrados. «Por este motivo —enfatiza Reymond— las

---

85   REYMOND, E.A.E., *The Mythical Origin of the Egyptian Temple*, Manchester University Press, 1969.

inscripciones de Edfú se pueden tomar con toda seguridad como la principal fuente para un intento de reconstrucción de la teoría egipcia de cómo el templo vino a la existencia».[86]

© Miquel Boladeras
Fachada principal del templo de Horus en Edfú.

De acuerdo con el análisis de Reymond, se creía que el templo histórico era una continuación y una proyección de un templo mítico que vino a la existencia al principio del mundo. La investigadora explica que en este primer mundo sagrado de los dioses imperaba la Realeza del *Ka*,[87] y que el primer refugio que actuó como lugar de protección del Creador tenía unas dimensiones de 5x15 cubitos.[88] Así pues, los textos del templo de Edfú ponen en el centro del proceso de creación el *Ka* así como la proporción ternaria, todo lo cual nos remite a la Cámara del *Ka* de la Gran Pirámide, al mensaje simbólico que, según la hipótesis planteada en este trabajo, contiene dicho espacio: un ser humano compuesto por el cuerpo físico, el *ba* —alma— y el espíritu —*akh*.

---

86   Ibid., p. 52.

87   Ibid., pp. 18-19.

88   Ibid., p. 22.

En este sentido, Reymond reconoce que «hay evidencia (…) para la creencia de que el templo, tras haber sido fundado, era el monumento del *Ka*».[89] Es decir, que el templo egipcio físico de los tiempos históricos era, en última instancia, una revivificación del recuerdo del *Ka* que existió durante la remota edad mítica[90] porque «se creía que el templo histórico habia sido construido como recuerdo del *Ka*».[91] ¿Sería por lo tanto tan extraño que esta fuera la razón de ser de la Gran Pirámide mal llamada de Keops?

Tampoco está de más añadir otro dato que aporta Reymond en su trabajo: esta investigadora remarca que, si bien la primera generación de dioses creadores eran seres sin forma, «la primera aparición de la segunda generación de Creadores es descrita como los *Kas*». Esto, de por sí, nos mete de lleno en el marco de lo que se está planteando, pero además Reymond añade algo sumamente revelador: «nuestras fuentes parecen indicar…, que los *Kas* deben de haber sido iguales a los toros y las vacas desde una edad muy temprana».[92]

Es decir, que los primeros seres con forma física son los animales que, como estamos viendo, representan simbólicamente la íntima naturaleza del ser humano, compuesta por el cuerpo físico, el alma —*ba*—, y el espíritu —*akh*—, y que encuentra su esencia subyacente en una entidad de apariencia cornuda: el *Ka* cuyo glifo es ⊔.

Reymond señala que la identificación del *Ka* con el toro y la vaca debe de tener un origen muy antiguo ¿Cuánto tan antiguo? De acuerdo con esta investigadora: «Somos de la opinión de que los registros de Edfú preservan la memoria de una religión predinástica».[93] De manera que, según esta egiptóloga, los textos del Templo de Horus en Edfú remiten a creencias anteriores al 3100 a.C., dato que, por lo demás, es coherente con lo que señalaba Richard Wilkinson unas líneas más arriba, así como con lo que hemos indicado de los enterramientos de la cultura Natufiense y de la necrópolis del faraón Djet de la primera dinastía egipcia.

¿Por qué no habrían de estar presentes en la Gran Pirámide dichas vinculaciones entre el motivo cornudo y la vida de ultratumba? Al fin y al cabo, parece que fueron muy importantes antes, durante y después de la construcción de este monumento. Es lo que hemos mostrado tras hacer un

---

89   Ibid., p. 297.

90   Ibid., p 301.

91   Ibid., p. 312.

92   Ibid., p. 81.

93   Ibid., p. 263.

rastreo en los *Textos de las Pirámides* así como después de llevar a cabo una búsqueda de datos sobre el significado de las *serdabs*. Y es, asimismo, lo que se desprende del significado simbólico de los jeroglíficos Ⳳ y Ⳳ̸ que, según mi hipótesis, remitían a los canales norte y sur de la Gran Pirámide y que indicaban que los caminos del faraón hacia el cielo estaban abiertos.

Finalmente, esta apreciación de Reymond según la cual el templo egipcio evoca el *Ka* que existió mucho antes que comenzase el período histórico, tiene plena confirmación en la interpretación que los egiptólogos han hecho del templo de Luxor. En primer lugar vayamos al trabajo que llevó a cabo en este monumento el heterodoxo investigador R. A. Schwaller de Lubicz. De acuerdo con él, la planta del monumento es una recreación exacta del esqueleto de un ser humano adulto, aunque dicha equivalencia deja afuera la bóveda craneal. Es decir, que el templo es una representación del cuerpo humano hasta la altura de la frente. Debido a ello, Lubicz indica que el monumento simboliza el hombre adámico antes de la caída en la naturaleza.[94] En el lenguaje que estamos utilizando en este libro este hombre adámico es aquel que trasciende su vinculación con el cuerpo físico y, asimismo, trasciende toda la actividad mental hasta disolver el pensamiento «yo». El hombre adámico de Lubicz es el ser humano que alcanza *Turîya*, el cuarto estado de conciencia de la tradición que encarna Maharshi: la persona iluminada que, proponemos, se denominaba *Ka* en la tradición egipcia.

Dicha interpretación de Lubicz acerca del simbolismo que contiene el templo de Luxor y la identificación que hacemos de este hombre adámico con el *Ka* es totalmente pertinente porque, con posterioridad a estas investigaciones realizadas por Reymond y por Lubicz, los egiptólogos han reconocido que el templo de Luxor está dedicado «al culto del *Ka*» del faraón.[95]

3.9- Sólo llegan al cielo los que se doblegan

Antes de dejar Egipto merece la pena indicar que la estructura interna de la Gran Pirámide contiene otro elemento que apoya la hipótesis de que la mal llamada Cámara del Rey en realidad sea la Cámara del *Ka*, y que dicho *Ka* remita a la idea de la iluminación mística. Dicho elemento estructural es el estrecho pasaje que hay para entrar en este espacio.

---

94   SCHWALLER DE LUBICZ, R. A., *Le Temple dans l'Homme*, Éditions Dervy, Paris 1979, p. 86.

95   Lanny Bell, *Luxor and the cult of the royal Ka*, Journal of Near Eastern Studies 44 no. 4, (1985), pp. 251-294.

© John and Morton Edgar.
Esta imagen, publicada en 1910 en el libro *The Great Pyramid Passages and Chambers*, muestra el estrecho pasaje por el que se accede a la *Cámara del Ka* de la Gran Pirámide. Al lado del angosto pasadizo que lleva a este espacio, se aprecia el orificio por el que transcurre el canal norte que conduce a las estrellas circunpolares. En la pared opuesta hay el orificio del canal sur que señala hacia la constelación de Orión a su paso por el meridiano. El sarcófago queda a la espalda de la persona que aparece en la imagen.

Hace unos años pregunté a algunos egiptólogos cuál era el significado del estrecho pasaje por el que hay que pasar antes de entrar en la, para ellos, Cámara del Rey, y me contestaron que ninguno en concreto. En suma: que dicho pasaje es así porque sí. Sin embargo, se constata que en numerosas ocasiones los científicos no dan importancia a lo que, en realidad, no comprenden. Ha pasado con el denominado «ADN basura» debido a la creencia de que no servía para nada, y con la también creencia de que órganos del cuerpo humano como el bazo o el apéndice no cumplían función alguna, motivo por el cual se les denominaba «órganos vestigiales».

¿Podemos considerar que los egiptólogos tienen una creencia errónea respecto de la razón de ser del angosto pasaje para entrar en la denominada Cámara del Rey? Honestamente pienso que sí porque la presencia de este estrecho pasaje es coherente con la idea de que este espacio es una escenificación de la iluminación mística. Y es que todos los místicos coinciden en que para trascender la condición humana y acceder a la divina, la única manera de alcanzar la iluminación, es haciendo un gesto: doblegar el ego, aunque según las tradiciones en vez de doblegar se utilizará la expresión abandonar, someter, arrodillar así como también aniquilar el ego.[96] Veamos qué dice al respecto Ramana Maharshi:

> Visitante: *¿Qué significa postración?*
> Maharshi: *Postración significa "hundimiento del ego". ¿Y qué es lo que esto significa? Sumergirse en la fuente de su origen. Dios no puede ser engañado con genuflexiones, reverencias y postraciones. Él ve si allí hay o no individualidad.*[97]

En otra ocasión utilizaría la palabra abandono para explicar qué es lo único que nos hace falta para que seamos conscientes de nuestra propia eternidad, para alcanzar el nirvana:

> *Es suficiente con abandonarse. Abandonarse es remitirse a la causa original de su ser. No se hagan ilusiones imaginándose que esta fuente es un dios o algo afuera de ustedes. Su fuente está en ustedes. Abandónense a ella.*[98]

De forma más clara, en cierta ocasión respondió a un visitante:

> *Sólo la humildad puede destruir el ego. El ego le mantiene a usted muy lejos de Dios. La puerta a Dios está abierta, pero el dintel es muy bajo. Para entrar uno tiene que inclinarse.*[99]

Es decir, el paso por la puerta estrecha es una metáfora del acto de despojar la mente de cualquier tipo de pensamiento, incluido el pensamiento «yo». Dicha idea, que se expresa a través del gesto del abandono o del gesto del doblegarse, es universal. Es decir: la encontramos en todas las tradiciones sagradas.

Así, en el *Evangelio de San Mateo* podemos leer las siguientes palabras atribuidas a Jesús: *Entrad por la puerta estrecha, porque ancha es la puerta y espacioso el camino que lleva a la perdición, y son muchos los que entran por él.*

96　Este es el caso del filósofo Blaise Pascal quien, a raíz de la experiencia mística que tuvo a la edad de 31 años, abandonó la que hasta entonces era una vida de fama y éxito debido a sus aportaciones en diversos ámbitos de la ciencia y las matemáticas.

97　*Talks with Sri Ramana Maharshi*, p. 347, diálogo 363.

98　Ibid., p. 182, diálogo 208.

99　Sri Muruganar, *Padamalai. Enseñanzas de Sri Ramana Maharshi*, Editorial Sanz y Torres, Madrid 2010, p. 64.

En cambio es estrecha la puerta y angosto el camino que lleva a la vida, y son pocos los que lo encuentran.[100] Pasajes semejantes se encuentran en los libros del *Deuteronomio* y los *Salmos,* del *Antiguo Testamento.*

Por lo demás, en mi obra anterior ya demostré que el paso por la puerta estrecha como medio para alcanzar la iluminación estaba presente en la tradición budista, en las culturas precolombinas y en el movimiento cátaro.

En lo que respecta a la literatura funeraria egipcia, cabe considerar que el significado de doblegarse, que está presente en la arquitectura interior de la Gran Pirámide, tenga su consonancia con lo que nos muestran los jeroglíficos de los *Textos de las Pirámides* así como con los del *Libro de los Muertos.* Concretamente que dicho gesto, entendido siempre de forma simbólica, se pueda asimilar al jeroglífico que expresa la acción de «emerger», aunque también se traduzca por «salir a la luz». Veamos el significado de estos jeroglíficos en el *Papiro de Ani* del *Libro Egipcio de los Muertos*[101] según la interpretación del egiptólogo británico Wallis BUDGE.[102]

: «…, un emerger como alma viviente»[103]; «…, y los capítulos de emerger de día».[104]

: «…, y el emerger de mi alma»[105]; Tras superar el juicio de Osiris, el difunto dice "salgo distinguido por la puerta».[106]

---

100   San Mateo 7:13-14.

101   Los ejemplos están tomados de *El Libro de los Muertos* porque no dispongo de una edición de los *Textos de las Pirámides* en la que aparezcan, junto con las declaraciones traducidas, los jeroglíficos correspondientes. De todas maneras, las declaraciones de *El Libro de los Muertos,* con sus correspondientes jeroglíficos, son extrapolables, *grosso modo,* a los *Textos de las Pirámides.* Y es que la identificación de los conceptos de "emerger" y "abrir/separar" con estos jeroglíficos ya estaban presentes en las necrópolis de los faraones Pepi I, Pepi II, Unis, Neith y Merenre.

102   *El Libro Egipcio de los Muertos. El papiro de Ani,* edición y traducción al inglés de E. A. WALLIS BUDGE, Editorial Sirio, Málaga 2007.

103   Ibid., Placa I, p. 184.

104   Ibid., Placa XXXIV, p. 444.

105   Ibid., Placa I, p. 187.

106   bid., Placa XXV, p. 350.

: «..., y un emerger en presencia de Osiris»[107]; «El principio de los capítulos del emerger del día»[108]; «..., de emerger de día...»[109]; «..., el purificado emergerá de día después de su entierro,... ».[110]

: «..., de emerger desde el submundo...»[111]; «...y salir del submundo,... ».[112]

: «al emerger el dios...»[113]; «..., he aparecido de día»[114]; El difunto, dirigiéndose a Osiris: «Otórgame que pueda emerger».[115]

: «..., emergeré desde allí entrando en la casa de Isis.»[116] Este es el único jeroglífico en que se muestra el cuerpo entero de una persona que, precisamente, aparece de rodillas.

Sin embargo, hay dos jeroglíficos que reúnen en sí mismos los dos aspectos angulares a los que hemos aludido hasta ahora: el de emerger, o doblegarse, y el de abrir y separar. Son los dos siguientes:

: «..., que pueda emerger en paz de la casa de Osiris».[117]

: «...,él emergerá de día en todas las formas de existencia».[118]

---

107   Ibid., Placa III, p. 200.

108   Ibid.,Placa V, p. 202.

109   Ibid.,Placa VII, p. 212.

110   Ibid., Placa XXVII, p. 379.

111   Ibid., Placa V, p. 203.

112   Ibid., Placa XXXIV, p. 444.

113   Ibid., Placa XXI, p. 335.

114   Ibid., Placa XXV, p. 350.

115   Ibid., Placa XXV, p. 355.

116   Ibid., Placa XXVI, p. 361.

117   Ibid., Placa VI, p. 208.

118   Ibid., Placa VI, p. 210.

Es de remarcar que la acción de emerger se exprese mediante el dibujo de un animal que se arrastra, lo cual nos sitúa en el gesto para entrar en la Matriz de la Gran Pirámide, en doblegarse. El animal que simboliza este ideograma es el ofidio conocido como *Cerastes cornutus*[119], cuyo apellido describe la característica anatómica más peculiar de esta serpiente: los dos prominentes cuernos, con lo cual volvemos a encontrar una clara vinculación entre el motivo cornudo y la iluminación mística.

Así pues, mi interpretación es que este animal, cuya mordedura por cierto puede llegar a ser mortal, era utilizado en la literatura funeraria egipcia porque servía para expresar simbólicamente dos contenidos trascendentes que encontramos claramente expuestos en la Cámara del *Ka* de la Gran Pirámide: el de la acción de doblegarnos, y el de nuestra naturaleza divina.

3.10- La Cámara del Destino no Cumplido

Podemos encontrar más solidez en esta interpretación de la Cámara del *Ka* en el hecho de que, aplicando la misma lógica, encontramos una hipótesis correlativa sobre la razón de ser de la, erróneamente denominada, Cámara de la Reina. Para llegar a una respuesta hemos de tener en cuenta tres aspectos fundamentales de este espacio:

1- Los canales no se extienden a lo largo de toda la pirámide hasta el exterior sino que finalizan su recorrido dentro de la pirámide. Es decir: no están abiertos a las estrellas, de manera que difícilmente el difunto podrá alcanzar la vida eterna.

2- El suelo no tiene revestimiento, lo que le da apariencia de obra inacabada. Los egiptólogos interpretan esto aduciendo que: o bien no se pudo finalizar o bien que, a medida que se construía la pirámide, la función de dicha cámara se fue redefiniendo. Sin embargo, se puede contemplar otra posibilidad que los académicos no han señalado: que esta apariencia de cámara inacabada es el mensaje que, precisamente, querían transmitir los constructores anónimos de la Gran Pirámide.

3- El acceso a la Cámara de la Reina se efectúa a través de un pasillo horizontal de 1'14m de altura y 42m de longitud. Sin embargo, a cinco metros de la entrada hay un escalón descendente gracias al cual la altura del pasillo de acceso aumenta hasta 1,67 metros. No hay, pues, que

---

119   GARDINER, Sir Alan, *Egyptian Grammar*, Griffith Institute, Ashmolean Museum, Oxford 2001, p. 476.

doblegarse al momento de entrar a la Cámara de la Reina, al menos tanto como obliga la "puerta" que permite el acceso a la Matriz.

Basten pues estos comentarios para indicar que, probablemente, la Cámara del *Ka* de la Gran Pirámide remite al destino cumplido, mientras que la cámara inferior, mal llamada Cámara del la Reina, señala de forma inequívoca a lo no acabado, al estado de conciencia incompleto e imperfecto del ser humano que todavía no se doblega, al que no se ha despojado de su vinculación entre su «yo» y su cuerpo.

3.11- Poca megalomanía y mucha mística

Antes de dejar Egipto hagamos una recopilación de las conexiones que hemos encontrado entre la estructura interna de la Gran Pirámide y el contenido de la literatura funeraria egipcia. Tenemos los siguientes datos:

1- Al faraón se le atribuía un origen y un destino bovino y, en suma, una naturaleza bovina.
2- El faraón debía de ser acogido por los dioses a través de un gesto: el abrazo. En este sentido, es pertinente referenciar un pasaje en la vida de Maharshi para darnos cuenta hasta qué punto esta idea, repetida en numerosas declaraciones de los *Textos de las Pirámides*, es universal:

> En otra ocasión, Maharshi recitó de memoria un poema de un santo devoto de Vishnú en el que, al pronunciar las palabras *Envuélveme en tu abrazo, Señor,* Maharshi dispuso los brazos formando de círculo, como si abrazara al aire, y los ojos le resplandecieron de ardiente devoción mientras la voz se le quebraba al intentar contener unos sollozos que no nos pasaron desapercibidos.[120]

3- El proceso por el cual el fallecido pasaba de la vida mortal a la divina incluía el ser cortado en tres trozos.
4- En todas las necrópolis en donde se esculpieron los *Textos de las Pirámides* se conservó el espacio de la *serdab*. Dicho espacio, que originalmente debía de conservar una estatua del fallecido que simbolizaba su *Ka*, no contenía inscripciones y su función y razón de ser estaba relacionada con la idea del silencio.

---

120   *Guru Ramana*, p. 26

5- En varias declaraciones el alma —*ba*— tenía asignada la constelación de Orión, dirección a la que apunta el canal sur de la Cámara del *Ka* de la Gran Pirámide.

6- En otras declaraciones el espíritu —*akh*— tenía asignadas las estrellas circumpolares, dirección a la que apunta el canal norte de la Cámara del *Ka* de la Gran Pirámide.

7- Las pirámides que contienen las tumbas de los faraones Pepi I, Pepi II, Unis, Merenre y Neith, en donde se grabaron los primeros textos funerarios de la civilización Egipcia, se erigieron para el *Ka* del fallecido.

8- En las necrópolis de Pepi y de Neith encontramos la declaración de que el *Ka* del faraón contiene su *ba*, su *akh* y su cuerpo.

9- En su investigación la egiptóloga Eve Reymond reconocía que, según las creencias de los antiguos egipcios, el *Ka* era el elemento fundamental alrededor del cual se articulaba la creación y el posterior desarrollo del primer templo egipcio, que inicialmente apareció en un remoto tiempo mítico y que finalmente se materializó físicamente en el tiempo histórico.[121]

A todos estos datos podemos sumar dos más.

10- El primero de ellos me llegó a través del foro de discusión que hay en la web del escritor Graham Hancock. El 12 de diciembre del 2012 en dicho portal dejé un mensaje sobre el video que colgué en youtube en el que explicaba mi hipótesis sobre la razón de ser de la Gran Pirámide. El mismo día Greg Reeder, uno de los participantes en el forum, me indicó la existencia del paper *The Ka house and the serdab* que, en 1916, el investigador Alyward M. Blackman publicó en *The Journal of Egyptian Archaeology*.[122] De acuerdo con Blackman, quien retomaba una idea del egiptólogo alemán Georg Steindorff, el conjunto de todas las cámaras que formaban un mausoleo se denominaba "Casa del *Ka*". No me consta que Steindorff o Blackman hubieran investigado las implicaciones de dicha denominación en el caso de la Gran Pirámide, o que ni tan sólo hubiesen puesto en duda que este monumento fuera el mausoleo del faraón Keops. En todo caso, me extraña que la identificación de la Casa del *Ka* con los mausoleos presentes en la civilización egipcia fuera una

---

121   *The mythical origin of egyptian temple*, p. 206.

122   BLACKMAN, Alyward M., MA., *The Ka house and the serdab*, The Journal of Egyptian Archaeology, Volume III, London, 1916, pp. 250-254.

línea de investigación que no tuvo continuidad y que, por este motivo, los egiptólogos no analizaran su vinculación con la razón de ser de la Gran Pirámide.

11- El enésimo dato que aporta peso a la interpretación que hemos hecho de la Gran Pirámide proviene de la *The Oxford Enciclopedia of Ancient Egypt*. En el apartado dedicado al *Ka* podemos leer:

> La mente usualmente estaba relacionada con el *ba*, pero la palabra *hmt* ("pensar" o "actuar los tres conjuntamente") nos lleva a suponer que también había la idea de pensamiento como proceso trilateral, con el *Ka* jugando un oscuro rol, juntamente con el *ba*.[123]

Es decir, que de acuerdo con lo que reconocen los mismos egiptólogos, podemos identificar el *ba*-alma del antiguo Egipto con ese estado de conciencia que, en la tradición hindú, se caracteriza por la desvinculación de la mente de la percepción de la realidad físico-sensorial. Pues, ¿qué es lo que queda del individuo que ha conseguido bloquear la información que proviene de sus órganos físico-sensoriales? Sencillamente, el pensamiento del que derivan el resto de pensamientos: el «yo», que los antiguos egipcios denominaban *ba* y que no es otra cosa que la mente en estado puro.

Y esta vinculación del *ba* con la actividad de la mente despojada de su vinculación con los sentidos también es coherente con lo que nos muestran algunos grabados del antiguo Egipto vinculados a la literatura funeraria. En éstos aparece el *ba*, el alma del fallecido, volando afuera de su tumba; de pie ante la puerta abierta de su tumba, o revoloteando encima de su cuerpo sin vida.[124] Estas escenificaciones coinciden con los testimonios de algunas personas que han tenido experiencias extracorpóreas después de sufrir un ataque al corazón.[125] Dicho claramente: durante estos trances, en los que no hay actividad cerebral, la parte activa —o tal vez deberíamos decir liberada—, de nuestra conciencia, no es otra cosa que lo que los antiguos egipcios denominaban *ba*: la mente despojada de la vinculación con los sentidos corporales.

---

123   *The Oxford Enciclopedia of Ancient Egypt*, Donald B. Redford, editor jefe, Oxford University Press, 2001, vol II, p. 215.

124   WALLIS BUDGE, E.A., *El libro egipcio de los muertos*, El papiro de Ani, editorial Sirio, Málaga 2007, p. 534.

125   LOMMEL, Pim van; WEES, Ruud van; MEYERS, Vincent; ELFFERICH, Ingrid, *Near-death experience in survivors of cardiac arrest: a prospective study in Netherlands*, The Lancet, vol 358, december 15, 2001.

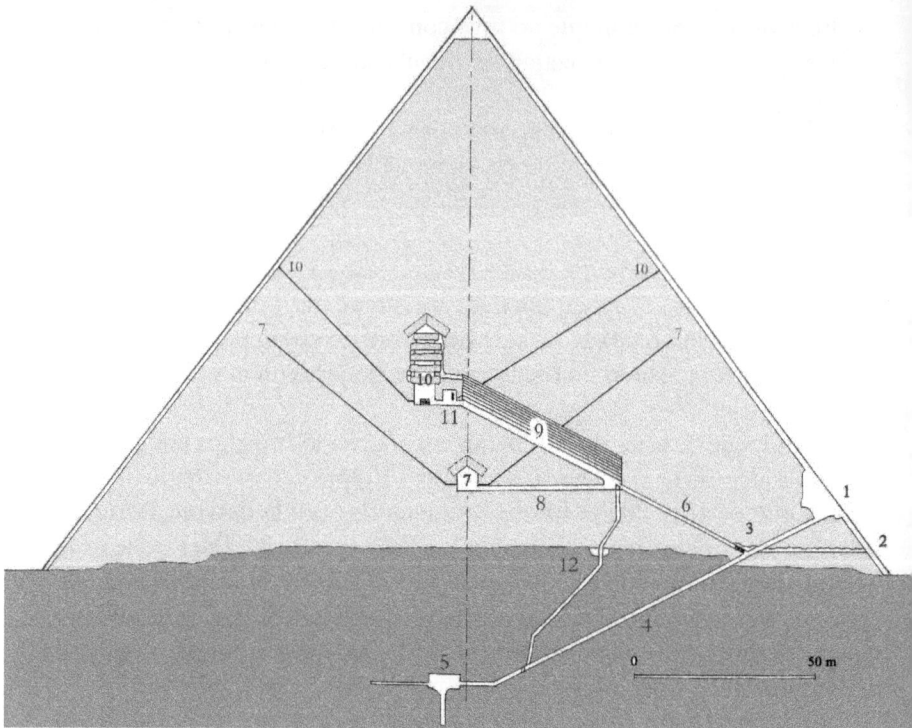

Fuente: Wikipedia
Interior de la Gran Pirámide.

1- Acceso original, en la cara norte, actualmente obstruido. 2- Acceso que abrió Al-Mamun y que hoy los visitantes utilizan para entrar dentro del monumento. 3- Bloques de granito que sellan el acceso al pasaje superior. 4- Pasaje que comunica con la Cámara Subterránea. 5- Cámara Subterránea. 6- Pasaje de acceso a la Gran Galería. 7- Cámara de la Reina. De acuerdo con mi hipótesis simboliza la cámara del destino no cumplido. Por este motivo, está dedicada a aquellos fallecidos que no superan el Juicio de Osiris. A favor de esta hipótesis tenemos el aspecto inacabado de la estancia y los dos canales que no están abiertos a las estrellas. 8- Pasaje que comunica a la Cámara del Destino no Cumplido. 9- Gran Galería. 10- Cámara del Rey. De acuerdo con mi hipótesis es la Cámara del *Ka*, que equivale al Ser de Maharshi, a la iluminación de los místicos, y por tanto simboliza que el fallecido supera el juicio de Osiris y alcanza la vida eterna. A favor de esta hipótesis tenemos, por un lado, el estrecho pasaje que obliga a doblegarse a quien quiere entrar en dicha cámara; y, por otro lado, los dos canales que están abiertos a las estrellas. 11- Antecámara. Entre este espacio y la Cámara del *Ka* hay que sortear el estrecho pasaje que, según mi hipótesis, simboliza el gesto necesario de doblegar el ego para disolver la vinculación entre el yo y el cuerpo.

Por otro lado, el pasaje de la *The Oxford Enciclopedia of Ancient Egypt* también nos indica algo que, tras lo apuntado sobre la Gran Pirámide, se nos hace totalmente familiar: en Egipto se consideraba que el pensamiento era un proceso trilateral, idea que es muy afín a la de los tres estados básicos de conciencia de los que nos habla la tradición que encarnó Maharshi y que, como hemos visto, tienen sus correspondencias con los tres elementos clave de la Cámara del *Ka* de la Gran Pirámide.

Finalmente, este pasaje nos informa que los elementos fundamentales de este proceso de conciencia están en el *Ka* y el *ba*, lo cual también es coherente con las correspondencias que establecemos entre la Gran Pirámide y el induísmo. Esto es así porque es el *ba*-alma-pensamiento el que tiene que, en primer lugar, bloquear las percepciones sensoriales que nos dan información de mundo físico y, en segundo lugar, neutralizar la percepción del «yo». Cuando esto se consigue, el ser humano alcanza el *Ka*, el nirvana de la tradición hindú. Precisamente, la literatura funeraria egipcia deja claro que tras el fallecimiento, el *ba* debe reunirse con el *Ka*, proceso que nos retrotrae al fundamento del yoga, palabra que literalmente significa juntar, unirse, y del que después nos ocuparemos cuando hablemos del diluvio en la tradición mesopotámica.

Por otro lado, tanto el cuerpo físico como el *akh* representan estados inhertes, puramente pasivos, cuando están despojados de la fuerza mediadora del *ba*-alma-mente. Por este motivo no juegan ningún papel activo en el proceso de conciencia.

Tras esta recopilación toma coherencia que la denominada comunmente Pirámide de Keops sea en realidad la Pirámide de *Ka*, y que dicha entidad sea el cuarto estado de conciencia del que nos habla Maharshi: la iluminación mística. Es por este motivo que Maharshi le respondió a Brunton que el misterio de Arunáchala, que es el misterio de la iluminación mística era el misterio de las pirámides de Egipto.

Así pues, la Gran Pirámide no remite al ego de un faraón quien ordenó erigir dicho monumento para disponer de su mausoleo personal, sino al *Ka* que es el alfa y el omega de nuestra existencia y del cual todos sin excepción somos una emanación.

Esta hipótesis se me antoja mucho más sólida que la de la creencia en el mausoleo del faraón Keops quien, después de ordenar que se dispusieran con una precisión quirúrgica dos millones trescientas mil piedras de un peso medio de dos toneladas y media, se olvidó de esculpir una simple inscripción en la que dijera «esta es la necrópolis de Keops».

Muy al contrario, la Gran Pirámide es un monumento que no contiene inscripción alguna, como las *serdabs* de las necrópolis en donde se esculpieron los *Textos de las Pirámides* y que se denominaban *Igéret*, espacios regidos por el señor del silencio, en las que se situaba una estatua del fallecido que contenía su *Ka*.

Dicho espacio era pues tan silencioso como la pantalla de cine en la que se proyectan las imágenes de la vida, esa pantalla de cine en el ejemplo de Maharshi que es el testigo mudo de toda nuestra existencia sensorial y, más allá de ésta, de nuestra existencia mental.

No menos silenciosa es la Gran Pirámide. Este monumento mudo muy probablemente nos habla del substrato de nuestra existencia que subyace más allá del tiempo y del espacio, más allá de nuestras respectivas concreciones formales de burbujas efímeras que denominamos «yo». Muy intuitivo y apropiado es, por lo tanto, el anónimo proverbio árabe "el hombre teme al tiempo, pero el tiempo teme a las pirámides".

Evidentemente, esta explicación sobre la razón de ser de la Gran Pirámide pone en entredicho la creencia comúnmente aceptada de que este monumento se construyó en vida de Keops, hacia el 2600 a.C. Entonces: ¿cuándo se construyó? Probablemente se erigió antes del inicio de la civilización egipcia, antes del 3100 a.C., por un grupo de seres humanos de los que nada sabemos, aunque podemos suponer que su conciencia no se situaba únicamente en el plano físico o sensorial sinó también en el espiritual o supra-sensorial. Muy probablemente podría tratarse de los *Shemsu Hor* —Seguidores de Horus— quienes, de acuerdo con algunos papiros, eran seres semidivinos que tenían grandes conocimientos astronómicos y que gobernaron Egipto entre el 9000 y el 3000 a.C.

Ante este cúmulo de datos a favor de la hipótesis puramente mística de este monumento, no se sustenta la creencia de que sea el mausoleo de un faraón megalómano.

A partir de ahora, para ver hasta qué punto los marcos conceptuales entre los que nos estamos moviendo son distintos a los de la mayoría de los académicos, salgamos de Egipto y constatemos como la visión tripartita de la naturaleza humana así como el motivo cornudo como metáfora del paso a otro nivel de existencia tras la muerte física tienen claros ecos en las tradiciones sagradas de otras civilizaciones.

Capítulo 4
EL MENSAJE UNIVERSAL
DE LA GRAN PIRAMIDE

4.1- La proporción egipcia de *Gilgamesh*

Ahora dejamos Egipto y nos vamos hacia el este, al Creciente Fértil, a Mesopotamia. Aparentemente no hay rastro del Ser hindú, del *Ka* egipcio. Sin embargo, sí que aparece de forma explícita la creencia en la naturaleza tripartita del ser humano así como de la proporción que hay entre nuestro substrato trascendente y nuestro substrato físico: dos tercios en el primer caso y un tercio en el segundo. En primer lugar, vayamos a una relato que toca el corazón de Sumer: *La Epopeya de Gilgamesh*.

Los *Textos de las Pirámides* comenzaron a esculpirse hacia el 2400 a.C. en algunos monumentos que se erigieron entre las dinastías V y VIII. Este momento coincide aproximadamente con el reinado de un personaje, Gilgamesh, quien vivió hacia el 2550 a.C. y fue el quinto rey de la ciudad de Uruk. Si hoy es el soberano más famoso de toda la civilización sumeria es por que dio pie a la obra literaria más importante de esa cultura, *La Epopeya de Gilgamesh*.

Es una lástima que no sepamos quien o quienes crearon la versión original de este relato, porque en la narración se hacen observaciones que coinciden con lo apuntado por Jámblico cuando dijo que el ser humano tiene dos almas, así como con lo propuesto para la Cámara del *Ka* de la Gran Pirámide. Vayamos paso a paso. Al principio de esta obra de origen sumerio se indica lo siguiente:

Este Gilgamesh desde su nacimiento era insigne
Dios en dos tercios, en un tercio, hombre.[126]

En ningún pasaje del relato se aclara el por qué de dicha proporción, aunque a nosotros nos puede muy bien recordar la proporción que encierra

---

126   *La epopeya de Gilgamesh*, Edición de Jean Bottéro, editorial Akal, Madrid 1998, pp. 77-78.

la Cámara del *Ka* de la Gran Pirámide: el un tercio humano, perteneciente al sarcófago, y los dos tercios divinos, pertenecientes a los dos canales abiertos a las estrellas y que, de acuerdo con mi hipótesis, remiten al alma —*ba*— y al espíritu —*akh*— del difunto. De manera que la indicación de esta proporción de la naturaleza humana en la epopeya nos dice mucho.

© Fuente: Wikipedia.
Escultura de Gilgamesh que se conserva actualmente en el Museo del Louvre.

El relato nos narra el viaje que emprende Gilgamesh para conseguir la inmortalidad, motivo por el cual este personaje toma la determinación de encontrar a Utanapishtî. Este último equivale al Noé bíblico y en la epopeya se asegura que, tras el Diluvio, los dioses le concedieron la inmortalidad. Para llegar hasta él Gilgamesh tiene que atravesar en primer lugar un paso estrecho, una especie de desfiladero, que está protegido por dos guardianes de aspecto monstruoso: una pareja de hombres-escorpión. Veamos qué nos dice este pasaje de la obra:

Y el Hombre-Escorpión le gritó a su Hembra:
Ese que viene hacia nosotros, su persona tiene algo de sobrenatural
Y su hembra le contestó:
Es en dos tercios dios y hombre en un tercio.[127]

---

127   Ibid., p. 186.

Es decir, que una vez más se repite el dato de la proporción divina y humana del protagonista y lo hace en un episodio en el que nuestro héroe tiene que franquear un paso problemático: el angosto desfiladero, que muy bien nos retrotrae al paso estrecho para entrar en la Cámara del *Ka* de la Gran Pirámide. Esta repetición, y que en este pasaje esté en boca de los seres mitológicos que custodiaban un pasaje del camino de Gilgamesh hacia la inmortalidad, significa que los creadores anónimos de la epopeya consideraban que la proporción en dos tercios divina y en un tercio humana de Gilgamesh no era un dato anecdótico o arbitrario sino fundamental. Pero continuemos al lado del esforzado protagonista porque las referencias a dicha proporción nos van a dar mucho de sí.

Una vez franqueado el desfiladero y avanzar algo más en su camino, Gilgamesh llega a una encrucijada donde está la diosa Siduri que ejerce de tabernera. Tras escuchar del desdichado héroe el objetivo de su viaje, la diosa le advierte que para llegar a Utanapishtî tiene que franquear el paso más peligroso de todo su camino: atravesar las Aguas de la Muerte. Y Siduri le indica que el único que puede llevarlo de una orilla a otra es el barquero de Utanapishtî, que se llama UrShanabi.

A partir de aquí vale la pena establecer ciertas consideraciones que, a tenor de las hipótesis formuladas sobre la Gran Pirámide, son tremendamente reveladoras:

1- El asiriólogo Jean Bottéro indica que en la Antigua Mesopotamia el establecimiento de la taberna, donde está Siduri, representaba el «comercio de la encrucijada».[128] Y esto es fundamental porque la encrucijada simboliza, precisamente, el enclave «de paso de un mundo a otro, de una vida a otra, o de la vida a la muerte».[129]

2- De acuerdo con el mismo investigador, dicha deidad «se refiere a un personaje para nosotros misterioso y del que no tenemos ningún otro dato».[130] De hecho, el único dato del texto que describe a esta diosa es que «ella llevaba la cabeza cubierta con un velo». Esto es muy importante. El asiriólogo británico A. R. George, autor de la traducción

---

128   Ibid., p. 195.

129   Chevalier, Jean y Gheerbrandt, Alain, *Diccionario de los símbolos*, editorial Herder, Barcelona 1986, p. 446.

130   *La Epopeya de Gilgamesh*, p. 194.

más fiable de la epopeya,[131] hace un comentario fundamental acerca del hecho que Siduri llevase un velo:

> Este detalle es un poco incongruente, debido a que las posaderas probablemente no eran lo suficientemente respetables como para ir en velo. Las mujeres que frecuentaban las tabernas eran típicamente prostitutas y tales mujeres, junto con los esclavos, tenían prohibido el velo, al menos en Asiria, donde el velo claramente era un signo de respetabilidad… El velo de Siduri… está probablemente relacionado con su función como misteriosa diosa de la sabiduría.[132]

Este comentario de A. R. George está en resonancia con la hipótesis que estoy desarrollando alrededor de este pasaje de la epopeya. Esto es así porque, simbólicamente, el uso del velo «evoca la disimulación de las cosas secretas y que descorrerlo significa hacerse inmortal».[133] Con lo cual nos situamos en el marco de conceptos que hemos asignado para la Gran Pirámide y que son el eje central de las enseñanzas de Ramana Maharshi.

3- A favor de esta lectura tenemos el que se considerase a Siduri diosa de la fermentación. Esto es importante porque en las tradiciones herméticas, sobretodo en el ámbito de la alquimia, «el proceso de transmutación se representa como una especie de fermentación».[134] Así pues, que Siduri sea diosa de la fermentación significa que su razón de ser remite a la idea de regeneración espiritual y, por tanto, a la idea de inmortalidad. Además, a favor de esta interpretación tenemos la versión hitita de la epopeya en la que se especifica que Siduri tenía preparada la cerveza para Gilgamesh, precisamente, en una cuba de oro.[135] Y es que este metal inoxidable, incorruptible, señala lo que Gilgamesh pone en juego cuando llega a esta misteriosa encrucijada que se sitúa frente a las Aguas de la Muerte: su naturaleza en dos tercios divina y, por tanto, inmortal.

4- En este orden de cosas, tenemos que entre los brebajes fermentados, la bebida nacional en la antigua Mesopotamia, en palabras de Jean

---

131   GEORGE, A. R., *The Babylonian Gilgamesh Epic*, Oxford University Press, New York 2003.

132   Ibid., p. 498.

133   Ibid., p. 1053.

134   ROOB, Alexander, *El museo hermético. Alquimia y Mística*, Taschen, Colonia 1996, p. 23.

135   *La epopeya de Gilgamesh*, p. 335.

Bottéro, era la cerveza. De manera que la razón de ser de la tabernera Siduri era dispensar cerveza. Lo interesante de esta apreciación es que en acadio dicha palabra se denominaba Siris,[136] lo cual nos remite a la estrella Sirio, denominada Sirius en latín, Seirios en griego y Sothis en el antiguo Egipto, y que era el astro que ocupaba la diosa egipcia Isis en el firmamento. Y esta deidad tenía precisamente, como principal misión dentro de la mitología egipcia, la regeneración espiritual. De forma más clara tenemos que en sumerio *kaš* significa cerveza.

5- El léxico mesopotámico nos aporta otro dato de interés porque la ocupación de posadera se pronunciaba *sabîtu*, palabra que en acadio significaba gacela,[137] referencia que nos vincula una vez más con la naturaleza trascendente del ser humano a la que remite el tema cornudo y, por tanto, a la naturaleza en dos tercios divina de Gilgamesh. Que «Siduri —*sabîtu*— gacela» remita a esta parte trascendente de nuestra naturaleza puede parecer sin fundamento. Sin embargo, para sopesar la posibilidad de que exista dicha asociación, y de que por tanto el texto contenga mensajes subyacentes a su lectura literal, merece la pena tener en cuenta un último aspecto de este pasaje de la epopeya.

6- Este aspecto es la información que la diosa comunica a Gilgamesh: el único que puede ayudarlo a atravesar las Aguas de la Muerte es el barquero de Utanapishtî, que se llama Urshanabi. Y aquí radica un aspecto fundamental de este pasaje porque, según los asiriólogos, Urshanabi significa, literalmente, «Criatura/Servidor de Dos Tercios».[138] Dicho claramente: Gilgamesh tiene que trascender su parte física, humana, si quiere alcanzar la orilla en la que está el superviviente del diluvio. O, expresado de otra manera, Gilgamesh tiene que despojarse de su naturaleza mortal, impermanente, física, para llegar hasta Utanapishtî a quienes los dioses han concedido la inmortalidad. No puede ser de otra manera porque «sólo lo semejante conoce lo semejante».

Evidentemente, esta interpretación místico-cognitiva, al tiempo que hermética, de *La Epopeya de Gilgamesh* supone un desacuerdo total respecto

---

136   KRAMER, Samuel Noah y Jean BOTTÉRO, *Cuando los dioses hacían de hombres*, Akal, Madrid 1998, p. 502.

137   HALLORAN, John Alan, *Sumerian Lexicon*, Logogram Publishing, Los Angeles 2006, p. 220.

138   Ibid., p. 200.

a la interpretación que los académicos hacen de esta obra. Así, A. R. George, autor de una monumental edición crítica de este relato, no duda en afirmar que «el motivo original del poema era el entretenimiento oral»,[139] que «no tiene significado místico alguno» y que, en cualquier caso, dicho significado (místico o simbólico) no estaba en la mente del creador de la epopeya.[140]

Más prudente al respecto se muestra el asiriólogo Wayne Horowitz en el prólogo de su obra *Mesopotamian Cosmic Geography:*

> «No sabemos si los antiguos lectores de Gilgamesh realmente creían que ellos también podían visitar a Utnapistim navegando a través del océano cósmico y las "aguas de la muerte", o si unos pocos, algunos, la mayoría o todos los antiguos lectores entendían el material topográfico… en términos metafísicos o místicos.»[141]

En este sentido, tampoco sé si algunos de los lectores de la epopeya realmente entendían dicho material geográfico en estos términos. Pero después de analizar el texto, se me hace totalmente plausible que así fuera y que, en cualquier caso, me parece totalmente claro que la interpretación místico-cognitiva de la epopeya era la que tenía en mente el creador de la misma.

Tras llevar a cabo la decodificación de este episodio de *La Epopeya de Gilgamesh*, constatamos que las tradiciones hindúes, la del Antiguo Egipto así como la de Sumer, coinciden en señalar la naturaleza en dos tercios trascendente y en un tercio física del ser humano. La conexión no puede ser casual. Vayamos ahora a la otra gran civilización mesopotámica para comprobar cómo también era partícipe de las mismas creencias sagradas, o tal vez deberíamos decir de los mismos conocimientos herméticos.

4.2- La creación tripartita del hombre entre los acadios

Los sumerios convivieron durante más de mil años en el Creciente Fértil con otra civilización, los acadios, siendo los primeros la cultura dominante. Sin embargo, hacia el 1500 a.C. nada quedaba en Mesopotamia del es-

---

139 *The Babylonian Gilgamesh Epic, Introduction, Critical Edition and Cuneiform Texts*, p. 54.

140 Ibid., p. 68.

141 HOROWITZ, Wayne, *Mesopotamian Cosmic Geography*, Eisenbrauns, Indiana 2011, p. XV.

plendoroso mundo sumerio, y sí brillaba con luz propia el mundo acadio. En ese momento, uno de sus escribas, un tal Kasap-Aya, copió en tablillas de barro un manuscrito que muy probablemente tenía en ese momento un siglo de antigüedad. Esta obra se conoce como *El Poema de Atrahasis* o *El Poema del Muy Sabio*, y es el relato más importante que nos ha legado la cultura acadia. En ella se explica la creación del ser humano, por parte de los dioses, y finaliza con el cataclismo del Diluvio Universal.

En 1982 el asiriólogo francés Jean Bottéro publicaba un artículo[142] en el que hacía un análisis de este texto. Al final de su trabajo este investigador reconocía que el significado de dicha narración debía de ser mucho más rico que lo que hasta ese momento los asiriólogos habían extraído de él. Bottéro indicaba con resignación que la aproximación a dicho texto siempre estaría marcada por el bagaje personal, así como por la óptica y las convicciones de los investigadores que se acerquen a él. Finalmente, no dudaba en afirmar que *El Poema del Muy Sabio* encierra un significado «hermético».[143] Pues bien: al igual que he hecho con el relato de *La Epopeya de Gilgamesh*, en las siguientes líneas propongo una decodificación del texto acadio de la creación que desvele, al menos en parte, el contenido hermético de dicha obra.

De acuerdo con la parte del texto que nos interesa los Anunnaku, dioses ocupados en gobernar, lo hacían sobre los Igigu, que se vieron obligados a trabajar para vivir y lograr el sustento de sus superiores. Sin embargo, abrumados por tanto trabajo, los Igigu decidieron dejar de trabajar y asediaron al dios del cielo, Anu, representando dicho pasaje la primera huelga de la historia —real o mitológica— de la humanidad. La reclamación de los Igigu sólo pudo resolverla Enki, que era el dios de las aguas cósmicas subterráneas, denominadas *apsu* en acadio. ¿Qué hizo Enki? Sencillamente, propuso la creación de los seres humanos para que hicieran la tarea de los Igigu.

Se da el caso que Enki mantiene una similitud muy interesante con Urshanabi porque en la escritura cuneiforme acadia se identifica a este dios con el ideograma numérico de «40». Dado que el sistema numérico sumerio era sexagesimal, Enki también es, de alguna manera, «servidor de dos tercios». Ahora veremos que, precisamente, esta proporción es la que caracteriza la creación del ser humano, proceso que Enki coordinó.

---

142   Bottéro, Jean, *La creation de l'Homme et sa Nature dans le poeme d'Atrahasis*, Societes and Languages of the Ancient Near East, Studies in honour of I. M. Diakonoff, Warminster, 1982, pp. 24-32.

143   Ibid., p. 31.

Según el relato, para llevar tal obra de ingeniería, Enki ordenó inmolar al dios Wê, presunto instigador de la revuelta de los Igigu contra los dioses.[144] Una vez sacrificado, la diosa Nintu mezcló la sangre y la carne del dios Wê con arcilla y de este cóctel surgió el ser humano. Veamos lo que dice este episodio de *El Poema del Muy Sabio*:

Entonces se inmolará un dios,
...
Con su carne y su sangre,
Nintu mezclará la arcilla:
De este modo el dios y el hombre estarán asociados,
Reunidos en la arcilla,
...
¡Gracias a la carne del dios habrá en el hombre un *têmu*,
Que lo presentará siempre vivo después de su Muerte.
Este *têmu* estará allí para guardarlo del olvido!.
...
Y el dios Wê, que tenía el *têmu*,
Es inmolado en plena asamblea.
Con su carne y con su sangre
Nintu mezcla la arcilla,
Para que se uniesen el dios y el hombre,
Estuviesen reunidos en la arcilla.
...
Gracias a la carne del dios hubo también en el hombre un *têmu*,
Que lo presentaría siempre vivo después de su muerte.
Este *têmu* estaba allí para guardarlo del olvido!
...
Después Mammi abrió la boca
Y se dirige a los grandes dioses:
¡El trabajo que me habías encargado,
Ya lo he realizado!
Habéis inmolado a ese dios con su «têmu»... [145]

Ahora vayamos a las aclaraciones que nos permitirán interpretar el texto y formular una hipótesis sobre el mismo.

---

144   Ibid., p. 596.

145   *Cuando los dioses hacían del hombres*, pp. 551-552.

Como remarcan los asiriólogos Samuel Noah Kramer y Jean Bottéro,[146] en esa época en acadio el concepto «hombre» se decía *awêlu/awîlu*. Lo interesante del asunto es que en esta palabra se incluyen dos significados subyacentes. Por un lado, porque contiene la partícula Wê (*aWÊlu*) que, como muestra el texto, es el nombre propio del dios sacrificado con el que se fabricará parte del ser humano. Por otro lado, porque la palabra hombre *awêlu/awîlu* también contiene la palabra dios, que en acadio era *ilu/elu*. Así pues, cuando los acadios decidieron nombrar al ser humano con la palabra *awêlu/awîlu* lo hicieron porque creían que este ente contenía algún tipo de naturaleza, o esencia, divina y trascendente. Y ahora volvamos al episodio del proceso de creación.

Cuando Enki incluye al dios Wê en la propia creación del Hombre, incluye por lo tanto en ella la naturaleza divina tomada de dicho dios. Ahora bien, el texto acadio señala que Enki lo escogió porque el dios Wê tenía *têmu*, y algunos pasajes especifican que el têmu de este dios estaba contenido en su carne, pues hemos leído que:

¡Gracias a la carne del dios habrá en el hombre un *têmu*,

Los asiriólogos sostienen que el término *têmu* se puede traducir por «inteligencia práctica» o «presencia de ánimo» y, en suma, «alma, ánimo, espíritu».[147] Sin embargo, en la traducción, Samuel Noah Kramer y Jean Bóttero se decantan por la palabra alma. Es decir, que en la medida que en la creación del ser humano se incluye el *têmu* del dios Wê, que está contenido en su carne, los seres humanos disponían de alma. La particularidad de esta alma permitiría al ser humano lo siguiente:

…lo presentaría siempre vivo después de su muerte.
Este *têmu* estaba allí para guardarlo del olvido!

Es decir, que la cualidad que aporta *têmu*, o el alma contenida en la carne del dios Wê, tiene que ver con una de las funciones básicas de la mente humana: la memoria. Sin embargo, el texto también deja claro que lo que se aprovecha del dios Wê en la creación del ser humano no es sólo la carne sino también la sangre. Sin embargo el relato no ofrece ningúna explicación sobre el por qué de la necesidad de incorporar la sangre del dios Wê en el ser humano.

---

146   Ibid., p. 596.

147   Ibid., p. 596.

La respuesta quizás está en las notas explicativas del texto que hacen Kramer y Bottéro. Veamos qué dicen estos dos eminentes asiriólogos:

> ...siempre desde el punto de vista de los autores y de los usuarios del poema (...), el destino del Hombre quería que, tras su muerte, lejos de quedar reducido a la nada, se separase de su cadáver, destinado en sí mismo a "convertirse de nuevo en tierra/arcilla", una especie de doble sombrío, volátil, vago, aquello que en nuestro folclore se conoce como "alma", "fantasma" o, más exactamente, "espíritu", y que en acadio se conocía bajo la denominación de *etemmu* y que muy probablemente se pronunciaría, en principio, *wetemmu*.[148]
>
> Al incluir en la naturaleza del hombre a Wê-junto-con-su-*têmu*, Enki introduce en ella su destino postmortem: en virtud de sus componentes Wê+*têmu* él sería entonces, *wetemmu*, con todas las condiciones existenciales que implica dicho vocablo.[149]

De esta manera, estas dos entidades que sobrevivían tras la muerte de un ser humano, el Wê y el *têmu*, bien podemos hacerlas encajar en lo que hoy denominamos espíritu y alma.

Esta hipótesis encuentra argumentos a favor en el hecho de que mientras el texto asigna al *têmu* la función de permitir la memoria de los seres humanos una vez fallecidos, no hace comentario alguno de este tipo en relación al dios Wê. Esto es así porque el *têmu* —la carne del dios Wê— haría referencia a la mente que trasciende las limitaciones del cuerpo, mientras que el Wê —la sangre del dios Wê— haría referencia a la mente que se trasciende a sí misma.

Así pues, y a falta de más datos que corroboren o desmientan esta decodificación del *El Poema del Muy Sabio*, podemos plantear la hipótesis de que para los acadios el ser humano también era divino en dos tercios y humano en un tercio. Que los dos tercios divinos los aportó la sangre y la carne del dios Wê, mientras que la arcilla aportó el un tercio físico restante. Y a la luz de lo explicado también es legítimo plantear que los dos tercios divinos tienen su equivalencia en lo que hoy denominamos alma (sueño con sueños) y espíritu (sueño profundo).

---

148 Ibid., pp. 596-597.

149 Ibid., p. 597.

4.3- Conexiones entre Mesopotamia, Egipto y la India

Esta hipótesis sobre el contenido del texto en el que se explica cómo se creó el ser humano a partir de la mezcla de arcilla con la carne y la sangre de un dios, es importante porque es a través de ella que se repite la hipótesis propuesta para la Gran Pirámide. Veamos:

1- En lo concerniente al sustrato material: mientras que en la Cámara del *Ka* de la Gran Pirámide tenemos la referencia del sarcófago, en el poema de la creación acadio la referencia al substrato físico y material de la naturaleza humana se corresponde con la arcilla. Así lo entiende Jean Bottéro cuando indica que el dios *Enki* sabe muy bien cómo crear el ser humano:

> Es por esto que él desea darle por sustancia la materia universal de todo lo que compone el mundo sublunar: la tierra, el barro, que a la vez es el emblema y la causa del carácter terrestre y perecedero de las cosas, puesto que, al momento de la muerte, todas «volverán a la arcilla. Así será garantizada la mortalidad de los hombres.[150]

En el lenguaje de Ramana Maharshi esta arcilla corresponde a la conciencia de vigilia que se construye en base a los datos que provienen de los sentidos corporales: vista, oído, olfato, tacto y sabor. A esta naturaleza arcillosa y perecedera de nuestra existencia pertenece la conciencia ordinaria creadora de nuestro yo vinculado a nuestro cuerpo físico.

2- El sustrato no material o divino se divide, evidentemente, en dos partes. Recordemos una vez más que en la Cámara del *Ka* de la Gran Pirámide tenemos los dos canales abiertos a las estrellas: el del sur se dirige a la constelación de Orión y remite al *ba* o alma del difunto, mientras que el del norte apunta a las estrellas circumpolares y remite al *akh* o espíritu del difunto. En el mito de la creación acadio, estos dos tercios divinos o no materiales del ser humano son los que contienen, por un lado, la carne del dios Wê, receptáculo del *têmu* de dicho dios, que aporta el alma del ser humano, y que en Egipto equivale al *ba*, y por otro lado la sangre del dios Wê, receptáculo de su esencia espiritual, que aporta el espíritu del ser humano, y que en Egipto equivale al *akh*.

---

150   *La creation de l'Homme et sa nature dans le poeme d'Atrahasîs*, p. 25.

En el lenguaje de Maharshi, la actividad de la mente desprovista de su vinculación con el cuerpo, equivale al *têmu*, o alma, acadio. Dicha actividad cognitiva se corresponde con las creaciones mentales que denominamos sueños, así como con todo aquel tipo de experiencias extracorpóreas que hoy comienzan a ser estudiadas seriamente en diversos estudios clínicos, ya sean inducidas debido a paros cardíacos o bien, como después veremos, a través de la exposición del cerebro a determinado tipo de campos electromagnéticos. Además, la conexión entre la tradición hindú y el texto acadio queda claro cuando recordamos que la función de la memoria atribuída al *têmu*-alma es una actividad característica de la mente desligada de la percepción física de la realidad.

Finalmente, lo que para Maharshi es la actividad de la mente que no sólo trasciende el cuerpo sino que también se trasciende a sí misma, en el mundo acadio se corresponde con el Wê, que es la sangre del dios Wê. Dicho estado es pasivo y de pura inconsciencia, motivo por el cual el texto acadio no le atribuye función alguna.

En el orden de conceptos que estamos analizando, no deja de ser sumamente llamativo que en el texto fundador del hinduísmo, el *Rig Veda*, se establezca que el universo manifiesto se circunscribe a tres niveles de realidad: el cielo, la tierra y el espacio intermedio que, de acuerdo con los investigadores, se corresponden con tres reinos de la conciencia.[151] Es por este motivo que de acuerdo con ellos, «el tres en su valor decisivo es el número de la conciencia».[152]

De acuerdo con este texto precursor de lo que hoy conocemos como hinduísmo, dentro de los diversos mundos de la creación, la conciencia se mueve entre el cielo y la tierra. Asimismo, el texto establece que dos partes de dicha conciencia se sitúan en el regazo de Suria, que personifica el Sol, mientras que un tercio de dicha conciencia se halla en el mundo de Yama —el dios de la muerte— que gobierna sobre todos los seres humanos».[153] Todo lo cual nos lleva una vez más a lo que hemos decodificado para la Gran Pirámide así como para la literatura mitológica sumeria y acadia. Veámoslo:

1- El *Rig Veda* establece que dos partes de la conciencia pertenecen al dominio de Suria, el Sol.

---

151   KRAMRISH, Stella, *The Triple Structure of creation in the Rig Veda*, History of Religions, Vol. 2, No. 1, (Summer, 1962), p. 157.

152   Ibid., p. 144.

153   Ibid., p. 157.

1.1- En la Gran Pirámide esto se corresponde con los canales sur y norte que, como hemos propuesto, funcionan como contrapartes simbólicas del alma —*ba*— y del espíritu —*akh*— egipcios.

1.2- En *La Epopeya de Gilgamesh* sumeria encuentra su correlación con los dos tercios divinos de la naturaleza del héroe.

1.3- En *El Poema del Muy Sabio* acadio equivale a los dos tercios divinos del ser humano, presentes en el *têmu* —carne-alma— y el *we* —sangre-espíritu—, que aportó el dios Wê.

1.4- En Ramana Maharshi esto equivale, por un lado, a la mente desligada de la percepción sensorial de la realidad física y, por otro lado, a la mente que se trasciende a sí misma.

2- Por otro lado, lo que en el *Rig Veda* es el un tercio de la conciencia humana que es patrimonio de Yama, el dios de la muerte, se corresponde con:

2.1- El sarcófago de la Cámara del *Ka* de la Gran Pirámide, que simbolizaba la naturaleza física y perecedera del ser humano.

2.2- La parte en un tercio humana del sumerio Gilgamesh.

2.3- La arcilla con la que, de acuerdo con los acadios, se aportaba la parte perecedera del ser humano.

2.4- Lo que Maharshi identifica como el estado de conciencia de vigilia a través del cual percibimos, mediante los sentidos corporales, la realidad burda del mundo que nos rodea así como de nosotros mismos.

Así pues, la tradición hindú, egipcia, sumeria y acadia coinciden en este factor esencial que nos habla de la naturaleza constitutiva del ser humano. Sin embargo, el *Rig Veda* muestra otra interesante conexión con Egipto. En la India se consideraba al dios del fuego Agni, en la medida en que reunía los atributos de toro y de vaca, como la forma potencial a partir de la cual todas las formas venían a la existencia.[154] Y esta idea de un primer ser corpóreo con forma bovina a partir del cual se generan el resto de seres nos retrotrae directamente al contenido de las inscripciones del Templo de Horus en Edfú. Prueba de la estrecha relación entre los *Kas* bovinos de los textos de Edfú, que según el texto egipcio emergieron de las aguas primordiales, y el *Rig Veda*, es que el texto hindú nos indica que Agni era,

---

154   Ibid., p. 153.

el «toro-vaca al principio de las cosas. Antes que esto, en lo Increado, él es el Hijo de las Aguas, Amap Napat».[155]

Así pues, la interpretación del estado de conciencia trascendente que personificaba el motivo bovino no era pura anécdota dentro de la tradición hindú. Cómo podía serlo si más de tres mil quinientos años después de que se redactara el *Rig Veda,* un auténtico maestro en esta tradición sagrada, y por tanto en todas las demás, Ramana Maharshi, recomendaba en algunas ocasiones a sus seguidores a que meditasen sobre una de las representaciones del dios Shiva, denominada Maheswara, y descrita como Señor del Toro.[156]

Finalmente, merece la pena recuperar una anécdota que recogen los libros de corte biográfico de Maharshi. Al principio de su etapa en Arunáchala, al visitarle un pariente, éste le espetó: «¡Vaya, Venkatarama, parece que te has hecho un gran yogui!¿Te han crecido cuernos en la cabeza?».[157]

¿Qué podemos concluir de todo este cúmulo de datos? Que todos estos antiguos relatos así como las anécdotas que nos han llegado de Maharshi, nos hacen suponer la existencia de un conocimiento esotérico que sólo estaba disponible para determinado tipo de individuos que compartían un mismo grado de evolución interior. A partir de ahora encontraremos las mismas huellas en las civilizaciones americanas precolombinas.

4.4- Buscando la proporción divina entre los mayas

«He aquí, pues, el principio de cuando se dispuso a hacer al hombre, y cuando se buscó lo que debía de entrar en la carne del hombre». Con esta declaración extraída del *Popol Vuh,* el libro sagrado de los indios quichés, se inicia el relato de la creación del ser humano según la tradición de los mayas de Centroamérica.

Entre los siglos III d.C. y IX d.C. las ciudades estado que configuraron esta civilización florecieron a lo largo y ancho de la llanura de la península del Yucatán así como de las estribaciones montañosas de la actual selva de Chiapas y del norte de Guatemala. En el siglo IX d.C., y tras seiscientos años de civilización, las ciudades mayas fueron abandonadas. Según los

---

155   Ibid., p. 154.

156   *Talks with Sri Ramana Maharshi,* pp. 38, diálogo 30; *Lo eterno en el tiempo,* A. R. NATARAJAN, José J. de OLAÑETA, Palma de Mallorca, 2009, p. 104.

157   NAGAMMA, Suri, *Letters from Sri Ramanasramam,* Sri Ramanasramam, Tiruvannamalai, 2011 (seventh edition), (entrada del 21 de agosto de 1946), p. 112.

arqueólogos, el colapso se debió a un cúmulo de factores, de entre los que destaca el agotamiento por sobreexplotación de los recursos naturales. En el siglo XIX, mil años después del colapso de dicha civilización, los arqueólogos empezaron a desenterrar de nuevo dichos monumentos, limpiarlos de maleza y estudiarlos.

© Bjørn Christian Tørrissen (bjornfree.com).
Tikal, cuyo nombre maya era Mutul, fue una de las ciudades estado más importantes de la civilización maya.

Sin embargo, parte de las tradiciones sagradas de los mayas sobrevivieron al colapso de esta civilización. Y es que cuando en el siglo XVI los españoles entraron en escena, y a pesar de que en ese momento las ciudades de esta civilización ya estaban sepultadas por la selva, los europeos encontraron que los descendientes de los mayas custodiaban unos objetos inestimables; unos objetos que les ayudaron a mantener vivas parte de sus antiguas tradiciones. Dichas reliquias eran libros escritos en caracteres jeroglíficos y de carácter básicamente astronómico y adivinatorio. Los sacerdotes españoles, en su empeño por extirpar idolatrías, vieron en ellos obra del diablo, de manera que su futuro quedó condenado: la mayoría de ellos fue pasto de las llamas.

Este es el motivo fundamental por el que hoy, de los miles de libros que debería haber existido antes de la llegada de los conquistadores, sólo hayan sobrevivido tres de ellos. Dichos ejemplares son el *Códice de Dresde*, el *Códice de Madrid* y el *Códice de París*, que deben sus nombres a las ciudades en donde se conservan en la actualidad.[158] Estos libros post-mayas, escritos con

---

158   Por cierto, que no deja de ser contradictorio que los tres ejemplares estén en Europa, la tierra de la que vinieron los blancos que, o bien destruyeron sus libros, o bien alentaron, a los mismos indígenas, bajo amenazas, para que hicieran lo mismo.

caracteres jeroglíficos, tienen las páginas enlazadas en forma de biombo y hoy se sabe que los sacerdotes las leían desplegándolas, motivo por el cual ocupaban en el suelo varios metros de largo. El origen de los tres códices cabe datarlo justo antes de la llegada de los españoles. No es esto debido a que en esta época comenzaran a escribirlos sino a que el clima húmedo y caliente de las selvas mesoamericanas destruyó los ejemplares más antiguos que se utilizaron durante los siglos de apogeo de la civilización maya.

Fuente: Wikipedia.
Sección del *Códice de Dresde*.

Sin embargo, hay otro tipo de documentos mayas que también sobrevivió al colapso de esta civilización y a la destrucción ejecutada por los conquistadores españoles. Dichos documentos consisten en aquellos libros cuyo original, organizado asimismo en forma de biombo y escrito en caracteres jeroglíficos, se perdió. Sin embargo, esto no ha impedido que el contenido del libro nos haya llegado redactado en caracteres latinos. Es decir: dichos libros nos han llegado porque, o bien un sacerdote español pidió a un indígena, al que se le había enseñado a escribir en el idioma de los conquistadores, que pusiera por escrito sus tradiciones, o bien porque dicho redactado en caracteres latinos lo llevó a cabo un indígena por iniciativa propia. Resultado de esto es, por un lado, el hoy denominado *Libro de los Libros del Chilam Balam*, en el que se recopilan profecías y augurios que habría llevado a cabo un sacerdote maya justo antes de la llegada de los españoles, acontecimiento que este sacerdote profetizó. El otro libro es el *Popol Vuh*,[159] considerado una auténtica obra maestra dentro del corpus de las tradiciones sagradas precolombinas.

---

159   En idioma quiché "Popol" significa comunidad y "Vuh" libro, de manera que *Popol Vuh* significa *Libro de la Comunidad*, aunque en numerosas traducciones se escoge la denominación Libro del Consejo.

Su descubrimiento se produjo en 1701 cuando los mayas quiché de la comunidad de Santo Tomás de Chuwila,[160] le mostraron al sacerdote español Fray Francisco Ximénez un documento en el que, en su lengua ancestral pero en caracteres latinos, se recopilaban sus historias y su mitología. Por fortuna el padre Ximénez, al contrario que sus antecesores, no vio en el ejemplar obra alguna del demonio. Es decir, no sólo no mandó el libro a la hoguera sino que, muy al contrario, tuvo el acierto de copiar el texto en el idioma original al tiempo que hizo una primera traducción al español.[161]

A pesar de que la civilización maya desapareció en el siglo IX y de que el texto quiché del que se sirvió el padre Ximénez era un documento del siglo XVII, se ha establecido con total seguridad un origen maya del texto debido a que en últimas décadas se han identificado pasajes del *Popol Vuh* en vasos de cerámica que acompañan algunas tumbas de gobernantes mayas. De hecho, el estudio de la iconografía presente en monumentos y vasijas mayas demuestra que el relato mítico del *Popol Vuh* aparece por primera vez poco después del 300 a.C.,[162] justo cuando comenzaban a alborear los primeros atisbos de la civilización maya.

A esto hay que indicar que en la iconografía generada por esta civilización se han identificado episodios en los que aparecen personajes del *Popol Vuh*, sin embargo, no tienen su correspondencia en el texto del siglo XVII que nos llegó a través del padre Ximénez. Tal como señala Michael D. Coe, uno de los mayólogos más importantes del siglo XX y quien fuera el primero en identificar la presencia de pasajes del *Popol Vuh* en cerámicas de la civilización maya, esto señala algo muy importante:

> Muchas de las imágenes asociadas con este ciclo mítico desaparecen con el colapso maya del período Clásico, ocurrido en el siglo ocho y no vuelven a aparecer jamás.[163]

---

160   Población guatemalteca hoy denominada Chichicastenango.

161   Esta traducción se conserva hoy en la Biblioteca Newberry de Chicago. Gracias a ella tenemos conocimiento del *Popol Vuh* puesto que el texto original, que los quichés enseñaron a Ximénez, desapareció.

162   COE, Michael D., *The Hero Twins: Myth and Image*, The Maya Vase Book: A Corpus of Rollout Photographs of Maya Vases, Volume I, New York: Kerr Associates, p. 164.

163   Ibid., p. 165.

De acuerdo con el mismo Coe, de aquí se deriva que el ciclo mítico del *Popol Vuh* que nos ha llegado a través del documento que copió el padre Ximénez, sea apenas «una versión algo truncada de la historia épica original»,[164] y que presente «sólo parte de lo que debió ser un relato épico muy largo y complejo».[165] A esto se tiene que añadir que, también a través del estudio la iconografía maya, se hayan constatado la existencia de pasajes del *Popol Vuh* que enturbian más que aclaran determinados episodios mitológicos.[166]

Fuente: Wikipedia.
El manuscrito del *Popol Vuh* que copió del Padre Ximénez
y que actualmente se conserva en la Biblioteca Newberry de Chicago.

Es decir: no conocemos con exactitud cuál era el relato original en el que se basa el *Popol Vuh*, y puede que el mismo texto que nos ha llegado contenga adulteraciones. Estas consideraciones son muy importantes porque el *Popol Vuh* contiene un episodio mítico que nos interesa especialmente: la creación del ser humano por parte de los dioses. Vayamos a él aunque sea de forma muy sintética.

De acuerdo con el texto, los dioses hicieron los primeros seres humanos de barro. Pero, viendo que éstos no se podían sostener y no podían acordarse de sus creadores, deshicieron su obra.

---

164 Ibid., p. 177.

165 Ibid., p. 169.

166 Ibid., p. 169.

En el segundo intento los dioses hicieron a los denominados «muñecos de palo», pues estaban hechos de madera. Según el texto, éstos cayeron en desgracia porque «no tenían alma, ni entendimiento, no se acordaban de su Creador, de su Formador».[167] Esta afirmación es sugerente porque, como hemos visto, en Mesopotamia también los dioses entendían que en el alma del ser humano, en el *temû*, radicaba la memoria. Según el *Popol Vuh*, debido a que estos «muñecos de palo» eran, precisamente, incapaces de acordarse de sus creadores, los dioses crearon un diluvio para destruirlos.[168]

Finalmente, en el tercer intento se materializó la creación del actual ser humano. Este acontecimiento comienza con la siguiente invocación:

He aquí, pues, el principio de cuando se dispuso hacer al hombre, y cuando se buscó lo que debía entrar en la carne del hombre.
Dijeron los Progenitores, los Creadores y Formadores que se llamaban Tepeu y Gucumatz: *Ha llegado el tiempo del amanecer, de que se termine la obra y que aparezcan los que nos han de sustentar y nutrir, la hija del alba, el hijo del alba; que aparezca el hombre, la humanidad, sobre la superficie de la tierra. Así dijeron.*[169]

A continuación, los dioses dictaminaron que «lo que debía de entrar en la carne del hombre» eran mazorcas amarillas y mazorcas blancas.[170] Según el relato, estas mazorcas eran la «comida que entró en la composición de la carne del hombre creado, del hombre formado; ésta fue su sangre, de maíz se hizo la sangre del hombre… Y moliendo entonces las mazorcas amarillas y las mazorcas blancas… de este alimento provinieron la fuerza y el vigor y con él crearon los músculos y la carne del hombre».

Ni que decir tiene que este hombre creado, con el que se identificaban los quichés, sí se acordaba de sus creadores. Este factor encuentra plena similitud con el proceso de la creación del ser humano en el texto acadio de *El Poema del Muy Sabio*. Sin embargo, allí hablamos de una composición del ser humano a partir de dos partes divinas, la sangre y la carne del dios Wê, y una humana, la arcilla, mientras que aquí partimos de dos partes: las mazorcas amarillas y las mazorcas blancas.

---

167   *Popol Vuh. Relato Maya del origen del Mundo y de la Vida*, versión, introducción y notas de Miguel Ribera Dorado, Editorial Trotta, Madrid 2008, p. 60.

168   Ibid., pp. 61-63.

169   Ibid., p. 125.

170   Ibid., pp. 125-126.

Asimismo, hay otra diferencia entre el proceso de creación mesopotámico y maya: en *El Poema del Muy Sabio* mesopotámico se crea el ser humano de una sola vez mientras que en el *Popol Vuh* se crea el ser humano en tres intentos: el primero con barro, el segundo con madera, y el tercero mediante dos tipos de mazorca maíz. De manera que no hay similitud explícita entre los dos procesos de creación.

Sin embargo podemos constatar elementos similares si planteamos lo siguiente: el ser humano en la tradición maya, ¿está estrictamente formado de maíz amarillo y maíz blanco? El texto en donde se narra el tercer intento de crear el ser humano, que será el exitoso, arranca con la siguiente declaración:

Ha llegado el tiempo del amanecer, de que se termine la obra y que aparezcan los que nos han de sustentar y nutrir.[171]

En este pasaje no está claro si se refiere a que hay que terminar la Tierra, el Cosmos..., o también el ser humano partiendo de los materiales que se utilizaron en las dos primeras creaciones: el barro y la madera. En principio, no hay nada en el texto que de forma explícita nos induzca a sostener esta opinión. En todo caso conviene tener en cuenta dos aspectos fundamentales de la mitología maya presentes en el *Popol Vuh*:

1- En primer lugar, según el editor y crítico de una de las ediciones fundamentales del *Popol Vuh*, el arqueólogo Miguel Rivera Dorado:

Los mayas, igual que los restantes pueblos mesoamericanos, creían que el mundo había sido creado y destruído en diferentes y sucesivas ocasiones. Se trata de una teoría de la evolución en la cual los mitos narra el progresivo perfeccionamiento de los seres y las cosas creados...[172]

2- En segundo lugar, cuando se habla de maíz conviene tener presente que la parte de esta planta que le confiere su importancia fundamental es la mazorca. En este sentido, el *Popol Vuh* es explícito y claro: los hombres de maíz de la tercera creación lo son gracias a que fueron hechos de mazorcas. Ahora bien, para que en una planta de maíz aparezca la mazorca hace falta, por un lado, tierra húmeda y, por otro lado, el tallo. Esto aporta mucho peso a la hipótesis de que, para los que

---

171   Ibid., p. 125.

172   Ibid., p. 180.

concibieron el *Popol Vuh*, las dos primeras creaciones del ser humano estuvieran implícitas en la tercera. Al fin y al cabo podemos asimilar la tierra húmeda a los hombres de barro de la primera creación y el tallo a los hombres de palo de la segunda creación. Debido a que estos dos tipos de seres humanos no se acordaban de sus creadores, y en este sentido el texto especifica que no tenían alma, eran depositarias de una naturaleza puramente física pero no espiritual.

Así pues, si los denominados hombres de maíz representan la culminación de la naturaleza humana era porque, de alguna manera, se modelaron partiendo del material con el que se crearon los hombres de barro y los hombres de palo, ya que sin tierra húmeda y sin tallo no hay planta de maíz que dé mazorca alguna. Es precisamente gracias a estos materiales preexistentes en la naturaleza humana que los dioses pudieron coronar su creación a través de los dos tipos de mazorcas: las amarillas y las blancas, que aportaron la parte divina del ser humano ya que gracias a ellas se acordó de sus creadores.

Ahora, el foco de interés lo tenemos situado, por tanto, en las mazorcas. Vayamos a lo que el texto dice de éstas:

De Paxil, de Cayalá,…, vinieron las mazorcas amarillas y las mazorcas blancas.[173]

Aparentemente lo que dice es bien poco. No obstante, es oportuno indicar que, para los mayas, el color blanco estaba asociado al norte mientras que el color amarillo estaba asociado al sur. De manera que la indicación de que dentro de la creación del ser humano entraba maíz blanco —norte— y maíz amarillo —sur— remite de forma clara a los canales norte y sur de la Cámara del *Ka* de la Gran Pirámide, espacio que, como hemos visto, es una escenificación simbólico-arquitectónica de los dos tipos de naturalezas divinas de las que se compone el ser humano: el sur equivale al *ba*-alma y el norte al *akh*-espíritu.

¿Puede ser que todas estas cosmovisiones y relatos del génesis del ser humano procedentes de diversas civilizaciones remitan a un substrato real de conocimientos sobre la naturaleza del ser humano? La existencia en el siglo XX de individuos como Ramana Maharshi nos induce a pensar que muchos otros "maharshis" anónimos han existido a lo largo de la historia de la humanidad. Su existencia se puede rastrear a través de todos estos

---

173   Ibid., p. 125.

relatos que, muy probablemente, han llegado a nosotros después de pasar por varios sacerdotes quienes, con el paso de los siglos, han adulterado lo que sería una enseñanza original a la que han añadido, eliminado o simplemente alterado pasajes, para justificar estructuras de poder o bien para hacer los textos más atractivos a las audiencias.

La partitura original de esta cosmovisión, tanto si nos ha llegado a través de los *Textos de las Pirámides*, como si nos ha llegado a partir de la mitología mesopotámica o la literatura sagrada mesoamericana, estaría expuesta de forma limpia y sencilla en la Gran Pirámide, en el caso de Egipto, y a través de la vida y la obra de Ramana Maharshi, en la India. Todo lo demás serían variaciones de un mismo tema, adaptadas a las particularidades de distintas culturas y momentos históricos. Si no nos apartamos de esta sencilla partitura original presente en Maharshi y en la Gran Pirámide, veremos que podemos aportar hipótesis plausibles respecto a dos aspectos emblemáticos de la antigüedad. Uno de ellos es la razón de ser de la Esfinge de Giza, el otro es el del significado del Diluvio Universal. Sin embargo, muy probablemente no sean dos misterios de la antigüedad sino dos maneras distintas de explicar un mismo acontecimiento que tuvo, y previsiblemente volverá a tener, profundas implicaciones en la existencia de los seres humanos.

Capítulo 5
UN GRAN DEPREDADOR PARA SER DIOS

5.1- Las felinas instrucciones de Maharshi

A lo largo de las páginas anteriores hemos desvelado a qué se refería Ramana Maharshi cuando indicó que el misterio de la Gran Pirámide era el misterio del Ser o de la iluminación, este estado de conciencia que simboliza la colina Arunáchala. Para ello hemos establecido correlaciones entre los tres estados de conciencia de los que nos hablaba este sabio con las tres partes fundamentales de las que está compuesto el ser humano según las tradiciones hindú, la egipcia —tal y como se expresa en la Gran Pirámide—, la mesopotámica y, por ahora de forma no tan evidente, la maya. Ahora nos centraremos en la decodificación y explicación de otro de los comentarios de Maharshi. A través de él constataremos que también remite a una idea universal que ha sido expresada en multitud de tradiciones sagradas. Además, si el lector tiene un poco de paciencia, verá como dicha indicación le llevará directamente a Giza y a plantear una hipótesis sobre el episodio apocalíptico del Diluvio Universal. Dice Ramana Maharshi:

> *El ego es un elefante muy poderoso que no puede ser controlado más que por el león, cuya mirada hace temblar el elefante y lo mata. Aquí, el león no es otro que el gurú. A su debido tiempo, nosotros sabremos que nuestra gloria está donde cesamos de existir. A fin de obtener ese estado, uno debe entregarse diciendo: ¡Señor! ¡Tú eres mi Refugio!*[174]

Debido a que en este pasaje aparece el concepto de Gurú, creo que es oportuno aclarar su significado a través de la respuesta que dio a uno de sus devotos.

---

174   *Talks with Sri Ramana Maharshi*, p. 384, diálogo 398.

Dios, Gracia y gurú son sinónimos, y también son trascendentes e inmanentes. El Ser, ¿no está ya en usted? ¿Acaso el Gurú le va a conferir el Ser con su mirada? Si un Gurú piensa eso, no es digno de este nombre.

Los libros enseñan que hay todo tipo de iniciaciones (diksha), en particular la hasta-diksha, la sparsha-diksha, la chaksu-diksha, la mano-diksha, [iniciación por la mano, el tacto, la mirada, el pensamiento], etc. Estos textos también dicen que el gurú cumple algunos ritos con el fuego, el agua, con la japa (repetición de una fórmula sagrada o de un nombre divino), y los mantras. A estas celebraciones fantásticas las llaman diksha, como si el discípulo (sishya) deviniera maduro sólo después de pasar por esos ritos a través del Gurú.

Si uno busca el individuo, no lo encontará en ningún sitio. Es lo mismo con el gurú; fue así con Dakshinamurti. ¿Qué es lo que él hacía? Él permanecía silencioso; los discípulos aparecían ante él, él mantenía el silencio; las dudas de los discípulos se disipaban y perdían su identidad individual.

El silencio es la forma de trabajo más poderosa. Por vastos y profundos que sean, las shastras (escrituras sagradas) fracasan en su efecto. El gurú permanece tranquilo…, y la paz prevalece en todos. Su silencio es más vasto y más profundo que todos los shastras juntas… De hecho, el gurú está siempre en el interior de usted.[175]

Así pues, el gurú es sinónimo de catalizador. Es, en suma, aquello que nos permite darnos cuenta de nuestra propia eternidad. Lo usual es que eso lo facilite la presencia de una persona iluminada pero, en realidad, puede ser cualquier cosa. En este sentido, no está de más recordar el testimonio del artista y místico británico William Blake, cuando reconoció que había visto el universo en un grano de arena. En este sentido, el gurú de Blake fue el grano de arena.

El punto de anclaje fundamental a partir del cual contextualizamos este estado de seidad es que dicha eternidad se hace consciente cuando abandonamos o, mejor deberíamos decir, trascendemos nuestra identidad individual. Como dice Maharshi: «A su debido tiempo, nosotros sabremos que nuestra gloria está donde cesamos de existir». Puesto que nuestra existencia personal es lo último que estamos dispuestos a perder, es la última y más importante de nuestras posesiones, Maharshi explica que sólo podemos trascenderla si nos sojuzga algo realmente poderoso, de ahí la imagen del león que es más poderoso que el elefante.

---

175   Ibid., pp. 385-386, diálogo 398.

© Sri Ramansraman, Tiruvannamalai.

Según Maharshi, nuestra auténtica naturaleza consiste en la experimentación consciente de una paz interior que está más allá de lo que vivimos a través de la captación física de la realidad —captación que incluye nuestro cuerpo físico— y que subyace, por tanto, a las coordenadas espacio-tiempo.

Vale la pena recordar una vez más que, de lo que se trata aquí, es de llegar a trascender el substrato fundamental de toda nuestra actividad consciente: es decir, ir más allá del pensamiento que está en la raíz de todos los demás contenidos mentales, el pensamiento «yo», y fundirnos en la fuente de la que mana dicha percepción.

En otra ocasión, Maharshi utilizó un ejemplo muy similar para describir el proceso de iluminación. Así pues, volvemos sobre esta idea porque va a ser el eje vertebrador de esta sección del libro:

> *En verdad, Dios y el Gurú no son diferentes. Así como la presa que ha caído en las garras de un tigre no tiene escapatoria, así aquellos que han penetrado en el ámbito de la graciosa mirada del Gurú serán salvados por él y no se perderán; y sin embargo, cada uno, por su propio esfuerzo, deberá proseguir por la senda que le ha mostrado Dios, o el Gurú, y alcanzar la liberación.*[176]

---

176   *Ramana Maharshi. Enseñanzas Espirituales*, p. 28.

Encontramos expresada una vez más esta idea felina en una obra que Maharshi citaba con frecuencia: el *Yoga Vasishtha*. Este tratado, redactado hacia el siglo V d.J. y atribuído al legendario Vâlmîki, autor del *Râmâyana*, narra la instrucción del príncipe Râma por parte del sabio Vasishtha. En un momento de la instrucción, que se alarga a lo largo de varios días en forma de discursos Vasishtha, dirigiéndose a Rama, le exhorta de la siguiente manera:

> *La mente es como un elefante que merodea el bosque del cuerpo. Su visión está empañada por la ilusión y es incapaz de comprender su propia felicidad. Es violenta y agresiva y aunque desea percibir la verdad de la que le hablan los sabios, está presa en la percepción de la multiplicidad objetiva y se siente condicionada por su propia experiencia de pena y de alegría y dotada de los feroces colmillos de la codicia y la lujuria. ¡Tú, que eres un león entre los príncipes, descuartiza a este terrible elefante con afilada inteligencia!*[177]

Esta metáfora del ataque de un felino para describir el proceso de iluminación en los seres humanos no es banal. En este libro partimos de la base de que una parte de nuestra naturaleza de la que no somos conscientes trasciende la realidad física del cuerpo. Por lo tanto, y en lo que concierne a la conciencia, una parte de esta conciencia está más allá de la imagen que nos hacemos del mundo y de nosotros mismos porque está más allá —o deberíamos decir más acá— de las informaciones que nos llegan de nuestros sentidos y que modelan el perfil de lo que percibimos como nuestro «yo». La particularidad de los místicos es haber accedido conscientemente a esta nueva realidad más allá de las limitaciones del cuerpo y de la mente. Si analizamos sus testimonios, todos remiten a lo mismo: la captación sensorial del mundo físico es, en realidad, una interferencia del mundo real subyacente en el que existimos más allá de las coordenadas de espacio y tiempo.

A partir de ahora haremos un itinerario en el que constataremos que esta metáfora felina, que da cuenta de la conexión trascendente del ser humano, está presente en muchísimas tradiciones sagradas. Y comprobaremos como el león en África y Oriente Medio, el tigre en Asia, así como el jaguar en América, son símbolos del despertar de nuestra conciencia a otro nivel de realidad. ¿Cómo se caracteriza este otro nivel? En primer lugar remite a un estado de conciencia que está más allá de nuestra vinculación con el cuerpo físico; en segundo lugar remite a un estado de conciencia que está más allá del pensamiento «yo». Es decir, el simbolismo del ataque felino alude a

---

177   *Yoga Vasishtha. Un compendio*, Editorial Etnos, Madrid 2008, p. 263.

aquel estado de conciencia que se manifiesta cuando hemos bloqueado la información que proviene de los sentidos, y más allá de esto, remite a aquel estado en el que el pensamiento «yo», que cada cual tiene de sí mismo y que es característica de su propia individualidad egótica, se funde en la fuente de la que mana.

5.2- El tigre más místico del Valle del Indo

Cinco mil años antes de que Maharshi nos deleitase con sus respuestas felinas, en lo que hoy es Pakistán floreció una civilización que, cuando se descubrió en la década de 1920, supuso toda una sorpresa para los historiadores. El nombre de Harappa y Mohenjo-Daro amplió el concepto de nacimiento de civilización porque, a partir de entonces, Egipto y Mesopotamia dejaban de ostentar el monopolio de tan trascendental hecho en la historia de la humanidad.

Sir John Marshall, su descubridor, dijo de esta civilización lo siguiente:

De nuevo, no hay nada que conozcamos de la prehistoria de Egipto o Mesopotamia o de cualquier otro lugar de Asia Occidental que se pueda comparar a los bien construidos baños en las espaciosas casas de los habitantes de Mohenjo-Daro. En estos pueblos (Egipto y Mesopotamia) dinero y pensamiento estaban presentes generosamente en los magníficos templos para los dioses y tumbas de reyes, pero el resto de la gente parecía que tenía que contentarse a sí misma con insignificantes habitáculos de barro. En el Valle del Indo, este cuadro se invierte y las más magníficas estructuras son aquellas erigidas para la comodidad de los ciudadanos. Evidentemente debe de haber habido palacios y tumbas, pero de ser así, todavía no se han encontrado o bien son tan parecidos al resto de edificios que no se pueden distinguir de ellos… El Gran Aljibe en Mohenjo-Daro y sus amplias casas de servicio, con sus ubicuos pozos y baños y elaborados sistemas de drenaje, evidencian que la gente común de la localidad disfrutaba de un grado de confort y lujo que no encuentra ningún parecido en otras partes del mundo civilizado.

Igualmente peculiar para el Valle del Indo y estampado con carácter individual de su propiedad son sus artes y su religión. Nada que conozcamos de otros pueblos de este período resiste ninguna comparación, en lo que concierne a su estilo, a su arte. Tomado de forma global, su religión es tan característicamente India como difícilmente es distinguirla del aún hoy vivo hinduísmo o al menos de este aspecto el cual es vinculado con animismo y los cultos a Shiva y a la Diosa Madre —hoy todavía los dos dioses más adorados.[178]

Esta última apreciación de Marshall es particularmente pertinente. Desde el descubrimiento de estas urbes milenarias en 1920 hasta hoy, aparte de mostrarnos el trazado y estructura de los edificios, las excavaciones nos han permitido recuperar algo más de 2.500 sellos de esteatita que contienen curiosas inscripciones. Particularmente nos interesan los sellos denominados Shiva Pashupati por la imagen antropomorfa que aparece en el centro de los mismos, y que los primeros arqueólogos identificaron con esta deidad hindú. La denominación en sí es una redundancia porque, de hecho, Pashupati es un epíteto del dios Shiva en tanto que «Señor de los animales».

© Obed Suhail

Las excavaciones en el yacimiento de Harappa, antigua ciudad de la civilización del Valle del Indo, han revelado que las casas de sus habitantes disponían de pozos y de sistema de alcantarillado.

El primero en sostener que la imagen central del sello representa a Shiva fue el mismo Marshall. Sin embargo, en los últimos años diversos investigadores han propuesto que, en realidad, lo que muestra el sello es un ser humano en una postura de yoga.[179]

---

178 MARSHALL, Sir John, *Mohenjodaro and the Indus Civilization (v.1, 2, 3). Being an Oficial Account of Archaeological Excavations at Mohejodaro Carried out by the Government of India Between the Years 1922-27*, Delhi: Indological Book House, 1931.

179 DYANSKY, Yan Y., *The Indus Valley Origin of a Yoga Practice*, Artibus Asiae, vol. 48, No. 1/2 (1987), pp. 89-109.

Hoy en día todavía hay más propuestas, como la de la investigadora Doris Srinivasan, según la cual la figura antropomorfa central de estos sellos podría ser el hombre-toro divino del panteón hindú.[180] Puede que la solución al misterio del significado de estos sellos provenga de la unión de cada una de estas interpretaciones. Veamos: en el centro de este tipo de sellos aparece sentada una figura antropomorfa cuya característica más notable es que está coronada por dos prominentes cuernos bovinos. A su alrededor se sitúan diversos animales: un rinoceronte, un elefante, un buey y un tigre. Este último es, precisamente, el animal que más parece estar relacionado con la figura antropomorfa central, porque el tigre aparece en clara actitud de ataque hacia ésta.

Visto lo cual, y recordando una vez más los ejemplos felinos de Maharshi así como del *Yoga Vasishtha*, no parece extravagante sostener que el motivo central del sello sea representar de manera simbólica la iluminación, la experimentación del Ser. En este sentido, simboliza tanto a Shiva, como al hombre-toro divino, así como a la persona iluminada, porque, en última instancia, los tres aspectos significan lo mismo: la experimentación por parte de un ser humano de un estado de conciencia que trasciende la vinculación con el cuerpo y con la misma mente.

Esta hipótesis se refuerza debido al atributo cornudo que presenta la figura antropomorfa central. Ya hemos visto que dicho atributo, como símbolo de la naturaleza divina del ser humano, era fundamental en el Antiguo Egipto así como en la posterior tradición hindú.

Fuente: Wikipedia
Sello Shiva Pashupati de la civilización del Valle del Indo. Entre los signos
de la parte superior se aprecia el dibujo de un pez.

---

180   Ibid., p. 90.

Sin embargo hay otro elemento presente en los sellos del Valle del Indo que refuerza la hipótesis de que en ellos se escenifique la trascendencia del ser humano. Este aspecto es la presencia del signo que, con más frecuencia, aparece en este tipo de soportes: el pez. Y es que alrededor de un diez por ciento de los signos que aparecen en estos sellos representan este animal. De acuerdo con el investigador Asko Parpola, esto sugiere que, al menos en las inscripciones de los Sellos del Indo, los signos «pez» denotan algo más que «pez». En este sentido, recuerda que «en los lenguajes Dravinianos, la palabra más comúnmente usada para "pez" es *miin*, palabra que tiene el homofono *miin* que significa "estrella". Ambas palabras deben derivar de la raíz *min*, brillar».[181] Asimismo, Parpola añade dos consideraciones más que nos interesan no sólo para reforzar la asociación entre los sellos Shiva Pashupati y la iluminación mística sino también para lo que después diremos de Mesopotamia y de Mesoamérica. Por un lado, que «los hablantes en Tamil, que denominan estas dos cosas (pez y estrella) con la misma palabra, han imaginado las estrellas como peces que nadan en el océano del cielo nocturno», y que, como en el caso de Mesopotamia, el significado «dios» está implícito en el de «estrella».[182] Una vez establecida la vinculación, presente en estos sellos, entre el motivo cornudo y felino con la trascendencia humana, vayamos pues al Creciente Fértil.

5.3- Un león en lo más profundo de la mente en Mesopotamia

El panteón de dioses de Mesopotamia estaba liderado por tres dioses, cada uno de los cuales se repartía una cota de poder, el dominio sobre uno de los tres mundos: el cielo, la tierra y las aguas cósmicas subterráneas.

El cielo era para Anu, quien era considerado rey de todos los dioses así como el fundador y el garante de la dinastía divina en el poder. Dicho dios tenía asignado el valor numérico de 60. Puesto que el sistema de numeración sumerio era sexagesimal, esto significa que Anu contenía, de alguna manera, el significado de totalidad. Lo interesante de esta totalidad es que lleva añadida la connotación de pasividad porque se trataba de un dios que no toma parte en las peripecias de las deidades mesopotámicas. De acuerdo con los sumerólogos era un dios que, en cierto sentido, no

---

181   PARPOLA, Asko, *A Dravinian solution to the Indus script problem*. Kalaignar M. Karunanidhi Classical Tamil Research Endowment Lectura, World Classical Tamil Conference, 25-6-2010, p. 15.

182   Ibid., p. 16.

estaba activo.[183] Su ideograma en caracteres cuneiformes —✳— servía para describir la palabra «dios», que en sumerio se pronunciaba *Dingir*, así como para representar el concepto de «estrella».

Fuente: Wikipedia

Esta sencilla tabla de arcilla del 2.400 a.C. muestra una lista de deidades sumerias. El nombre de cada una de las deidades va precedido, a la izquierda de la tableta, del signo ✳, *Dingir*, que significa precisamente «deidad».

Esto es interesante porque para la palabra hombre se podía utilizar el signo ⊬, mientras que el asignado para significar la muerte podía ser el signo ▷◁. Dado lo que hemos explicado de la naturaleza del ser humano, de acuerdo con los pasajes que hemos analizado de *La Epopeya de Gilgamesh* así como del proceso de creación del ser humano narrado en *El Poema del Muy Sabio*, es lícito plantear que:

- Las tres cuñas del signo que identifica al ser humano — ⊬ — aluden a la naturaleza tripartita, en dos tercios divina y en un tercio humana, a la que hemos aludido.
- La cuña horizontal ▷◁, que significa la muerte, remite a la naturaleza arcillosa, física, del ser humano que se destruye al morir.
- Y, en suma, el ideograma ✳ del dios Anu, que contiene en sí la idea de totalidad y que en sus escritos cuneiformes los sumerios y acadios utilizaban para indicar que el personaje, cuyo nombre venía

---

183   *Cuando los dioses hacían de hombres*, p. 76.

a continuación, estaba revestido de atributos divinos, puede remitir al cuarto estado de conciencia, el Ser, al que aludía Maharshi. En todo caso, es sólo una propuesta.

En segundo lugar tenemos a Enlil, cuyo nombre —*En.líl*— significa «dios del aire» o de la atmósfera.[184] De acuerdo con mi interpretación, señala a la realidad física de nosotros mismos y del mundo que captamos a través de los sentidos en estado de vigilia, aunque bien es verdad que el valor numérico de este dios no es 20 sino 50. Seguramente esta identificación con nuestra conciencia de vigilia escandalizará a los asiriólogos. Sin embargo, dicha hipótesis se puede sostener por varios motivos.

Por un lado, en el mito de *Enlil* y *Ninlil* se narran los amoríos de estos dos dioses y la consiguiente descendencia que dejan: el dios Sîn, el más augusto de sus cuatro hijos, y que es el dios de la Luna.[185] En este punto conviene recordar que en todas las tradiciones espirituales y herméticas la diferencia entre el Sol y la Luna es que el primero es un símbolo de la realidad que existe por sí misma al margen de nuestra conciencia ordinaria, y que sólo se puede conocer cuando bloqueamos la información que proviene de los sentidos. Por su parte la Luna, debido a que sólo es visible en tanto que refleja la luz solar que la ilumina, remite al conocimiento de nuestro mundo físico, a lo que captamos a través de nuestros sentidos. Así pues, que el hijo más sobresaliente de Enlil sea Sîn, el dios de la Luna, significa que su dominio se mueve dentro de los márgenes de la conciencia ordinaria; el segundo de sus hijos es Ninazu, concebido a orillas del río donde, hemos visto, se sitúa el 1/3 material del ser humano: la arcilla. Por este motivo también es coherente con el hecho de que Enlil remita a la conciencia ordinaria. Lo mismo cabe decir de otro de sus hijos, Nergal, que es el soberano del Infierno así como de Enbilulu, el «administrador de los canales» quien, según Bottéro, «ejercía cierta actividad sobre la tierra».[186]

Puede que la asociación entre Enlil y nuestra naturaleza física o burda se considere una hipótesis sin fundamento. Sin embargo vale la pena mostrar algunos comentarios que Bottéro hace de este mito de *Enlil* y *Ninlil*:

…manifiesta cierto arcaísmo en su representación de los dioses, a los que, si así se puede expresar, asimila hasta en sus defectos a los

---

184   Ibid., p. 120.

185   Ibid., p. 126.

186   Ibid., p. 126.

«hombres de la calle»: en su inconsciencia, en su despreocupación, en su debilidad e, incluso, en el abandono al deseo de hombre por parte de la mujer, que, una vez seducida, se une a su seductor y lo sigue por todas partes, como si ella quisiese «pedirle más», cuando, en realidad, no le es completamente fiel, pues se deja pervertir nuevamente por tres individuos sin llegar a comprender que éstos, de hecho, son en realidad su primer amante; o en la sensualidad y lubricidad sin freno del hombre, que no duda en hostigar al objeto de su deseo, recurriendo y echando mano a todo tipo de argucias con el fin de llegar a obtener lo que desea, es decir, y dicho de una forma simple y cruda, «penetrar y besar» a la hermosa joven.[187]

Otro mito que tiene a Enlil de protagonista, y conocido como *El matrimonio de Sud*,[188] encontramos al dios personificando otra vez el más puro deseo sexual, esto es, nuestra naturaleza más burda: nuestro un tercio físico. Y es que Enlil, con sólo ver a Sud, se enamora de esta joven muchacha a la que inicialmente toma por una prostituta que «hace la calle». A partir de aquí en el texto abundan los pasajes en los que el dios manifiesta su deseo de unirse en matrimonio con ella, debido a la atracción física que Sud le suscita, cosa que al final consigue.

Más adelante volveremos sobre Enlil a propósito de la decodificación de lo que significa el Diluvio Universal en todas las tradiciones sagradas y herméticas. Ahora vayamos al tercer dios del panteón mesopotámico.

Este dios, que es el que más nos dará que hablar, es el denominado Enki en sumerio, que pasó a llamarse Ea en acadio. Ya lo hemos mencionado a propósito del proceso de creación del ser humano en *El Poema del Muy Sabio*. Dicha deidad es la inventora y difusora de todas las técnicas, del conocimiento especializado, de la sutileza y de la astucia y siempre juega el papel principal en la resolución de problemas a los que se enfrentan los dioses.[189] Su nombre sumerio, *En.ki*, aparentemente significa «Señor de la Tierra», aunque algunos asiriólogos[190] especulan con que el elemento *ki* de su nombre, que en sumerio usualmente significa «Tierra», en el contexto del nombre de este dios signifique otra cosa. Esta duda en la etimología del nombre de dicho dios se debe a que

---

187   Ibid., p.128.

188   Ibid., pp. 129-143.

189   Ibid., p. 166.

190   HAYES, John L., *A Manual of Sumerian Grammar and Texts, Second Revised and Expanded Edition*, Undena Publications, Malibu, California 2000, p. 183.

su dominio no es el de la «Tierra», sino el de las aguas cósmicas subterráneas, denominadas *engur* en sumerio y *apsu* en acadio.

De acuerdo con la investigadora Margareth Green, «el *apsu* fue un concepto importante en el pensamiento religioso sumerio y, como cualquier concepto religioso, es difícil o imposible de lograr un análisis lógico, preciso e internamente consistente, de él».[191] Pues bien, este análisis lógico y preciso es lo que voy a tratar de desarrollar en las siguientes páginas.

Para los mesopotámicos, el *apsu* era cualquier lugar que contuviera agua dulce y, por tanto, dicho dominio estaba presente en los ríos, los lagos, las fuentes así como en los aljibes sagrados que había en los templos. Sin embargo, según las creencias de los sumerios y de los acadios, dicho dominio se extendía también por debajo de la tierra y, de hecho, rodeaba todo el universo visible. Así pues tenemos una contradicción aparente entre las dos maneras en que los antiguos mesopotámicos concebían dicho *apsu*, palabra de la que, por cierto, deriva nuestro vocablo abismo. ¿Cómo puede el *apsu* estar en las fuentes, los ríos y las lagunas y al mismo tiempo ser una entidad que rodee todo el universo que captamos por los sentidos? ¿Cómo resolvemos la contradicción?

Fuente: Wikipedia
El dios sumerio Enki era regente de las aguas cósmicas subterráneas denominadas *apsu* en acadio.

Es decir, si no tiene lógica que las fuentes, los ríos y las lagunas sean el dominio del *apsu*, entonces, ¿cuál es la lógica que se esconde tras el contenido literal de los textos mesopotámicos cuando nos hablan del *apsu*? Esta lógica es, evidentemente, la simbólica. ¿De qué nos estaban hablando los sumerios que concibieron este extraño dominio? De acuerdo con mi hipótesis, nos

---

191   *Eridu in sumerian literature*, p. 160.

estaban hablando, sencillamente, del dominio de la mente desligada de su vinculación con los sentidos. Los datos provenientes de la misma literatura mesopotámica que aportan peso a esta identificación entre el *apsu* y la mente que trasciende lo material son incontables.

Para empezar, en un texto sumerio tenemos la referencia de que la mente es un *apsu* profundo dentro del cual no se puede mirar,[192] aunque los asiriólogos nunca han considerado seriamente dicha identificación. Sea como sea, esta asociación entre el elemento agua y la mente no es extraña a las tradiciones esotéricas y de iniciación. Así, en el tratado hindú *Yoga Vasishtha* se indica, por ejemplo, que la mente es como un océano.[193] Asimismo, y sin salirnos de Mesopotamia, en la obra *Ninurta y las Piedras*, que es una de las narraciones mitológicas más antiguas del Creciente Fértil, tenemos la indicación de que Enki había dotado a la diosa Nisaba de una «inteligencia superlativa».[194] En el mismo relato encontramos además que esta diosa, que habita en el *apsu*[195] y que debe sus poderes a Enki, «atraviesa todas las mentes» porque «todo lo sabe».[196] De manera que una vez más se establecen claras vinculaciones entre Enki, su dominio del *apsu*, la inteligencia, el conocimiento y el saber, siendo todos ellos atributos de la actividad mental.

En otra narración conocida como *El mito de Anzu*, se dan indicaciones claras sobre la identificación de este dios y su dominio con la función mental:

¡Pero el Sagaz, el Habitante del *apsû*, el Ingenioso,
Trama, en su muy sabia mente, un plan!-
Éa (Enki en acadio) el Inteligente da vueltas, en su mente, a algo
E informa a Anu de todo aquello que
Había combinado en su cabeza...[197]

Y, en fin, en esta asociación entre Enki-*apsu*-mente vale la pena señalar que en otro mito este dios, mientras permanece en lo más profundo del *apsu*, se entera de los pensamientos del dios Ninurta, quien tramaba rebelarse

---

192   Ibid., p. 166.

193   *Yoga Vasishtha. Un compendio*, p. 163.

194   *Cuando los dioses hacían de hombres*, pp. 379, pasaje 725.

195   Ibid., p. 379, pasaje 715.

196   Ibid., p. 380, pasaje 723. También en *Eridu in Sumerian Literature*, p. 166.

197   *Cuando los dioses hacían de hombres*, p. 407, pasaje 100-104.

contra los dioses porque consideraba que su heroica acción de abatir el monstruo Anzu no habría conllevado la debida recompensa.[198]

Ahora analicemos los dos límites en medio de los cuales se extiende el dominio del *apsu*-mente. En lo referente al límite burdo ya hemos visto que, de acuerdo con *El Poema del Muy Sabio*, el elemento arcilla aportó al ser humano su naturaleza perecedera, es decir, el cuerpo físico. Si el *apsu* es la mente, lógico es pensar que en su superficie se sitúa la parte más burda de ésta: la conciencia vinculada a la información que proviene de los sentidos y que nos da información sobre el mundo físico. Esta interpretación es coherente con el hecho de que sea la arcilla de la orilla del río la que aporta la naturaleza burda —física— de ser humano. En este sentido, tal y como recuerda el investigador Thorkild Jacobsen, la arcilla a la que hacen referencia los textos mesopotámicos remite a la que está en la orilla del río.[199] Así aparece indicado, por ejemplo en el mito *Enki* y *Ninmah*, en el que se hace referencia a la creación del ser humano, aunque de forma más esquemática y menos elegante que en el poema del *El Poema del Muy Sabio*, y en donde se especifica concretamente que la arcilla con la que se aporta la parte física del nuevo ser humano es «extraída de las orillas del *apsu*».[200]

Ahora vayamos al otro límite del dominio del *apsu*: el límite de lo sutil. En algunos textos sumerios se indica que la expresión «corazón del *apsu*» es sinónimo de gran profundidad,[201] y en este sentido los mismos textos señalan que en dicho corazón del *apsu* hay un león.[202] Puesto que el límite sutil del *apsu* tiene que ser ese estado de conciencia en el que la mente se trasciende a sí misma, lógico es que nos preguntemos: ¿por qué lo sumerios situaron un león en el lugar del *apsu* que se identifica con este estado de conciencia trascendente? Pues, con toda probabilidad, porque, al igual que en la India, recurrieron a la misma idea para expresar ese estado a partir del cual la mente se trasciende a sí misma. Y es que este león sumerio que se sitúa en la parte más profunda del *apsu*-mente es el tigre de Maharshi que sojuzga al elefante-mente con su sola mirada, y por lo tanto también equivale al león del *Yoga Vasishtha* con el que Râma tiene que descuartizar el elefante, que no era otra cosa que una metáfora de su mente, para alcanzar la iluminación.

---

198   Ibid., p. 430, pasaje 9.

199   *Eridu in sumerian literature*, tesis doctoral de Margareth Green, pp. 172-173.

200   *Cuando los dioses hacían del hombres*, p. 205.

201   *Eridu in sumerian literature*, p. 165

202   Ibid., pp. 159 y 181.

En el mismo orden de cosas conviene recordar que en la tradición mística a la que pertenecía Maharshi, el corazón es sinónimo del Ser, de la mente pura despojada de toda actividad. O, dicho de forma más clara, y en palabras de este auténtico maestro:

> *En los Veda y las Escrituras, la noción del Corazón se ha utilizado para designar el lugar desde el cual brota el pensamiento «yo».*[203]

¿Sería tan extraño que los mesopotámicos hubieran utilizado las mismas metáforas que se utilizaban en el origen del hinduísmo? Para ver hasta qué punto es pertinente la metáfora de la mente del ser humano como abismo, no está de más añadir el testimonio de uno de los devotos de Maharshi, el profesor K. Swaminathan, que cuenta una muy interesante anécdota que se generó cuando fue a ver al sabio de la Arunáchala por primera vez:

> *Durante mi primera visita, un gran hombre, Sir P. S. Sivaswami Iyer... me dijo "No vayas solo. Vé con alguien de confianza." De manera que fui con Subramanian, uno de mis estudiantes antiguos, Ismail, otro estudiante, y mi esposa. De manera que fuimos con ese grupo de gente. Y de esto es responsable Sivaswami Iyer. Él me dijo que varias veces había ido a hacer senderismo en Ootacamund, en las colinas Niligiri. Allí hay un lugar llamado Dodapeta en donde hay un precipicio. Desde allí se puede ver hacia abajo un abismo de 3.000 metros. Así que a la gente le gusta ir allí y ver hacia abajo. Y para no caerse, porque pueden marearse, acostumbran a atarse ellos mismos con una cuerda. Así que mientras uno aguanta la cuerda el otro mira hacia abajo. Él me hizo esta analogía y me dijo: "Cuando vayas a ver a Bhagaván (Maharshi) estarás sin terreno firme bajo tus pies. Caerás en el abismo. De manera que permanece atado a personas de tu confianza". De manera que fui con tres cuerdas: mi mujer y dos de mis estudiantes.*[204]

Así pues, va cobrando coherencia la hipótesis de que en Mesopotamia el dominio o espacio del *apsu* se identifique con el dominio o espacio de la mente, que se mueve entre lo más burdo, la arcilla de la superficie, y lo más sutil, el león que hay en su parte más profunda. Pero veamos más argumentos

---

203   *Talks with Sri Ramana Maharshi*, p. 35, diálogo 29.

204   Video *Guru Ramana. His living presence*, Arunachala Ashrama (Bhagavan Sri Ramana Maharshi Center, New York City) - Sri Ramanasramam (Tiruvannamalai, India), 2002, minuto 8.

que dan peso a la hipótesis de que el dios Enki es una personificación de la mente del ser humano despojada de su vinculación con el cuerpo.

A lo largo de la historia de Sumer el dios Enki tiene varios epítetos que señalan de forma clara que su dominio, el *apsu*, es el de la mente humana. Veamos algunos de ellos: «aquel cuya naturaleza es profunda»,[205] «creador de las formas de todas las cosas», «creador de vida», «señor del conocimiento», «el de amplia sabiduría», «aquel que entiende todas las cosas» y, por si todavía había dudas sobre la asimilación Enki-mente, tenemos que este dios es el «Creador de toda la realidad».[206]

Esta última consideración encuentra su resonancia en las declaraciones de Maharshi quien decía y repetía que la mente es, precisamente, la que crea la realidad. No es extraño, por tanto, que en otros pasajes de la literatura sumeria se ponga por boca de este dios que «estoy en el primer rango del universo».[207] Asimismo, vale la pena recordar que el que tal vez fuera el sumerólogo más célebre del siglo xx, Samuel Noah Kramer, sostuvo que, incluso en lo tiempos más tempranos del origen de esta civilización, tanto el concepto *engur* como, posteriormente, el concepto del *apsu* se referían a las aguas cósmicas dentro de las cuales existía el universo.[208]

Constatamos otro orden de correspondencias entre la mente y el *apsu* cuando encontramos que, de acuerdo con lo que nos han legado los antiguos textos mesopotámicos, se consideraba que los principios organizativos del universo tenían su origen en el *apsu*. Y esto nos remite, una vez más, a la percepción de Sir James Jeans, así como a la de otros destacados físicos del siglo xx, quienes sugerían que el universo se explicaba mejor si se consideraba como un gran pensamiento y no como una gran realidad material. Es decir: lo que para la física del siglo xx ha sido una auténtica revolución, puede que fuera percibido de forma normal por individuos que vivieron hace más de 4.000 años a orillas del Tigris y el Éufrates.

En lo que concierne a los epítetos del *apsu* hay que indicar que, de forma poética, se podía nombrar con una denominación que, se sospecha, significaba ciervo, cabra o jabalí salvaje.[209] Es decir, que volvemos a encontrar la indicación del alma y del espíritu ya sea a través de la cornamenta o, de forma más peculiar, los colmillos del jabalí. En el marco del símbolo cornudo

---

205 *Eridu in sumerian literature*, p. 80.

206 Ibid., pp. 79-80.

207 *Cuando los dioses hacían de hombres*, p. 184, pasaje 88.

208 *Eridu in sumerian literature*, p. 164.

209 Ibid., p. 160.

para referirnos al *apsu* hay que señalar que la barca ceremonial de Enki, con la que se desplazaba por la superficie de esta masa de agua, se llamaba «Cabra montés del *apsu*».[210] Asimismo, en otro pasaje tenemos la expresión «La calidad de los cuernos brilla como aquellos de la cabra montés sagrada del *apsu*».[211] Esta última declaración es muy importante porque señala de forma inequívoca que la parte simbólicamente importante del animal es, precisamente, la cornamenta. Y la prueba de que este simbolismo, entre la cornamenta y el substrato trascendente del ser humano, estaba extendido en Oriente Medio más allá de las civilizaciones sumeria y acadia lo constatamos a través de la iconografía presente en la provincia de Anatolia.[212]

En las procesiones de divinidades grabadas en sellos cilíndricos, los autores de estas representaciones no se olvidaron de situar, en medio del cortejo divino, a ciervos que muestran una peculiaridad: las puntas de sus astas están dirigidas hacia el exterior.[213] Asimismo, hay otro tipo de representaciones en las que las puntas de las astas de los ciervos apuntan hacia fuera. Estas representaciones son aquellas que muestran el ungulado sufriendo el ataque de un felino,[214] lo cual nos hace pensar que para los antiguos anatolios esta escenificación remitía a la misma situación a la que aludían Maharshi así como el *Yoga Vasishtha*: la neutralización del substrato de captación física de la realidad. Dicho lo cual, no es extraño que en la antigua Anatolia el ciervo fuera considerado un animal sagrado y su caza tuviera un valor ritual.[215]

Todos estos datos nos inducen a pensar que la vinculación entre la naturaleza del *apsu* con la de la cornamenta es depositaria de un simbolismo que remite a la concepción espiritual del ser humano. Recordemos que en los textos funerarios egipcios teníamos los jeroglíficos cornudos, Ψ y $\mathbb{M}$, que significaban que el difunto tenía abierto el camino hacia la existencia inmortal. En el Antiguo Egipto esto nos situaba en el substrato en dos tercios divino de la naturaleza humana, ya que los cuernos remitían al alma —*ba*— y al espíritu —*akh*— del difunto, que tenían sus contrapartes en los

---

210   *Cuando los dioses hacían de hombres*, pp. 184, pasaje 107.

211   *Eridu in sumerian literature*, p. 186.

212   CREPON, P., *Le thème du cerf dans l'iconographie anatolienne des origines a l'époque hittite*, BCILL 21: Hethitica, IV, pp. 117-155.

213   Ibid., pp. 131-143.

214   Ibid., pp. 134-136.

215   Ibid, p. 147.

canales norte y sur de la Cámara del *Ka* de la Gran Pirámide. Los motivos cornudos egipcios muestran, por tanto, una evidente correlación con los atributos cornudos de Enki, debido a que ese dios señala a la naturaleza en dos tercios divina del ser humano,[216] esencia que en la tradición acadia la aportaba la carne y la sangre del dios Wê.

Finalmente, entre Egipto y Mesopotamia tenemos otra asociación tremendamente llamativa porque en algunos textos del Creciente Fértil se indica que las aguas cósmicas subterráneas son «el lugar de los secretos»,[217] mientras que en algunos papiros el jeroglífico 𓈖𓊪 significaba, precisamente, «discernir el secreto».[218]

Hasta ahora hemos constatado una serie de correspondencias entre la India, el Antiguo Egipto y Mesopotamia. Vayamos a la última de estas correspondencias entre la mente y el acuoso dominio de Enki, el *apsu*, porque veremos que es especialmente pertinente cuando hablemos de la tradición del Diluvio Universal. Dicha vinculación proviene del ejercicio mental que las personas debemos llevar a cabo para experimentar el Ser, para alcanzar la iluminación. Veámoslo a través de las palabras de Maharshi:

> *La palabra sumergir conviene a la mente que tiene tendencia a exteriorizarse y que debe ser desviada y conducida hacia el interior como si debiera sumergirse debajo de la superficie de las apariencias… Cuando prevalece una profunda quietud, el esfuerzo para alcanzar el Ser puede ser llamado sumergir… Ese estado (de quietud) es favorable a la realización o al esfuerzo de sumergirse.*[219]

Es decir, que Ramana Maharshi, al igual que los mesopotámicos, también recurría a la imagen de la superficie del agua como metáfora de la barrera que hay entre la conciencia ordinaria y la mente que se ha desligado de la captación sensible del mundo físico.

Ahora veamos la vinculación con el hecho de que en lo más profundo del *apsu*, que en los textos sumerios se identificaba como «el Corazón del *apsu*», se sitúe un león, y con la necesidad de que, para iluminarse, la mente se sumerja hasta su propia fuente.

---

216   Pues, como hemos dicho, dentro del sistema sexagesimal mesopotámico tenía el valor numérico 40.

217   *Eridu in sumerian literature*, p. 167.

218   Ibid., p. 59.

219   *Talks with Sri Ramana Maharshi*, p. 327-328, diálogo 348.

De acuerdo con Maharshi, *En los Veda y las Escrituras, la noción del Corazón es utilizada para designar el lugar desde el cual brota el pensamiento «yo».*[220] El Corazón es pues el lugar en donde se erige el pensamiento «yo».[221] Así, en el texto cumbre de la mística hindú, en el *Bhagavad Gita*, podemos leer como Krishna dice *Oh Arjuna, Yo soy el Ser que permanece en el corazón de todos los seres.*[222] A este respecto Maharshi aclara que *este verso muestra que el Señor es el atman (el Ser) de todos los seres... Si por otra parte, usted se sumerge en el Ser, no quedará ninguna traza de individualidad. Usted vendrá a ser la misma Fuente.*

En otra ocasión, Maharshi citaba el pasaje de otra obra sagrada hindú en la que se indica que, para alcanzar el nirvana hay que *sumergir la mente en el Corazón.*[223] Es decir, que para iluminarnos debemos remontarnos a través de nuestros pensamientos hasta alcanzar el lugar del que mana pensamiento «yo», que es la fuente de toda nuestra actividad mental. Y es que, según Maharshi, *la mente libre de pensamientos y sumergida en el Corazón es conciencia en sí misma*[224]. Este Corazón del *apsu* al que hacen referencia los sumerios es, de acuerdo con mi hipótesis, el mismo Corazón al que se refiere Maharshi y es, por lo tanto, *el lugar desde el cual se eleva el pensamiento «yo».*[225]

Igualmente interesante es la idea mesopotámica según la cual el *apsu* se manifiesta en las fuentes de las que brota agua dulce porque Maharshi recurre varias veces a la imagen de la fuente para explicar el proceso por el que alcanzamos la iluminación. Así, a algunos de los visitantes que acudieron hasta él en busca de consejo les dio las siguientes respuestas: *Aprenda lo que es el abandono de sí mismo. Consiste en sumergirse en la fuente del ego;*[226] o bien, *Es suficiente con abandonarse. Abandonarse es remitirse a la causa original de su ser. No se haga ilusiones imaginándose que esta fuente está en un lugar fuera de usted. La fuente está dentro de usted. Abandónese a ella. Es decir, busque esta fuente y sumérjase en ella;*[227] o de forma también

220   Ibid., p. 35, diálogo 29.

221   Ibid., p. 561, diálogo 587.

222   Ibid., p. 183, diálogo 208.

223   Ibid., p. 191, diálogo 222.

224   Ibid., p. 564, diálogo 589.

225   Ibid., p. 561, diálogo 587.

226   Ibid., p. 174, diálogo 201.

227   Ibid., p. 183, diálogo 208.

sencilla, aclararía, *¿Qué es la contemplación? Es sumergirse en la fuente conscientemente.*[228]

¿Es posible que los sumerios y los acadios evocasen, en las fuentes que emanaban del subsuelo, o cuando a través de su imaginación situaban un león en el fondo del *apsu,* los mismos procesos psíquicos de los que nos habla Maharshi? Creo que no sólo es posible sino, además, es probable.

Recordemos que en este trabajo se trata de constatar como individuos de diferentes culturas a lo largo de los milenarios han alcanzado un grado equivalente de comprensión de la naturaleza sutil o trascendente del ser humano. En este sentido, en lo concerniente a la acepción *apsu*-mente como «lugar de los secretos», y que tendrá unos 4.000 años de antigüedad, no me resisto a añadir la declaración que un anónimo vendedor de helados de la amazonía peruana le hizo al psicólogo y filósofo de la Universidad Hebrea de Jerusalén, Benny Shanon:

> *Dios quería esconder los secretos en un lugar seguro. «¿Voy a ponerlos en la luna?», meditó. «Pero entonces, un día los seres humanos podrían llegar allá, y podría ser que aquellos que llegasen podrían no ser dignos de este conocimiento secreto. O tal vez debo esconderlos en las profundidades del océano», pensó Dios como otra posibilidad. Pero de nuevo, por las mismas razones, la descartó. Entonces se le ocurrió la solución: «Debo poner mis secretos en lo más interiormente santo de la propia mente humana. Entonces sólo aquellos que realmente merezcan serán capaces de obtenerlo».*[229]

Declaración que no deja de ser tan hermosa como incómoda. Hermosa porque a tenor de lo que hemos explicado hasta ahora, parece que está cargada de sabiduría. ¿Qué es lo más secreto que puede poner Dios en lo más interiormente santo de la mente humana? Pues ponerse a sí mismo, que es el Ser de Maharshi. O, lo que es lo mismo, el lugar en donde mora el león que neutraliza el elefante-mente. Este felino es, en suma, el mismo león que, de acuerdo con los mesopotámicos, se situaba en lo más recóndito del *apsu*-mente.

Pero esta declaración también es incómoda porque desafía la percepción que en la Sociedad del Conocimiento tenemos de lo que es una persona que sabe. ¿No estará la clave de todo esto en que el vendedor de helados es un individuo anónimo? Al fin y al cabo, tal sabiduría ha dejado su huella a lo largo de la historia de la humanidad en infinidad de monumentos y textos

---

228   Ibid., p. 278, diálogo 306.

229   SHANON, Benny, *The antipodes of the mind*, Oxford University Press, 2002.

que, y este es el aspecto que más nos debería llamar la atención, son anónimos. ¿Cómo no lo van a ser si sus creadores habían trascendido su propio «yo» individual? ¿Dónde está el autor de la Esfinge? ¿Dónde el de la Gran Pirámide? Probablemente dentro de nosotros mismos: en ese Ser respecto del cual los seres humanos sólo somos algo parecido a los restos de un cristal roto.

5.4- Las metáforas felinas de Asia Central

Una ojeada superficial a Asia nos revela que, aparte de la civilización hindú de la que ya nos hemos ocupado, el motivo del ataque felino para simbolizar la conciencia liberada de la materia también está presente en el mundo pagano así como en el Islam. En lo concerniente al mundo pagano, veamos primero algunas asociaciones vinculadas al motivo cornudo, que en Egipto y en Mesopotamia nos condujo hacia el testimonio de los individuos que habían experimentado su propia eternidad, el Ser, el estado de conciencia que Ramana Maharshi encarnó a lo largo de su vida.

Durante buena parte del I Milenio a.C. el sur de Siberia y Asia Central estuvieron habitados por pueblos nómadas que, a diferencia de Egipto y de Mesopotamia, no dejaron constancia escrita de sus creencias y mitos. Sin embargo, toda esta área está salpicada de petroglifos a cuya decodificación la investigadora Esther Jacobson dedicó diez años de su vida. Las conclusiones de su investigación, que aparecieron su libro *The deer goddes of ancient Siberia*, entran en resonancia con los dos aspectos fundamentales que hemos analizado hasta ahora: el motivo cornudo y la relación presa-depredador como metáforas que remiten a nuestra naturaleza sutil.

De acuerdo con Jacobson, la entidad trascendente fundamental de los primeros pueblos nómadas del sur de Siberia y Asia Central era el ciervo. Y esto es clave porque en numerosas representaciones de este animal los cuernos aparecen transformados en cabezas de aves. Asimismo, las representaciones más espectaculares de ungulados con cuernos aparecen en los megalitos conocidos como *Deer Stones* (piedras ciervo), en las que la imagen de este animal aparece muy estilizada y con la apariencia de llevar a cabo un vuelo ascendente. Según los trabajos de arqueología, estos megalitos aparecen en complejos funerarios y, de acuerdo con esta investigadora, la imagen del animal cornudo forma parte de un oscuro ritual que tenía por objetivo la preparación para el viaje al otro mundo.[230]

---

230 JACOBSON, Esther, *The Deer Goddes of Ancient Siberia. A study in the Ecology of Belief*, E. J. Brill, Leiden, The Netherlands, 1993, p. 4.

© Alix Guillard
Deer Stones en Mongolia

© Alix Guillard
Detalle del relieve de las *Deer Stones* en donde se aprecian las figuras estilizadas
de los ciervos ascendiendo al cielo.

Aparte de las representaciones estilizadas de ungulados en una postura ascendente que remiten a la idea de vuelo vertical presentes en las *Deer Stones*, y de las escenificaciones, presentes en petroglifos, en las que los cuernos de estos animales se ramifican en forma de ave, hay otras escenas zoomórficas que nos interesan especialmente. Esto es debido a que dichas composiciones remiten de forma clara a la idea del ataque del felino de la que nos hablaba Maharshi y que aparecía asimismo en el *Yoga Vasishtha*. Y es que, en estas representaciones, presa y depredador aparecen superpuestos en una escena de gran vitalidad en la que, de alguna manera, no se muestra la consumación de dicha acción: la presa no aparece devorada sino que el conjunto simbólico muestra lo que veríamos si tomásemos una fotografía en el momento en que, por ejemplo, un tigre ataca un ciervo.

La misma investigadora reconoce que tanto las escenas de las *Deer Stones* como las que involucran la escena de depredación entre un carnívoro —normalmente un felino— y un ungulado, representan estados de transformación que tienen que ver con la muerte:

> Estas estructuras simbólicas se refieren a un orden mítico importante, la reiteración del cual era esencial en el momento del fallecimiento de la persona… En tal sistema, lobos y felinos eran símbolos de este cambio que se catalizaba al morir pero en el que de hecho era el proceso de metamorfosis de una forma de ser a otra, así como de un reino a otro. La cabra cornuda… y el ciervo…, eran los símbolos más apropiados de la unidad de destrucción y renovación englobada por la metamorfosis y el pasaje.[231]

Este significado del morir, como paso de una existencia física a otra trascendente, remite al rol del chamán como psicopompo, es decir, como individuo capaz de guiar las almas de los fallecidos en su tránsito por el mundo de ultratumba. Dada esta capacidad del chamán como individuo capaz de ascender al cielo o descender al inframundo de las almas no es de extrañar que, entre sus atuendos, haya dos que se nos hagan absolutamente pertinentes. Por un lado el tambor, instrumento por excelencia que le permitía la comunicación con el más allá, y que estaba hecho de piel de ciervo. Por otro lado, el casco coronado con un par de cuernos.

El ataque felino y el motivo cornudo como forma de expresión de la trascendencia del ser humano también aparece en otro lugar de Asia. Este testimonio merece unas líneas porque pertenece a una tradición sagrada

---

231   Ibid., p. 86.

que externamente no tiene nada que ver con el paganismo. Dicha tradición es el Islam.

El testimonio lo encontramos en la Samarcanda musulmana del siglo XVII. En ese momento, el gobernador de esta ciudad, Yalangtush Bakhodur, ordenó al arquitecto Abdujabor la construcción de la escuela de enseñanza del Islam denominada hoy Sher-Dor, que significa Teniendo Tigres. Y este nombre no es casual porque encima de la monumental entrada principal al recinto aparecen dispuestas, a ambos lados del muro, dos escenas simétricas en las que un tigre está en actitud de atacar a un cervatillo. Que ambos animales —tigre y cervatillo— forman parte de la misma escena lo revela el hecho que el cervatillo vuelva su cabeza hacia atrás, hacia donde se encuentra el tigre.

© Tchumbley

La escena del ataque felino de la madraza de Samarcanda

De acuerdo con la tradición contada por Abu-Sand Abdu-Rakhman Ibn Muhammad Idris, el significado de esta representación es el siguiente: cuando se construyó Samarcanda, un leopardo llegó hasta la ciudad procedente de las montañas. El animal se paseó por las calles, se acercó a los edificios y volvió a las montañas. Desde ese momento, los habitantes de Samarcanda se denominan leopardos y todas las banderas y escudos de la ciudad tienen la imagen de este felino.

Sin embargo, a mí ésta se me hace una interpretación muy extraña. En primer lugar porque la representación figurativa se sitúa en la entrada de un edificio que alberga una escuela de enseñanza de *El Corán*. Y la enseñanza de *El Corán* tiene mucho más que ver con la trascendencia del ser humano que con la leyenda sobre la visita de un felino en tiempos pasados, cosa que no deja de ser pura anécdota, por no decir una auténtica frivolidad, al lado de la trascendental importancia que para los musulmanes tiene la enseñanza de la palabra de Alá. De manera que situar a la entrada de una madraza una escena que representa una antigua leyenda que nada tiene que ver con la enseñanza del Islam es, de entrada, extraño.

Además, la escena de la madraza incluye no sólo a un tigre sino también a un cervatillo, mientras que la leyenda no menciona a ningún cervatillo. Así que este es otro argumento en contra de esta interpretación del mosaico de la madraza.

¿Puede ser que el significado de esta escena sea el mismo que el que planteaba Ramana Maharshi con su metáfora felina de la iluminación? Es muy verosímil.

En primer lugar porque en la escena felina de la madraza, y a diferencia de las representaciones paganas de Siberia, se utiliza una cría de ciervo o de gacela, esto es: de un ungulado joven que todavía no tiene desarrollados los cuernos. Recordemos que tanto en la India como en Egipto así como en Mesopotamia, la parte simbólicamente significativa del bovino, del ciervo o de la serpiente cornuda, es precisamente la cornamenta, elemento que remite a la experiencia espiritual. En lo concerniente a la tradición siberiana, constatamos que esta es, precisamente, la parte del ciervo, del reno o de la cabra salvaje, que se acostumbra a rematar con figuras aladas. Además, como enfatizaba Esther Jacobson, dicha representación remite a la trascendencia del ser, al paso del reino de los vivos al reino de los muertos. Finalmente, recordemos una vez más la anécdota según la cual el tío de Maharshi le dijo en cierta ocasión, poco después que éste llegase a Arunáchala: *¡Vaya, Venkatarama, parece que te has hecho un gran yogui! ¿Te han crecido cuernos en la cabeza?*.[232]

Entonces, ¿cómo es posible que la escena de la madraza muestre a un cervatillo y no a un ungulado con una ostentosa cornamenta? Pues, probablemente, porque dicha representación se sitúa a la entrada de una escuela en donde los niños musulmanes, que todavía no han madurado espiritualmente, han de aprender la enseñanza de *El Corán*. El tigre atacando el cervatillo indica, de forma simbólica, que esta madraza es el lugar en donde los niños, los cervatillos metafóricos, recibirán este aprendizaje. ¿Cuál es este aprendizaje? El que podamos ser uno con el incognoscible origen del que emana nuestra existencia efímera, fuente que en el Islam se denomina Alá.

A tenor de lo constatado hasta ahora, es pertinente recordar las palabras de Maharshi según el cual «todas las religiones y todos los métodos son uno y lo mismo».[233] Afirmación que, por cierto, era asumida no sólo por los hindúes, sino también por los budistas, los cristianos y los musulmanes que iban a verlo. Al fin y al cabo: ¿qué diferencia hay entre un místico de

---

232 *Letters from Sri Ramanasramam*, (entrada del 21 de agosto de 1946), p. 112.

233 *Talks with Sri Ramana Maharshi*, p. 474, diálogo 479.

una religión u otra si todos beben de la misma fuente? El Alá musulmán, el Brahman hindú, el Ain-Soph judío o el Orden Implicado de David Bohm puede que sólo sean nombres distintos de una misma supraentidad incongnoscible. Y es que las atribuciones que los seguidores de cada una de estas tradiciones sagradas, o escuelas de pensamiento, asignan a cada una de estas entidades, se caracterizan por su semejanza: son nombres de lo incognoscible, de lo inefable, así como del origen y el destino de la totalidad de la creación, en la que se incluye el ser humano.

5.5- Un místico llamado Acteón

Ahora vayamos a la mitología griega porque en ella también encontramos un episodio de carácter depredador que podemos decodificar aplicando la misma clave que hemos empleado para la tradición hindú, para el paganismo siberiano, así como para la escena de la madraza de Samarcanda. El pasaje que nos interesa proviene del mito de Acteón, deidad que destacaba en la caza. Según este relato Artemisa, diosa que vivía consagrada a la castidad, estaba un día bañándose desnuda en los bosques cercanos a la ciudad beocia de Orcómeno, cuando Acteón la encontró casualmente. Se detuvo y se quedó mirándola, fascinado por su belleza enajenante. Como castigo por ver su desnudez y sus virginales misterios, Artemisa lo transformó en un ciervo y envió a los propios perros que Acteón utilizaba para cazar, a que lo mataran.

Ahora veamos la aguda interpretación que de este mito hizo el visionario Giordano Bruno en su obra *De las pasiones heroicas:*

> Acteón representa aquí el intelecto a la caza de la sabiduría en el momento de captar la belleza divina. Pero en el momento en que cree haber captado la Sophia en el espejo de la naturaleza sensible y retira el velo de su misterio lunar, se convierte en víctima o al menos en objeto de su propia búsqueda. «Se vio transformado en aquello que buscaba y se dio cuenta de que era presa de sus perros, es decir, de sus propios pensamientos. Al asimilar la divinidad, ya no era necesario que buscara afuera de sí mismo».[234]

---

234 *Alquimia y Mística*, p. 511.

Fuente: Wikipedia.
El pintor veneciano del siglo XVI, Titian, escenificó de esta manera el mito de Acteón. La diosa Diana, al ser sorprendida semidesnuda por el cazador, transformó a éste en ciervo para que muriera devorado por sus propios perros.

Esta interpretación es totalmente plausible debido a que Artemisa era la diosa de la Luna, de manera que el acto de verla desnuda significaba que Acteón descorrió el velo lunar de la realidad física, trascendió la captación sensible del mundo físico y, por lo tanto, la captación sensible de sí mismo. Es decir: en este mito el argumento literal del cazador (depredador) cazado (presa) sirvió para transmitir de forma simbólica la trascendencia, tras la aniquilación del «yo», del ser humano. Y es que, como muy bien sabía Giordano Bruno, al final de cualquier camino iniciático, de cualquier búsqueda auténtica, ¿qué es lo que uno encuentra? Uno encuentra el Ser del que de forma tan clara y sencilla habló Maharshi.

5.6- Venados y jaguares divinos en América

En la América precolombina el motivo de la cornamenta así como el del gran felino depredador también eran, en el seno de diferentes etnias y civilizaciones, símbolos de la naturaleza sutil del ser humano.

Empecemos por Norteamérica. Los indios hopi, que desde hace unos 1.000 años ocupan parte de lo que hoy es Arizona, Colorado, Utah y Nuevo México, están organizados en clanes. Todos y cada uno de ellos tienen importancia y no es accesorio porque cada uno tiene la misión de llevar a cabo determinados rituales que, de acuerdo con sus tradiciones, permiten que puedan vivir en armonía con el cosmos. Así, hay el clan del Sol, el de la Flauta, el del Tejón, el del Oso, el de la Serpiente, el del Arco, el de la Flecha…, así como el clan de los Un Cuerno y el de los Dos Cuernos. Precisamente, esta última sociedad es la más importante de todas porque, de acuerdo con la tradición, «es la única orden religiosa que conserva el concepto original de la Creación».[235]

Esto es exactamente lo que, a la manera egipcia, dicen los *Textos de la construcción de Edfú* de los que ya nos hemos ocupado. Recordemos que según estos textos esculpidos en el Templo de Horus en Edfú, los primeros seres con forma que vinieron a la creación, la primera generación de seres físicos, eran toros y vacas, y se denominaban *Kas*. Y tampoco está de más añadir que en el origen de la tradición indú, en el *Rig Veda*, se consideraba que la vaca estaba en posesión del misterio de la creación.[236]

Propusimos también que el espacio más emblemático de la Gran Pirámide, la mal denominada Cámara del Rey, en realidad es la Cámara del *Ka*, y que el motivo cornudo aparecía en varios jeroglíficos como símbolo para definir el paso del mundo físico al mundo trascendente o divino, tanto a través de la cornamenta bovina así como a través de la cornamenta de la *Cerastes cornutus*, la serpiente cornuda.

Ahora vayamos al motivo felino en el mundo hopi. El puma, que es el felino más grande de Norteamérica, aparece muchas veces pintado en las kivas,[237] los templos circulares semisubterráneos en donde los hopi llevan a cabo sus ceremonias espirituales.

Por lo demás, este animal mantiene una «relación enigmática»[238] con la Serpiente de Agua, que normalmente se representa emplumada o con cuernos. Eso es muy significativo porque indica que los cuernos cumplen la misma función que las plumas, lo cual es coherente con el significado simbólico que hemos atribuído a la *Cerastes cornutus* de los jeroglíficos egipcios

---

235 Waters, Frank, *El libro de los hopi*, Fondo de Cultura Económica, México 1992, p. 155.

236 *The Triple Structure of Creation in the Rg Veda*, p. 156.

237 GUNNERSON, James H., *Mountain Lions and Pueblo shrines in the America Southwest*, p. 253, en *Icons of Power, Feline symbolism in the Americas*, Edited by Nicholas J. Saunders, Routledge, London 1998.

238 Ibid., p. 253.

cuyo significado es «emerger», «salir a la luz», así como con el significado de los cuernos rematados con formas aladas de las *Deer Stones* de Siberia. Y también es significativo que en el mundo hopi la serpiente sea acuática, dominio que hemos vinculado con la parte trascendente del ser humano: la de la mente desvinculada de la captación sensorial de la realidad física.

Es decir, a pesar de la diversidad de formas y tradiciones sagradas de distintas civilizaciones y tradiciones herméticas, vemos que hay una llave que abre todas las puertas que señalan la dimensión sutil, no material, del ser humano: la de la cornamenta, la del ataque felino y la del medio acuoso como símbolos de nuestra naturaleza que trasciende las limitaciones de la vida física.

Vamos ahora un poco más al sur. Entre los indios huicholes,[239] el dios venado, denominado, Kauyumári, se considera el mensajero ante los dioses. En este sentido, el bastón utilizado por los chamanes huichol, el *muwiéri*, está hecho de cuerno de ciervo engalanado con plumas de águila, imagen que nos retrotrae a los petroglifos de Asia Central, donde encontrábamos la misma representación de la cornamenta rematada con un motivo alado, así como el casco coronado con dos pares de cuernos del chamán Siberiano. Por lo demás, la misma tradición huichol sostiene que el peyote, planta cuya ingestión permite la percepción de la realidad más allá de las limitaciones de nuestros sentidos en estado de conciencia ordinaria, nace de los cuernos del dios ciervo.

Es decir, que los cuernos del ciervo se asocian a lo que entendemos por viaje astral, a lo que subyace de la naturaleza humana cuando no está lastrada por la parte física o corporal. Todo lo cual nos sitúa de nuevo en el ámbito cornudo del dios Enki sumerio que, como recordará el lector, propuse que identificaba la conciencia humana desvinculada de los sentidos. Asimismo, el motivo cornudo huichol nos retrotrae a la Cámara del *Ka* de la Gran Pirámide y a los jeroglíficos «emerger» y «salir a la luz» que tiene asociados. Además, el mismo motivo cornudo huichol nos conduce a los *kas* bovinos de los *Textos de la Construcción de Edfú* y al *Kha* sánscrito que remite a la idea de centro.

Nos centraremos ahora en las dos grandes civilizaciones precolombinas de Mesoamérica: la azteca y la maya. Para empezar, tenemos el trabajo T*he deer as western sun*[240] —El ciervo como el sol de poniente— de los antropólogos

---

239   Benzi, Mario, *Les derniers adorateurs du peyotl. Croyances, coutumes et mythes des indiens Huichol*, Gallimard, París 1972, pp. 121-143.

240   Junell, Cathy and Stross, Brian, *The Deer as Western Sun*, U-Mut Maya 1994, 5:239:246.

Brian Stross y Cathy Junell, donde se fundamenta la vinculación entre la dirección oeste, que en todas las culturas se asocia al morir, debido a que en esa dirección se pone el sol, con el motivo cornudo. Vayamos primero a la cultura que Cortés y sus soldados encontraron en todo su apogeo.

Entre los aztecas, el ciervo simbolizaba el sol del oeste debido a que en este momento el astro proyecta sus debilitados rayos antes de ponerse por el horizonte. Así por ejemplo, tenemos el códice denominado Borgia donde se muestra al ciervo cargando el sol cuando este se pone por el oeste, dirección que en todas las civilizaciones simboliza el morir. Asimismo, dentro de la misma civilización, la fecha Siete Flores simboliza la transformación del sol en un ciervo que desciende hacia el inframundo para copular con la Diosa Luna.[241] Precisamente, los mayas del siglo XVI llevaban a cabo un ritual relacionado con la cacería del ciervo en la fecha Siete Ajaw, que es el día equivalente al azteca Siete Flores.

En todas las civilizaciones, y en este sentido los mayas y los aztecas no podían ser menos, el número siete se asocia con el destino cumplido de las cosas y de los seres, lo que supone el paso del plano material al espiritual. En el caso de los aztecas, estos disponen de una leyenda según la cual al principio de su éxodo, a través del cual llegaron hasta el enclave en el que fundaron su capital Tenochtitlán, partieron de Chicomoztoc, Siete Cuevas, un lugar mítico que representa la tierra original de esta civilización. Según sus tradiciones, a este lugar volverán una vez hayan cumplido su peregrinaje por la existencia material. En tiempos de la conquista, la mayoría de los pueblos mayas también reconocían la autoridad de este lugar, que en su lengua denominaban Tulan Zuyua.

El número siete es, de esta manera, el número que indica el destino cumplido, el de la vuelta al origen desde el que se emergió al principio del tiempo para llevar a cabo el tortuoso peregrinaje sobre la materia. Por este motivo, no es de extrañar que dicho número esté asociado al venado, el animal que simboliza, tras el fallecimiento, el retorno al mundo espiritual.

Por su parte, entre los mayas y los quichés de Centroamérica, la deidad denominada Señor o Dueño de los Venados, con lo cual volvemos a la idea de los cuernos, era un símbolo de desaparición y despedida.[242]

De entre los motivos que vinculan al venado mesoamericano con el oeste, y por tanto con la muerte, podemos destacar los siguientes:

241   Ibid.

242   *Popol Vuh*, p. 177.

1- Los mayas utilizaron la expresión «ciervo sol» para definirse al oeste.

2- En la última época de la civilización maya, el jeroglífico para referirse al oeste incluía el glifo Ciervo, del calendario maya.[243]

3- En la parte más occidental del importante yacimiento arqueológico de Palenque se sitúa la imagen de un ciervo que representa el sol moribundo.

4- Al final de la civilización maya, la representación pictórica del ciervo cazado aparece como motivo favorito en la cerámica de carácter funerario, es decir: que este motivo iconográfico formaba parte del ajuar que acompañaba al difunto en su viaje a Xibalbá, el inframundo maya.

Todos estos datos han llevado al investigador norteamericano Brian Stross a concluir que entre los mayas, así como entre los aztecas, «la muerte del ciervo parece referirse a un tipo de paradigma para la muerte en general, especialmente aquellas muertes sagradas que sostienen el orden del cosmos».

La opinión de Stross está subscrita por otros especialistas, como es el caso de Michael D. Coe, quien remarca que, entre los mayas, el venado fue «una muy importante deidad del inframundo».[244] Por lo demás, este investigador de la Universidad de Yale sostiene que, de acuerdo con el contenido de las escenas que aparecen en las cerámicas funerarias analizadas, en las que aparecen personajes que arrancan las astas de ciervos, lo que es simbólicamente importante de dichos animales son las astas en cuestión.

De la misma opinión es la investigadora Pilar Asensio Ramos, quien reconoce que los cuernos contienen la esencia divina de una entidad de la cultura maya denominada Sagrado Venado Muerto. La misma investigadora indica que en varias cerámicas dicha entidad se representa como un esqueleto con cuernos y nombre de venado y su función se vincula con la muerte y la regeneración.[245]

Es decir: que todos estos datos son calcados a los del simbolismo del ciervo y del reno de Siberia, así como a los del simbolismo cornudo de los canales norte y sur de la Gran Pirámide, que se vinculan también con nuestro substrato divino, no material.

Además, en este punto también encontramos una clara conexión con el *apsu* mesopotámico en relación con el concepto maya de Inframundo, el lugar al que, según la creencia, iban las almas de los fallecidos. Esto es debido a

---

243   *The deer as western sun.*

244   *The Hero Twins: Myth and Image*, p. 175.

245   ASENSIO RAMOS, Pilar *Muerte de un viajante: El viaje del way Sagrado Venado Muerto*, Mayab 19, 2007, pp. 87-106.

la creencia maya de que había unos lugares sagrados que representaban las entradas a este dominio: las depresiones del terreno que acogen agua, a veces en profundas cavernas, y que en el Yucatán se conocen como cenotes. Que en el seno de esta civilización existía una íntima relación entre el Inframundo y el agua también lo revela el hecho que el glifo Imix——simbolizara ambos conceptos. Es decir, que tanto el acuoso *apsu* mesopotámico como el también acuoso Inframundo-cenote maya representaban, en ambas civilizaciones, ese estado de conciencia en el que la mente se desliga de la percepción física de la realidad.

© Bjørn Christian Tørrissen (bjornfree.com).
Cenote de la localidad yucateca de Valladolid.

Demos ahora una sucinta ojeada al motivo felino en Centroamérica porque el atributo depredador estaba totalmente insertado en la mentalidad azteca y maya. Así, en el mundo azteca el jaguar se nombraba ocelote pero también *tepeyollotl*, que significa literalmente «el corazón de la montaña». En Egipto la Gran Pirámide, que no es otra cosa que una metáfora de una montaña, también tiene su corazón: la Cámara del *Ka*, que no es otra cosa que la escenificación de la iluminación, de manera que es portadora del motivo depredador felino. Y en este punto también es pertinente recordar el león que, según la tradición mesopotámica, hay en el corazón del *apsu*.

Por su parte, los mayas tenían la misma palabra, *balam*, para designar tanto al sacerdote como al jaguar. Los sacerdotes y los chamanes de esta cultura, por tanto, eran considerados jaguares, en el sentido de que adquirían los poderes de estos felinos a través de la ingesta de drogas enteógenas, mal denominadas alucinógenas.

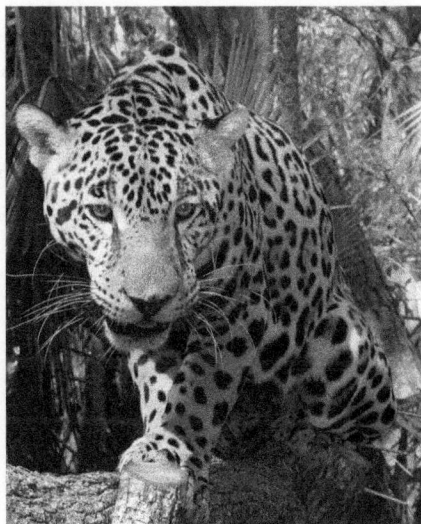

© Bjørn Christian Tørrissen (bjornfree.com).

En el mundo maya y azteca el espíritu del chamán debía entrar en el cuerpo de un jaguar puesto que este animal era la corporeización del poder físico y espiritual.

¿Qué es lo que experimentaba el chamán que estaba bajo el efecto de dichas substancias? De acuerdo con el antropólogo Gerardo Reichel-Dolmatoff, a través de estas drogas se produce una disociación por la que el «espíritu del chamán es separado de su cuerpo y penetra en otras dimensiones del cosmos. Dicha experiencia se asimila a una muerte, pues en ella la conciencia se desvincula del cuerpo, a la que sigue el renacimiento a otro estado de conocimiento, pues el experimentador se da cuenta de que existe más allá de su vinculación al cuerpo, adquirida al haber experimentado otra dimensión cognitiva».[246] Así pues, la activación de su naturaleza felina era una forma metafórica de explicar su capacidad de ser mediadores entre los diferentes niveles cósmicos, entre la vida y la muerte.

Afuera del mundo maya y azteca, el mismo simbolismo felino está presente en un interesante y poco conocido conjunto de yacimientos arqueológicos. En la denominada cultura de San Agustín, situada en el alto curso del río Magdalena, en las estribaciones orientales de los Andes colombianos, se esculpieron centenares de esculturas, algunas de las cuales muestran seres

---

246   Cooke, Richard, *The feliade in Precolumbian Panama, p. 100. En Icons of Power. Feline symbolism in the America*, Edited by J. Saunders, Routledge 1998. La cita aparece originalmente en Reichel-Dolmatoff, G. (1990) *Orfebrería y Chamanismo: Un estudio iconográfico del Museo del oro*. Medellín: Editorial Colina, p. 26.

humanos con atributos felinos en un área de unas 50.000 hectáreas. Lo que más caracteriza tales esculturas son los prominentes colmillos que sobresalen de la boca.

La investigadora Anne Legast sospecha que dichas esculturas "son una expresión de las cualidades y características animales que hay dentro de cada ser humano, simbolizando el retorno a estos ancestros animales en el momento de morir, o durante ciertos rituales en los que el consumo de alucinógenos funde diferentes reinos, alcanzando el estado de "unidad".[247]

Finalmente, conviene indicar que en la cultura madre mesoamericana, la olmeca, ya estaba presente este simbolismo felino encarnado en el jaguar. Así comprobamos que «en las figurillas de jade olmecas el jaguar antropomorfo representa el chamán transformado en espíritu protector».[248]

5.7- Depredadores y pasajes estrechos en Göbekli Tepe

Este recorrido por Mesopotamia, el Valle del Indo, Siberia, Samarcanda y Mesoamérica, revela que el motivo depredador ha servido a lo largo de la historia de la humanidad como símbolo para explicar el paso del mundo físico al suprafísico o espiritual. En este punto quiero recordar una vez más que en mi primera obra, *Conciencia. El enigma desvelado*, constaté que el paso por la puerta estrecha, presente en tradiciones tan dispares como el antiguo Egipto, el cristianismo, el budismo o las culturas precolombinas del altiplano andino, simbolizaba el mismo mensaje. Como entiendo que algunos lectores todavía puedan tener dudas acerca de esta vinculación, añado el mensaje que nos transmite el templo más antiguo conocido hasta ahora: denominado Göbekli Tepe, se construyó hace unos 11.600 años y está situado en lo que hoy es el sur de Turquía.

Este yacimiento arqueológico es fundamental porque es el exponente más destacado de lo que los arqueólogos denominan "revolución simbólica", que se inició hace 12.200 años, al principio del Neolítico.[249] Dicha revolución se caracteriza por la aparición de la arquitectura cuya finalidad no es

---

247 LEGAST, Anne, *Feline symbolism and material culture*, en *Icons of Power. Feline Symbolism in the Americas*, Nicholas J. Saunders, Routledge 1998, p. 136.

248 von WINNING, Hasso, *Iconografía de Teotihuacan. Los dioses y los signos*, Universidad Nacional Autónoma de México, 1987.

249 WATKINS, T., *Building houses, framing concepts, constructing worlds*, Paléorient, 2004, vol 30/1, pp. 7 y 12.

puramente funcional sino la de ser un sistema externo de almacenamiento de contenidos simbólicos.[250]

El complejo monumental consta de, al menos, veinte círculos de hasta 30 metros de diámetro, integrados cada uno de ellos por una docena de pilares en forma de T de unos cinco metros de alto que están intercalados a lo largo de un muro de piedra circular. En el centro de dichos círculos se situan dos pilares de hasta siete metros de altura que representan figuras humanas estilizadas que miran hacia el centro del círculo.

Fuente: Wikipedia

Este pilar que forma parte del conjunto monumental de Göbekli Tepe muestra una escena de depredación entre un felino —aunque algunos arqueólogos indican que tal vez se trata de un cocodrilo— y un jabalí.

Klaus Schmidt, el arqueólogo que descubrió el yacimiento en 1993, sostiene que la función de algunos de los edificios se debe de haber centrado en la muerte.[251] Asimismo, Schmidt está fascinado por las extrañas puertas descritas

---

250   Ibid., p. 7.

251   ROBSON, David, *Civilization's true dawn*, New Scientist, 5 october 2013, p. 35.

como "piedras ojo de buey", que se encontraron dentro de los santuarios y que a menudo están decoradas con imágenes de depredadores y presas.[252] Originalmente, dichas puertas se colocaban en el muro circular que unía los pilares. En este sentido, este arqueólogo propone que "los visitantes debían de reptar a través de ellas para simbolizar el paso de la vida a la muerte".[253] Es decir: los seres humanos que participaban en esos rituales tenían que agacharse, doblegarse, para acceder a la parte interior del círculo.

Dicho claramente: la escenificación del depredador y la presa, así como la del paso por la puerta estrecha, como símbolos que remiten al paso del mundo físico al espiritual, el paso de la vida a la muerte, y que hemos identificado en multitud de tradiciones, también lo encontramos en el templo más antiguo de la humanidad. Así pues, dicho simbolismo puede considerarse no sólo como un mensaje común a todas las tradiciones sagradas sino también, y esto es mucho más importante, como el concepto angular a partir del cual se articularon todas ellas. Su presencia en Göbekli Tepe, enclave considerado por los arqueólogos como la "cuna de la humanidad" así lo demuestra.

Para acabar, hay otro aspecto de Göbekli Tepe que nos interesa especialmente. Hasta hace unos años se consideraba que el cambio climático fue el elemento fundamental que permitió el paso de las sociedades de cazadores-recolectores del Paleolítico a las sociedades agrarias del Neolítico. Sin embargo, a raíz de la información que está generando este yacimiento arqueológico, los investigadores consideran que la causa inicial que permitió la civilización no fue un cambio medioambiental sino la conciencia de lo sagrado.[254] Si esto realmente es así, podemos establecer claramente que el elemento catalizador subyacente que ha propiciado la evolución de la humanidad es, precisamente, el simbolismo depredador-presa, el paso por la puerta estrecha, del que nos estamos ocupando.

5.8- El felino divino que llevamos dentro

¿Qué significa este simbolismo felino que hay detrás de todos estos testimonios provenientes de Mesopotamia, del Valle del Indo, de Siberia, de Samarcanda, de

252   Ibid., p. 35.

253   Ibid, p. 35.

254   MANN, Charles C., *El nacimiento de la religión*, Nacional Geographic España, Junio 2010, p. 24.

Mesoamérica y de Göbekli Tepe? La respuesta es la conciencia desprovista de su vinculación con los sentidos, y después con la misma mente.

Todo remite a lo mismo: a dejarnos neutralizar por el felino que tenemos dentro para que emerja el Ser del que somos deudores. El mejor camino para conseguirlo son las técnicas de meditación. Cuando uno toma este camino entiende que Lao tsé indicase en el *Tao te King* que el camino recto es tortuoso. Uno no lucha contra nada ajeno ni contra nadie sino contra la percepción que tiene de sí mismo: su «yo». Para ello debe neutralizar su actividad pensante, conseguir que la conciencia no esté sujeta a pensamiento alguno, de la misma manera que un felino neutraliza a su presa.

El otro camino es el de las drogas enteógenas, mal llamadas alucinójenas. Es un camino rápido pero conviene advertir que no está exento de grandes peligros porque no todas las personas están preparadas para asumir la neutralización de su captación sensible del mundo físico ni, más allá de eso, conseguir eliminar cualquier tipo de pensamiento.

A esto hay que añadir algo fundamental: a través de las drogas nunca se llega al final del camino, pues éste es que seamos plenamente conscientes, en todo momento y circunstancias de la vida, de nuestra propia existencia eterna e incondicionada. A esta situación se llega paulatinamente, a través del progresivo perfeccionamiento del contenido de nuestros pensamientos. Y esto, por muy incómodo que nos resulte a los que no hemos llegado, ni de lejos, al final del camino, significa que pasa por el progresivo autodominio. Muy al contrario, el efecto que las drogas inflingen en la mente es, como le gustaba recordar a mi buen amigo André Malby, el mismo efecto que produce el dar una patada a una guitarra; esto no significa saber tocarla.

En este sentido, el análisis de buena parte de la iconografía mesoamericana, de la que después me ocuparé, demuestra que los chamanes o sacerdotes aztecas y mayas nunca alcanzaron un nivel de conciencia tan elevado al manifestado, por ejemplo, por Ramana Maharshi. A través de las drogas enteogénicas trascendieron su vinculación con el cuerpo pero no con la mente y, como más tarde veremos, su motivación no fue el servicio a los demás sino todo lo contrario.

5.9- Divina cornamenta en la Isla de Pascua

A pesar de los datos aportados hasta este punto, algunos lectores pueden considerar que toda esta interpretación simbólica acerca de los cuernos y del ataque felino como indicadores de la trascendencia del ser humano puede parecer arbitraria y sin relevancia. El autor, pensaran algunos de ellos quizás con razón, escoge entre los miles de ejemplos que ofrece el simbolismo presente en las tradiciones mitológicas y sagradas, y selecciona los que cuadran con su hipótesis de partida. Podría ser cierto. En todo caso, desde el primer momento he advertido que en esta obra se plantean hipótesis. Nada más. Pero tampoco nada menos.

Sin embargo, no deja de ser sorprendente que el simbolismo cornudo también aparezca en un enclave con una tradición única, aislada de todas las demás, y que es depositario de un legado sagrado del que, hoy por hoy, se sabe bien poco: Rapa Nui, más conocido por los no nativos como Isla de Pascua.

Realmente, es con propiedad que podemos decir que se sabe bien poco de su substrato de creencias. Esto es así porque las dos obras artísticas más representativas de esta isla, las monumentales estatuas denominadas Moai, y las tablas de madera inscritas con caracteres de apariencia jeroglífica denominadas Rongorongo, continúan siendo un misterio. Respecto a los Moai, porque no sabemos qué representan: ¿dioses? ¿ancestros? Asimismo, tampoco sabemos qué función tenían estas extrañas esculturas. Respecto a las Rongorongo, porque no sólo no sabemos el mensaje que contienen sino que, a día de hoy, todavía no hay acuerdo sobre si suponen un tipo de escritura o si representan un tipo de mensaje puramente ideográfico cuya función sería mnemotécnica, esto es: una ayuda a la memoria.

Para enmarcar el tema de estas tablas de madera con glifos hagamos primero un poco de retrospectiva.

El primer misionero en Rapa Nui, el Hermano Eugène Eyraud (1820-1868), describió la existencia de centenares de tablillas y de varas grabadas en un informe enviado a su superior en diciembre de 1864.[255] Sin embargo, en ese momento se dieron dos factores que condicionaron para siempre la historia de estas tablas y que han comportado que, a día de hoy, todavía no se sepa qué mensaje transmiten.

Hacia 1862 esclavistas del Perú llevaron a cabo en Rapa Nui una serie de razzias. Al secuestrar a la mayoría de los hombres para trabajar como esclavos en haciendas del Perú, se llevaron a los expertos en la composición e interpretación de las Rongorongo. Al morir éstos lejos de su tierra ancestral, el conocimiento para "leer" las Rongorongo se perdió.

Por otro lado, tras el paso de Eyraud por Rapa Nui, otros misioneros sin escrúpulos, considerándolas 'satánicas' lograron convencer a buena parte de

---

255   EYRAUD, E., «Lettres au T.R.P, Congrégation du sacré-cœur de Jésus et de Marie », *Annales Association de la propagation de la foi*, vol.38, Lyon 1866 : 52-61 et 124-138. El texto de la carta está disponible a través de la información de la Wiquipedia sobre el Rongorongo.

sus poseedores para que se deshicieran de ellas o que las utilizaran como combustible para calentarse o cocinar.

La denominada *Small Santiago*, una de las pocas tablas Rongorongo que existen en el mundo.

El resultado de tanta falta de entendimiento y respeto entre seres humanos es que sólo hayan sobrevivido unas 25 tablas con inscripciones Rongorongo que actualmente están en museos de diversos países. Ni una más. Si a esto sumamos que el clima húmedo de Rapa Nui pudre fácilmente la madera lo normal es que, si quedan tablas en algunas de las numerosas cuevas que hay en la isla, sólo quedará de ellas una masa informe de moho. De forma que el número de tablas de madera con inscripciones no se va a incrementar por más trabajos de arqueología y espeleología que se lleven a cabo en Rapa Nui.

A esto hay que añadir que, a día de hoy, no se ha encontrado ni una inscripción que contenga el mismo mensaje grabado en Rongorongo y en un sistema de escritura conocido. De haber existido dicha "piedra Rosseta Rongorongo" la traducción de las tablas con caracteres de apariencia jeroglífica hace tiempo que se habría resuelto. Pero no es así. El hecho de que, a día de hoy, ni tan sólo haya acuerdo sobre si las Rongorongo contienen un tipo de escritura, ha motivado que los más variados intérpretes de estas tablas grabadas hayan proliferado como setas[256] desde finales del siglo XIX, cuando las primeras tablas salieron de la isla y llegaron a manos de los especialistas.[257]

---

256 Mi pequeña aportación en este campo me eleva también a la condición de fúngido.

257 El lector interesado en los pormenores de la historia del desciframiento de las Rongorongo puede leer el extenso artículo que sobre las mismas hay en la Wikipedia así como la exhaustiva obra de Steven Roger FISCHER, *Rongorongo. The Easter Island Script, History, Traditions, Texts*, Oxford University Press, 1997.

Detalle de los signos que aparecen en la tabla Rongorongo *Small Santiago*.

De entre los trabajos que han condicionado la aproximación de los estudiosos al misterio de las Rongorongo destacan el del obispo Tepano Jaussen y el del epigrafista alemán Thomas Barthel.

Este último publicó en 1958 la obra *Grundlagen zur Entzifferung der Osterinselschrift* (Rudimentos para el desciframiento de la escritura de la isla de Pascua), en la que llevó a cabo lo que se debería de haber hecho desde el principio: realizar el primer catálogo de glifos así como describir sus propiedades. Al final, trataba de lograr un desciframiento factible que, sin embargo, no tuvo éxito.

El otro trabajo es bastante anterior al de Barthel y supuso el primer paso hacia alguna parte, pues hasta ahora no sabemos muy bien en qué dirección está la clave de las Rongorongo.

En 1871, el obispo Tepano Jaussen, que entonces se encontraba en Tahití y tenía consigo cuatro tablas inscritas, recopiló el significado de muchos de los signos gracias al testimonio de un informante de origen Rapa Nui. Este informante, Métoro Tau'a Ure, que en ese momento trabajaba como jornalero en Tahití, ha sido y continua siendo, a día de hoy, fuente de controversias porque no parece que su testimonio sea válido a la hora de interpretar el significado de las tablas.

El asunto es que, tras consultar el resultado de las traducciones de Métoro, el obispo Jaussen quedó algo decepcionado ya que dichas interpretaciones no se correspondían con algún tipo de himno, poema o narración que conservase algún tipo de coherencia temática. Por lo visto, el contenido de la recitación que Métoro llevaba a cabo cuando tenía delante cada una de las tablas inscritas remitía, sencillamente, a la forma exterior de los signos. Nada más. A pesar de esto, Jaussen recopiló el significado de los glifos recitados por Métoro y de esta manera estableció lo que debería ser el primer diccionario Rongorongo y que hoy se conoce como la *Lista de Jaussen*.[258] Veamos algunos de los significados que Métoro asignó a los glifos:

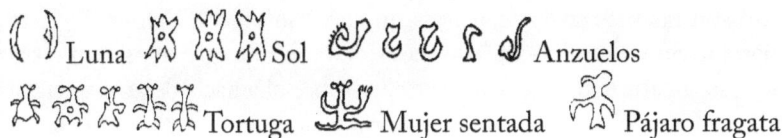

Luna   Sol   Anzuelos

Tortuga   Mujer sentada   Pájaro fragata

El resultado es que, hasta ahora, nadie ha podido avanzar un ápice en la interpretación de las Rongorongo a partir de la recitación de Métoro. Además, los datos que nos han llegado, basados en las anotaciones de Jaussen, sobre la forma en que Métoro "leía" las tablas, aportan todavía más dudas sobre la presunta competencia del Rapa Nui para interpretarlas. Y es que el método para "leerlas", denominado bustrofedón, es único de las Rongorongo: se empieza leyendo la última línea de izquierda a derecha, tras lo cual hay que voltear la tabla 180 grados.[259] Es decir: el recorrido de la lectura línea a línea es el mismo que sigue un tractor cuando ara un campo: recorre una línea, gira 180 grados y recorre la siguiente línea hasta el final, para volver a girar 180 grados. Por lo visto, Jaussen constató que Métoro no volteó la tabla los 180 grados al finalizar algunas líneas, de manera que en realidad estaba recitando al revés la secuencia de glifos, además de que en ese momento dichos glifos tenían que estar en posición invertida.

Esta y otras consideraciones han generado entre algunos especialistas la opinión de que dicho informante no es una fuente de información fiable que ayude a entender el mensaje de las tablas inscritas.[260]

Sin embargo, yo no prescindiría tan a la ligera de Métoro porque este Rapa Nui le señaló algo a Jaussen que, si bien al obispo y al resto de investi-

---

258   El "diccionario" está disponible en http://www.netaxs.com/~trance/frame.html

259   Es decir: ponerla al revés.

260   Guy, Jacques B. M., *Peut-on se fonder sur le témoignage de Métoro pour déchiffrer les rongo-rongo?*, Journal de la Société des Océanistes, 108, 1999-1, pp. 125-132.

gadores no dice nada, dentro del marco de los datos aportados en esta obra es tremendamente singular. En medio del marasmo de formas extrañas, a veces difusas o equívocas, que aparecen en las Rongorongo, se incluyen unas cuya apariencia no merece discusión alguna: dichos glifos muestran claramente figuras antropomorfas coronadas por un par de cuernos. El dato en sí puede parecer un tanto extraño porque en la época en que se grabaron los glifos —antes de la llegada de los europeos— no hay constancia de que hubiera ningún gran animal cornudo en la isla: no había ni ungulados ni serpientes con cuernos. Esto, insisto, hace que el glifo cornudo sea extraño.

La única conexión que he encontrado en Rapa Nui respecto el tema cornudo son las piedras crematorias que en 1868 vio J. Palmer.[261] Este investigador vio y examinó varios pilares de toba roja que se usaban en la cremación. La parte superior de uno de ellos sobresalía hacia delante y estaba dividida en dos secciones en forma de cuernos, aunque su forma redondeada hace dudar que se trate de astas. Sea como fuere, al pie de varios de estos pilares encontró muchos huesos quemados. Según parece, dichos pilares tenían por función la incineración de restos humanos. De manera que, a falta de trabajos de arqueología que encuentren y analicen alguna de estas piedras crematorias, podemos sugerir que en Rapa Nui también había la vinculación del motivo cornudo con la vida de ultratumba.

Esto es así porque, de acuerdo con el hoy denostado Métoro, los glifos cornudos que aparecen en las Rongorongo remiten a la idea de alcanzar el cielo o, lo que es lo mismo: a la trascendencia. Veamos el significado que Métoro asignó a dicho glifos:

: Él está en el cielo.

: Él permanece en el cielo, encima de la tierra.

: Él ha ido al cielo, encima de la tierra.

: Él se ha regocijado en el cielo.

En otra definición que no incluye al ser humano, pero sí al cielo, volvemos a encontrar los cuernos:

---

261 MELLÉN BLANCO, Francisco, *Manuscritos y documentos españoles para la historia de la isla de Pascua, La expedición del Capitán D. Felipe González de Haedo a la isla de David*, CEDEX, Madrid 1986, pp. 166-167.

: Cielo encima de una montaña.

La Lista de Jaussen deja claro que el atributo celestial de estas representaciones antropomorfas radica en la cornamenta. Esto es así porque el mismo "diccionario" establece que el significado de hombre o mujer, desvinculados de su atributo celestial, y a pesar de que mantienen la forma antropomorfa, no incluye la característica cornuda. Así tenemos:

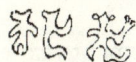

: Hombres.

: Él/ Ella.

Como contraposición destacada a los glifos cornudos referentes al cielo, también tenemos el glifo que, de acuerdo con Métoro, significa estar en la tierra y en el cual la figura antropomorfa representada aparece sin cuernos:

: Estar en la tierra.

Evidentemente, el tema de las Rongorongo es tremendamente complejo y, con toda probabilidad, más profundo que lo que algunos especialistas están dispuestos a reconocer. Muy poco se ha podido desvelar hasta ahora, como un muy probable calendario lunar en algunas tablas, pero por ahora ni tan solo se tiene la certeza de que los signos que aparecen en las Rongorongo supongan una forma de escritura. Por otro lado, nos queda una pregunta sin resolver: ¿De dónde sacaron los rapanui la idea de coronar un ser humano con un par de cuernos y astribuirle el simbolismo trascendente?

Sobre su contenido de fondo, merece la pena mencionar el testimonio del comandante del barco O'Higgins, Don Analecto Goñi, quien hacia 1870 preguntó a los rapanui sobre el significado de las tablas inscritas. Al interpelar a los isleños sobre el contenido de la tabla conocida como *Staff*, que es una de las Rongorongo donde aparecen figuras antropomorfas coronadas por un par de cuernos, éstos le señalaron el cielo y mostraron tanto respeto por la tabla inscrita en cuestión que el comandante consideró que los jeroglíficos remitían a algo sagrado.[262]

---

262   *Rongorongo. The easter island script. History, traditions, texts*, p. 456.

Visto lo cual, después de haber hecho un barrido por la India, Egipto, Mesopotamia, el chamanismo de Asia Central, el Islam de Samarcanda, la Grecia Clásica, los hopis de Norteamérica así como los mayas y los aztecas de Centroamérica, comprobamos como también en Rapa Nui, enclave que se caracteriza por la singularidad de su legado arqueológico —los Moai y las Rongorongo no se parecen a nada de lo que podamos encontrar en otra parte del mundo— encontramos la vinculación entre el motivo cornudo y la naturaleza sutil, no material, del ser humano. Al menos esto es lo que nos induce a considerar el testimonio de Métoro.

Tristemente los anónimos Rapa Nui, que muy probablemente experimentaron este otro nivel de realidad y supieron trasladar el contenido de su experiencia en las Rongorongo, trabajo que les llevó a transformar pequeños trozos de madera en verdaderas obras de arte, murieron en Perú trabajando como esclavos. Hoy, el único testimonio de que, con toda probabilidad, en esta isla también hubo detentadores de este otro tipo de autoconciencia que trasciende las limitaciones del cuerpo, nos llega a través de un jornalero del que sabemos bien poco: Métoro Tau'a Ure.

Capítulo 6
LA VIDA SECRETA DEL COSMOS...
Y DE LA MENTE

6.1- Un enfoque particular para la Esfinge de Giza

Hemos comenzado hablado de la Gran Pirámide y hemos explicado a qué se refería Ramana Maharshi cuando le indicó a Paul Brunton que el misterio de ese monumento era el misterio del Ser. También hemos tratado la importancia del simbolismo de dos tipos de animales que remiten a la naturaleza sutil del ser humano.

Por un lado a los animales que tienen cornamenta, como los bovinos y los ciervos, así como el ofidio *Cerastes cornutus*. Según la hipótesis desarrollada en este libro, estos cuernos remiten a las dos partes de las que está formada nuestra naturaleza sutil: uno de ellos remite a la capacidad de situar la mente más allá de los sentidos, dominio cognitivo que en el lenguaje tradicional judeocristiano denominamos alma; el otro ámbito remite a la capacidad de situar la mente más allá de sí misma, y que en la misma tradición denominamos espíritu. Este umbral se cruza cuando, utilizando el método que propone Maharshi, nos hemos remontado mentalmente buscando el origen de los pensamientos y nos hemos dado cuenta que hay uno del que derivan todos los demás: el pensamiento «yo». De acuerdo con Maharshi, si alcanzamos este umbral y fijamos la atención en este «yo» de forma ininterrumpida, éste se disolverá «como se disuelve un muñeco de sal tirado al mar» y vivenciaremos un estado de conciencia que está más allá de las coordenadas de espacio y tiempo. De acuerdo con el testimonio de todos los que han alcanzado dicho umbral, esto nos permitirá ser conscientes de nuestra naturaleza sutil, eterna y, por tanto, de nuestro propio substrato inmortal.

En este sentido, hemos indicado de pasada que en innumerables tradiciones, entre las que se incluye la de la Gran Pirámide, este acto a través del cual el «yo» se trasciende a sí mismo se explica a través de una metáfora:

141

la del paso por la puerta estrecha.[263] Sin embargo, en el presente trabajo nos hemos centrado en el simbolismo felino para explicar el tránsito de la conciencia ordinaria hacia la conciencia trascendente.

Hemos comprobado que cuando diferentes tradiciones explicaban el paso de la conciencia ordinaria a la conciencia trascendente mediante la imagen del león, del tigre o del jaguar, siempre se especificaba una característica inequívoca de su comportamiento: la del ataque para neutralizar a su presa. Según hemos visto, esto se debía a que esta situación remite a la misma idea que la de los cuernos, aunque está enfocada desde otra perspectiva. Y es que la acción del felino que neutraliza a su presa se utiliza como metáfora para indicar la actividad mental que es capaz de trascenderse, es decir, de neutralizarse a sí misma.

Así pues, la imagen del felino atrapando la presa es un símbolo de nuestra propia capacidad para controlar la forma sensorial a través de la cual percibimos el mundo y nos percibirnos a nosotros mismos, hasta el punto de trascenderla.

Para explicar esto hemos recurrido a ejemplos de distintas tradiciones, desde el felino hindú al mesoamericano, pasando por el pagano de Siberia, el musulmán de Samarcanda así como el depredador de la mitología griega o el que también está presente en Göbekli Tepe. Dicho itinerario nos ha servido para reconocer que la imagen del felino neutralizando su presa como alegoría de la iluminación mística está presente a lo largo y ancho del planeta.

Ahora bien: más de un lector habrá reparado en que a lo largo de este itinerario no me he referido a la imagen felina más conocida y desconcertante de toda la historia de la humanidad: la Esfinge de Giza. Si la he dejado para el final no ha sido porque me haya olvidado de ella o porque su razón de ser no encaje dentro de mi interpretación sobre el simbolismo felino. Al fin y al cabo, pensará el lector, se trata de un león en reposo, mientras que lo desarrollado hasta aquí señala a la imagen de un felino atacando a su presa. No, este no es el motivo por el que hasta ahora no he hablado de ella. Su postura de reposo es innegable y tiene su razón de ser.

Para proponer una hipótesis sobre el mensaje que nos está transmitiendo esta antiquísima mole pétrea con forma de león tenemos que dar un rodeo y abordar una serie de datos que provienen de campos científicos que, aparentemente, no tienen nada que aportar en la comprensión de la historia de la humanidad. Y es que, muy probablemente, no hay manera de hacer hablar a la imperturbable y desconcertante figura leonina de la Esfinge de Giza si no abordamos datos que provienen de la neurología, de la geología así como de la cosmología.

---

263   Este tema lo he desarrollado en *Conciencia. El enigma desvelado.*

6.2- Experimentos con el Casco de Dios

Desde hace más de dos décadas el Dr. Michael Persinger, jefe del Laboratorio de Neurociencia de la Universidad de Laurentian en Ontario, está investigando las alteraciones cognitivas que sufren los seres humanos cuando están expuestos a débiles campos electromagnéticos. De entre sus investigaciones ha destacado la que ha llevado a cabo con el conocido como Casco de Dios. Dicho artefacto contiene una serie de emisores de campos magnéticos que inducen, a la persona que lo lleva puesto, a que experimente estados alterados de conciencia.

© Dr. M. A. Persinger

Con este artefacto, denominado "Casco de Dios", numerosos voluntarios han tenido experiencias extracorpóreas o han percibido la presencia de seres que no existen físicamente.

Algunos de los participantes que han experimentado con el casco indican que han tenido la percepción que a su lado había alguien. Otros han tenido la visión de lo que identificaron como un ángel o un ser fallecido conocido por ellos; o bien señalaron que percibían un grupo de seres. Asimismo, de acuerdo con Persinger, un uno por ciento de los voluntarios que se han sometido al influjo de los campos electromagnéticos generados por este curioso artilugio reconocen posteriormente que han experimentado lo que es Dios. De acuerdo con este científico, estos testimonios revelan que los campos magnéticos a los que se ven sometidos los que experimentan con el casco activan un «patrón intrínseco de actividad neuronal compleja».[264]

---

264   HANCOCK, Graham, *Supernatural. Meetings with the Ancient Teachers of Mankind*, Century, London 2003, p. 510. La cita original se encuentra en: Michael PERSINGER in David M. JACOBS, *UFO's and Abductions*, p. 300.

Hoy por hoy, los trabajos de Persinger han sido criticados desde dos flancos: en primer lugar la ciencia no ha encontrado dicho «patrón intrínseco» que explique la supuesta «actividad neuronal compleja» que da lugar a dichas visiones o experiencias. En segundo lugar, otros grupos de investigación han intentado sin éxito reproducir los mismos resultados. Por todo ello, la comunidad científica discute la validez de los resultados de los experimentos de Persinger. Entonces, ¿cómo explicar el testimonio de algunos voluntarios que declaran haber tenido alguna experiencia paranormal? Para buena parte de la comunidad científica la respuesta es simple: las supuestas experiencias son fruto de la autosugestión y, por lo tanto, no tienen ninguna base real.

Podría ser que así fuera. Sin embargo, se da el caso que los experimentos de Persinger se alinean en un ámbito de investigaciones que generan resultados parecidos y sobre los que no hay discusión sobre su validez. Veamos muy sucintamente algunos ejemplos de este tipo de experimentos.

En Toronto se constató que, tras la colocación de unos electrodos a una paciente para inducirle una reducción del apetito, lo que se consiguió fue, sin embargo, un incremento en la capacidad de aprendizaje así como de la memoria.[265]

En otro experimento, un grupo de investigadores del Hospital Universitario de Ginebra, en Suiza, dirigidos por Olaf Blanke, indujeron experiencias extracorpóreas a una paciente afectada de epilepsia[266] al instalarle electrodos para estimular su cerebro. Concretamente, bajo los efectos de los campos magnéticos generados por los electrodos, la paciente reconocía que tenía la sensación de flotar cerca del techo y declaró sin reparos que «me veo a mi misma estirada en la cama, abajo…».

Si uno hace una recopilación algo exhaustiva de este tipo de experimentos se dará cuenta de un factor subyacente tremendamente sugestivo: la enorme plasticidad de la conciencia del ser humano. Asimismo, constatará que la percepción que tenemos del mundo y de nosotros mismos es sólo una concreción formal extraída de un abismo insondable de posibilidades.

¿Puede ser que estemos encontrando las bases que nos demuestren que participamos de una naturaleza sutil que no captamos a través de nuestra cognición ordinaria? Probablemente, porque a lo que hemos dicho hasta ahora se puede añadir una observación interesante.

---

265 LAURANCE, Jeremy, *Scientist Discover way to reverse loss of memory*, The Independent, 30 de enero del 2008.

266 BLANKE, Olaf, con ORTIGUE, Stephanie; LANDIS, Theodor; y SEECK, Margitta, *Neuropsychology: Stimulating illusory own-body perceptions*, Nature, 2002 Sep 19; 419 (6904): pp. 269-270.

6.3- Cristales de magnetita en el cerebro

En 1992 el geólogo británico J. L. Kirschvink publicó[267] una investigación en la que revelaba que el cerebro del ser humano está plagado de magnetita. Para ser más precisos, el estudio encontró que en la mayoría de los tejidos del cerebro del ser humano hay un mínimo de cinco millones de cristales de magnetita por gramo.

Este descubrimiento es muy importante, porque si a él añadimos que los lugares de la Tierra donde se generan intensos campos magnéticos son los telúricamente inestables, esto podría explicar por qué los antiguos manifestaban un interés que rozaba la locura por erigir monumentos sagrados en zonas sísmicamente activas. Al fin y al cabo, estos conjuntos monumentales tienen en común que en ellos se evocan realidades más sutiles que la que captamos por los sentidos en nuestro estado de conciencia ordinaria.

Los ejemplos más evidentes de esta probable relación causa-efecto entre nuestros cerebros sensibles a los campos magnéticos y las zonas del planeta magnéticamente inestables los tenemos en Tiawanaku, Cusco, Teotihuacan, Giza, Jerusalén, Creta, Rapa Nui, Pohnpei o Delfos, entre otros.

¿Podría ser que las alteraciones telúricas presentes en estos enclaves hubiesen modificado la percepción física de la realidad de algunos individuos especialmente sensibles a dichos campos electromagnéticos? Esto podría no ser tan descabellado, al fin y al cabo es lo que hoy constatan algunos de los voluntarios que experimentan con el Casco de Dios de Michael Persinger.

Por otro lado, puede que esta predilección de los seres humanos por establecerse en este tipo de lugares no sea exclusiva de los tiempos históricos. En un trabajo publicado en el año 2011 en el *Journal of Human Evolution*,[268] los investigadores concluyeron que los lugares tectónicamente activos potenciaban la evolución de los homínidos. Según la investigación, esto era así porque dichos enclaves proveyeron de importantes recursos a nuestros ancestros, incluyendo el acceso al agua, a una mayor biodiversidad,

---

267   KIRSCHVINK, J.L.; KOBAYASHI-KIRSCHVINK, A.; and WOODFORD, B.J., *Magnetite biomineralization in the human brain*, Proc Natl Acad Sci USA, 1992 August 15; 89(16): 7683–7687. Para los no especialistas les recomiendo la lectura del artículo de Jesús Martínez-Frías *Diminutos cristales de magnetita en el cerebro*, El País, miércoles 22 de enero de 1997, p. 24.

268   BAILEY, G.N., REYNOLDS, Sally and King, G.C.P. (2011) *Landscapes of human evolution : models and methods of tectonic geomorphology and the reconstruction of hominin landscapes.* Journal of Human Evolution. 60 (2011) 257-280, pp. 257-280.

a una mayor protección frente a depredadores así como una mayor ventaja competitiva respecto a otros animales. Sin embargo, a estos factores potenciadores de la evolución que, por cierto, no me parecen nada exclusivos de los lugares tectónicamente inestables, tal vez conviene añadir la influencia de estas zonas en los procesos cognitivos de los homínidos.

Hoy por hoy, la interacción entre procesos geológicos y la mente humana es un campo de conocimiento que no despierta demasiado el interés de los historiadores o de los neurólogos. Probablemente porque la ciencia responde cada vez más a intereses empresariales y de grupos de poder y no está claro qué rendimiento económico podría derivarse de un estudio de este tipo, que en sí mismo ha de ser bastante complejo. Hasta ahora, uno de los pocos científicos que ha dado algunos pasos en esta área de conocimiento es el mismo Persinger, quien ha demostrado que los campos electromagnéticos generados antes de un terremoto pueden interactuar con el cerebro humano y producir unos efectos semejantes a los que genera la ingestión de drogas enteógenas, mal llamadas alucinógenas.

Según el mismo investigador, esto explicaría por qué a veces personas que están en un mismo lugar pueden tener el mismo tipo de «alucinaciones». Según mi hipótesis, esto explica también por qué en lugares telúricamente activos el ser humano es capaz de llevar a cabo las creaciones y testimonios más extraordinarios e inexplicables desde el punto de vista de la conciencia ordinaria. Basta darse una vuelta por Sacsaihuamán, Tiwanaku o Giza para darse cuenta de ello.

6.4- Campos electromagnéticos que barren el cosmos

En el ámbito de la astrofísica, el estudio de los campos electromagnéticos también está generando datos de lo más interesantes para la hipótesis que después propondré con respecto a la Esfinge y a las distintas tradiciones que nos hablan de diluvios catastróficos. El cosmos, conviene remarcar, no es un espacio inerte y vacío. Los cuerpos celestes, como las estrellas, los quasares, las supernovas…, generan campos electromagnéticos que se extienden a su alrededor, barriendo de esta manera el espacio e interactuando entre ellos. El resultado de ello es la existencia de lo que bien podemos llamar una ecología cósmica de gran complejidad y que hoy empezamos a conocer gracias a que disponemos de la tecnología necesaria para detectarla.

El primer descubrimiento en este ámbito de conocimiento se llevó a cabo en 1859 cuando dos científicos, Richard Christopher Carrington y Richard Hogdson, observaron un repentino estallido de energía que, en forma de llamarada, emergía de la atmósfera del Sol. Al día siguiente se constató una tormenta geomagnética y Carrington sospechó que existía una relación entre ésta y la llamarada.

Hoy sabemos que el Sol expulsa de forma continua partículas cargadas eléctricamente, básicamente electrones y protones. Sin embargo, cuando se dan las oportunas condiciones de temperatura y velocidad, se produce un abrupto incremento en la emisión de dichas partículas. Entre los destinatarios de este estornudo solar está la Tierra. ¿Qué ocurre en ese momento? Que dicha emisión interactúa con el campo magnético de nuestro planeta.

Este campo, denominado magnetosfera, se genera a través del fluido de hierro fundido que hay debajo de la corteza terrestre. Debido a que este patrón de circulación está afectado por la rotación del planeta, el campo magnético resultante normalmente se alinea con el eje de rotación de la tierra. Esto da lugar a la confluencia de los polos magnéticos con los polos norte y sur geográficos. La imagen con la que se puede quedar el lector es la de la Tierra como un inmenso imán cuyos polos positivo y negativo coinciden usualmente con los polos geográficos del planeta.

Hasta hace poco se pensaba que esta magnetosfera desviaba parte del viento solar de manera que formaba un escudo que lo protegía de los haces de partículas provenientes del Sol. En esta situación, las partículas emitidas por nuestra estrella más cercana sólo penetrarían en la alta atmósfera por las áreas de la superficie del planeta en donde también en la magnetosfera penetra en su interior: los polos magnéticos. Esta es la causa que en el planeta se produzcan las auroras boreales, en el norte, y las auroras australes, en el sur.

Fuente: Wikipedia
Aurora boreal en el cielo de Alaska.

Sin embargo, la utilización de los cinco satélites Themis, de la NASA, y los cuatro Cluster, de la ESA, que tienen por misión el estudio de la magnetosfera terrestre, muestran que las cosas no son tan sencillas. En el año 2008 se observó cómo el Sol liberó una moderada ráfaga de viento solar. Nadie pudo prever lo que ocurrió después cuando dichos haces de partículas subatómicas alcanzaron la Tierra: como si fueran un pulpo cuyos tentáculos envuelven un gran crustáceo, los campos magnéticos solares se tendieron alrededor de la magnetosfera e intentaron abrirla. Finalmente lo consiguieron a través de un proceso que se denomina «reconexión magnética». El resultado de esta reconexión conllevó que el lado de la magnetosfera que en ese momento daba al sol estuviera totalmente abierta al viento solar. El astrofísico del Goddard Space Flight Center de la NASA, David Sibeck, reconoció en su momento que «este hallazgo altera fundamentalmente nuestra comprensión de la interacción entre viento solar y la magnetosfera».[269]

En otro trabajo un equipo internacional de investigadores informaba que había encontrado un «desconcertante» excedente de electrones de alta-energía que bombardean la Tierra desde el espacio.[270] Es decir, que se constataba el impacto sobre nuestro planeta de un tipo de energía cósmica de la que no se tenía constancia hasta ese momento. Hay que aclarar que en el seno de la paleontología hay una postura, bien que minoritaria, que atribuye la causa de la extinción de los dinosaurios a un gran «excedente» de estas partículas —denominadas rayos gamma, y que son los fotones con más energía que produce la naturaleza— procedentes de la explosión de una estrella, o supernova.

A estos datos hay que añadir el descubrimiento que la atmósfera de la Tierra también puede generar rayos gamma e incluso antimateria, lo que ha provocado que los mismos investigadores de estos fenómenos reconozcan que «en la atmósfera hemos detectado energías cuya presencia pensábamos que era imposible»,[271] lo que les lleva a asumir que «la atmósfera es un lugar más extraño de lo que podríamos haber imaginado».[272]

269   Artículo disponible en http://science.nasa.gov/science-news/science-at-nasa/2008/16dec_giantbreach/

270   Artículo disponible en http://science.nasa.gov/headlines/y2008/19nov_cosmicrays.htm

271   Dwyer, Joseph R., and Smith, David M., *Deadly rays from clouds*, Scientific American, August 2012, pp. 55-59.

272   Ibid, p.55.

Pero volviendo al ecosistema cósmico, su mayor conocimiento ha generado en los últimos años evidente interés debido a que, en caso que el planeta sea bombardeado de forma suficientemente intensa, dicho fenómeno puede conllevar el fin de la civilización urbano industrial. El 13 de marzo de 1989 una tormenta de este tipo dejó sin luz a seis millones de habitantes de Québec porque el estornudo solar había inutilizado los transformadores de las compañías eléctricas. Este episodio es un poco alarmante porque en esta ocasión el viento solar tenía un tercio de la intensidad que se registró en el episodio de 1859, cuando se descubrió este fenómeno por primera vez. Dicho de otra manera: si hoy en la sociedad tecnificada e interconectada en que vivimos ocurriera un episodio de viento solar como el de 1859, el impacto sería equivalente a 20 huracanes Katrina y la recuperación conllevaría una década. Así pues, el estudio de la actividad solar puede parecernos cualquier cosa, menos banal.

Sin embargo, considero que el estudio del ecosistema cósmico merece atención por otro motivo. Porque, tras lo apuntado hasta aquí a través de los trabajos de Persinger, Blanke, Kirschvink, así como a través de los datos aportados por los satélites de las agencias espaciales norteamericana y europea, se me revela como totalmente pertinente la siguiente pregunta: ¿Puede un haz de energía electromagnética procedente del cosmos incidir de forma dramática en la mente de los seres humanos, alterando por ello los procesos de captación del mundo así como los de la autoconciencia?

Lo que argumento a partir de ahora es que no sólo es posible sino que dicho acontecimiento está consignado en todas las tradiciones sagradas. Dicho suceso es el del Diluvio Universal, cuyo significado cobra sentido si se hace una lectura simbólica de los textos a través de los cuales nos ha llegado.

Capítulo 7
EL DILUVIO QUE AFECTÓ
LA CONCIENCIA

7.1- El diluvio cognitivo en Mesopotamia

Vayamos, por ejemplo, al relato del diluvio que aparece en *La Epopeya de Gilgamesh* y que tendrá unos 4.000 años de antigüedad. Recordemos que, según esta narración, Gilgamesh estaba compuesto de dos partes divinas y una humana, y que se tuvo que desprender de esta última en el tramo final de su viaje —cuando cruzó las Aguas de la Muerte junto con el barquero UrShanabi, el «Servidor de Dos Tercios»— para llegar al lugar en el que vivía Utanapishtî, el superviviente del diluvio.

Una vez que Gilgamesh alcanzó la otra orilla, Utanapishtî le contó cómo alcanzó la inmortalidad: el dios Enki le advirtió que los dioses habían acordado destruir la humanidad mediante un diluvio. Para salvarse, Enki le dio las instrucciones para que se construyera un arca. Según mi interpretación, esta arca es una metáfora de la conciencia humana. En el relato encontramos los siguientes pasajes a favor de esta hipótesis:

1- En el primero de ellos, cuando Utanapishtî recibe las instrucciones para construir la embarcación, pregunta a Enki qué es lo que debe decir al resto de personas. Al fin y al cabo, es evidente que considerarán extraño que se construya un arca. Según Enki, Utanapishtî debe decir lo siguiente:

> *Temo que Enlil*
> *Se me ha puesto en contra*
> *No permaneceré, pues, más tiempo*
> *En vuestra ciudad,*
> *No volveré a poner los pies*
> *Sobre el territorio de Enlil*
> *Sino que descenderé al apsu*

Para vivir junto a mi señor Ea
Entonces Enlil hará que llueva sobre vosotros.[273]

Hay que señalar que en la versión más antigua del diluvio, la que aparece en *El Poema del Muy Sabio*, se especifica que el promotor de la catástrofe es el dios Enlil. Recordemos que vinculamos a este dios, de conducta totalmente pasional, con la parte de nuestra naturaleza que se corresponde con la realidad física que nos llega a través de los sentidos corporales. De tal manera, de este primer fragmento de la epopeya nos interesa que Utanapishtî debe descender al *apsu* para vivir con su dios Ea (nombre en acadio de Enki) mientras que la lluvia de Enlil afectará al resto de seres humanos.

Partiendo de la terminología de Ramana Maharshi, esto significa que Utanapishtî se sumergirá dentro de sí mismo. Es decir: fijará su conciencia en su propio *apsu* que, como hemos visto, se corresponde con ese estado de conciencia en el cual la mente se desliga de la información que le llega a través de los sentidos. Dicho de otro modo: el carácter catastrófico del diluvio no se sitúa a nivel atmosférico sino a nivel cognitivo: consiste en el bloqueo de la capacidad que tiene la mente humana de conectar con la realidad sensible. Dicho ámbito de realidad que se bloquea, o que se destruye, se corresponde con el dominio de Enlil, la deidad que es, precisamente, la creadora de dicha catástrofe.

¿Qué ocurrirá con el resto de seres humanos? Pues que se verán afectados por la "lluvia" de Enlil porque su dominio cognitivo se sitúa al nivel de la conciencia ordinaria, que se corresponde con la captación sensorial del mundo y del propio cuerpo físico. Estos seres humanos no se salvan del diluvio porque no son capaces de hundirse en su propia mente, en su propio *apsu*, su ámbito de conciencia que está más allá de los sentidos. Su «yo» se ha construido únicamente en base a la percepción física de la realidad —recordemos que Enlil es esclavo de los apetitos de su cuerpo— y ésta es su perdición.

2- En el segundo pasaje, el texto hace referencia a una particularidad de la botadura del arca:

El barco estaba acabado.
Pero como su botadura era muy difícil
Colocamos, desde arriba hasta abajo,
Rodillos para facilitar el deslizamiento,

---

273   *La epopeya de Gilgamesh*, pp. 218-219.

Hasta que ambos costados
Estuvieron sumergidos en sus dos terceras partes.[274]

Este segundo pasaje no solamente está estrechamente vinculado con el primero sino que apunta exactamente en la misma dirección, lo que da más peso a la interpretación cognitiva de lo que hemos dicho en estas últimas líneas. El factor clave de este nuevo episodio es la indicación de que el arca está sumergida en sus dos terceras partes.

Este dato es fundamental. Recordemos el proceso de la creación del hombre en *El Poema del Muy Sabio:* el ser humano se compuso de dos partes divinas —que provienen de la sangre y la carne del dios Wê— y de una parte humana —la arcilla. La sangre se correspondía con el espíritu; la carne, cuya razón de ser era guardar al ser humano del olvido, es decir que su finalidad era proveer al ser humano de memoria, se correspondía con el alma, mientras que la arcilla se correspondía con el cuerpo.

Fuente: Wikipedia
Tablilla del diluvio de *La Epopeya de Gilgamesh*, escrita en acadio,
y que actualmente se conserva en el Museo Británico.

Así pues, si dos tercios del arca permanecían sumergidos debajo del agua esto significa que los dos tercios divinos del ser humano —la sangre (espíritu) y la carne (alma) del dios Wê— se correspondían con la parte que sobrevivió al diluvio. El otro tercio, la naturaleza arcillosa, que equivalía

---

274   Ibid., p. 221.

a nuestra naturaleza física, quedó expuesta al campo de acción de Enlil y, por tanto, fue destruida.

Por lo demás, los dos tercios del arca que permanecían sumergidos debajo del agua se sitúan, por tanto, en el ámbito de las aguas cósmicas subterráneas, el dominio del *apsu*, que es el dominio de la mente desligada de su vinculación con los sentidos.

Además, encontramos la interesante correspondencia entre el dios Enki, cuyo valor numérico dentro del sistema sexagesimal mesopotámico era 40 (dos tercios de sesenta), y el hecho que hiciera construir un arca que se hundiera asimismo en el *apsu* dos tercios de su volumen.

3- El tercer fragmento alude a la decisión de Enlil en relación a lo que espera a Utanapishtî tras sobrevivir al diluvio:

> *Utanapishtî, hasta ahora, era sólo un ser humano*
> *En el futuro, él y su mujer*
> *Serán semejantes a nosotros, los dioses,*
> *Pero vivirán alejados en la "Desembocadura de los Ríos".*[275]

Este tercer pasaje aporta todavía más fundamento a esta interpretación cognitiva del diluvio. Tal y como indica el relato, el dios Enlil decide que, tras sobrevivir a la catástrofe, Utanapishtî y su esposa lleven a partir de entonces una vida semejante a la de los dioses. Para ello, les asigna un lugar concreto en el que vivirán: la desembocadura de los ríos. La identificación de este enclave ha generado, desde hace decenios, ríos de tinta entre los asiriólogos y aún hoy el misterio no parece resuelto en su totalidad. Sin embargo, si aplicamos la misma clave de la que nos hemos servido hasta ahora, si recurrimos al mismo punto de anclaje, el misterio tiene una respuesta plausible.

Hace casi un siglo, el investigador W. F. Albright llamó la atención de que en algunos textos mesopotámicos la expresión «desembocadura de los ríos» estaba vinculada al dominio cósmico de Enki.[276] Por su parte, el asiriólogo de la Universidad de Oxford A. R. George, autor del trabajo más completo y actual que hasta hoy se ha hecho de *La Epopeya de Gilgamesh*,[277] propone la misma asimilación pero basándose en otro argumento: de acuerdo con

---

275 Ibid., p. 231.

276 ALBRIGHT, W. F., *The mouth of the rivers*, The American Journal of Semitic Languages and Literatures, Vol XXXV, Number 4, july 1919, pp. 161-195.

277 *The Babylonian Gilgamesh Epic, Introduction, critical edition and cuneiform texts.*

el mito sumerio de *Enki y Ninhursag*,[278] la desembocadura de los ríos es el lugar en el que el agua del río emerge del *apsu*.

Estas interpretaciones inducen a pensar que Utanapishtî y su esposa fueron destinados a vivir en el *apsu*, el dominio de Enki o, más concretamente, en el lugar del cual el *apsu* emana o se manifiesta. Así pues, y en contra de todos los asiriólogos que buscan el lugar geográfico en el que los creadores de estos relatos se habrían basado para situar a los supervivientes del diluvio, sostengo que éste no es un lugar físico sino un ámbito cognitivo: el dominio de la mente desligada primero del cuerpo y de la misma mente después.

En este sentido, la expresión «desembocadura de los ríos» contiene una connotación que aporta peso a lo que estamos diciendo. En Mesopotamia esta expresión, que no encontramos en otras tradiciones, encuentra una correlación inequívoca a nivel geográfico: es el lugar en donde se unen el Tigris y el Eufrates y que es, a su vez, el sitio en el que ambos ríos alcanzan el mar, se funden en él. Puesto que, como vamos comprobando, el mensaje subyacente que transmite la epopeya es universal, lógico es pensar que la interpretación simbólica de la «desembocadura de los ríos» también lo sea. No es demasiado aventurado proponer que los antiguos mesopotámicos atribuyeron a cada uno de estos ríos, que se acaban uniendo, una de las dos partes divinas de las que se compone el ser humano: la sangre del dios Wê, que aportó el espíritu, y la carne del mismo dios, que aportó el alma. Es decir, los mesopotámicos señalaban la idea universal de la unión del alma al espíritu a través de una imagen que tenía clara correspondencia con la realidad física: la unión de los dos grandes ríos en un lugar en donde, además, desembocaban en el océano. Este lugar no puede ser otro que el límite más profundo del *apsu* donde, según los mismos textos mesopotámicos, se situaba un león.

En este sentido, no está de más añadir que el mismo Maharshi también recurría varias veces a la imagen de «los ríos que se pierden en el océano»[279] para explicar la pérdida de individualidad que sigue a la experiencia de la iluminación.

A favor de la presencia en Mesopotamia de esta interpretación mística de la expresión «desembocadura de los ríos» tenemos un dato que proviene de la representación del dios Enki. Dicha deidad se representaba con dos

---

278 Texto disponible en la muy recomendable recopilación de mitos, llevada a cabo por Samuel NOAH KRAMER y Jean BOTTÉRO en *Cuando los dioses hacían de hombres. Mitología mesopotámica*, Akal Oriente, Madrid, 2004.

279 *Talks with Sri Ramana Maharshi*, p. 103, diálogo 105; p. 106, diálogo 108; p. 159, diálogo 187 y p. 179, diálogo 204.

corrientes de agua que emanaban de sus hombros y que, según los asiriólogos, representan el Tigris y el Eufrates.

Esta interpretación sería coherente con la expresión «desembocadura de los ríos», que equivale a la «unión de los ríos», el lugar donde Enlil decidió que viviera Utanapishtî, el superviviente del diluvio. Por lo demás, es lógico que este lugar en donde va a vivir el superviviente del diluvio esté relacionado con el dominio más puro del dios que, precisamente, lo ha salvado de la catástrofe: Enki.

Evidentemente esta asociación, entre la parte más profunda del *apsu* con la mente que no sólo trasciende los sentidos sino que se trasciende a sí misma, y el substrato del ser humano que sobrevive a la muerte física, puede parecer faltada de rigor. Puede no parecerlo tanto si tenemos en cuenta un aspecto llamativo de estas dos corrientes de agua que se reúnen en Enki: los peces que contienen. Esto es importante porque en la antigua Mesopotamia los peces eran atributos de las divinidades[280] y, más en concreto, aparecen en escenas de marcado carácter místico[281] así como funerario.[282] Y en este punto hay que recordar el simbolismo divino de los peces que aparecían en los sellos Shiva Pashupati de la civilización del Valle del Indo.

Es decir, parece claro que el pez remitía a la naturaleza trascendente del ser humano, a aquella naturaleza que queda liberada tras la muerte física y que le conectaba con lo divino. Todo lo cual es coherente con la interpretación que hemos hecho del *apsu*, el dominio del dios Enki, ámbito que, como hemos visto, se mueve entre dos límites. El más burdo se corresponde con la mente desprovista de su vinculación con los sentidos corporales, y por lo tanto, con la mente desligada de la captación sensible del mundo físico. El más sutil se corresponde con el de la mente que se trasciende a sí misma, motivo por el cual, al disolver cualquier tipo de pensamiento, incluído el pensamiento «yo», disuelve cualquier creación mental.

Finalmente, analicemos hasta qué punto es válido interpretar el concepto de la «unión de los ríos» del relato mesopotámico con la unión del alma y el espíritu, como expresión de la culminación del viaje trascendente del ser humano. Para comenzar, la interpretación mística que hemos hecho del lugar en el que fue confinado a vivir el superviviente del diluvio tiene su correspondencia con la tradición hindú y, más concretamente, con la

---

280   van BUREN, E. Douglas, *Fish-offerings in Ancient Mesopotamia*, Iraq, 1948, Vol. 10, N° 2, p. 101.

281   Ibid., pp. 102, 115-116 y 119.

282   Ibid., pp. 107-108, 116 y 120.

razón de ser del yoga. Dejemos que nos lo aclare, una vez más, el sabio de la Arunáchala:

Visitante: *¿Cuál es la utilidad de la práctica del yoga? ¿Tiene una utilidad personal o bien es provechosa para el mundo?*
Maharshi: *Yoga significa unión de dos entidades. ¿Cuáles son? Busque. La utilidad o el provecho son en relación con un centro. ¿Qué es este centro? Busque.*[283]

¿Qué es lo que Maharshi pedía que buscasen los devotos que acudían a él en busca de consejo e inspiración? Que buscasen dentro de sí mismos; que buscasen su propio centro. ¿Cómo podían, y podemos, conseguirlo? Primero es necesario desligar la actividad mental de su vinculación con lo físico, dominio que en Mesopotamia personifica el dios Enlil porque, de acuerdo con mi interpretación, era el dios que personifica la conciencia ordinaria mediante la cual captamos la realidad a través de los sentidos.

El sabio de la Arunáchala indicaba que, a partir de este estado cognitivo en el que la mente funciona al margen de la realidad física, y que en el mundo Mesopotámico equivale a la parte más superficial del dominio de Enki, el *apsu*, fueran profundizando paso a paso —esto es, undiéndose más y más en su propio *apsu* o mente— hasta alcanzar la fuente de la que mana la percepción del «yo». Una vez alcanzado este umbral, el meditador sólo podría dejar fundir, disolver, su «yo» en dicha fuente.

Por lo demás, esta interpretación mística de la unión de los ríos mesopotámica que encuenta una explicación mística y racional en la tradición sagrada hindú, puede explicar el origen de uno de los atributos fundamentales de los faraones del Antiguo Egipto y que, muy probablemente, debido al poso materialista científico de los egiptólogos, éstos no han entendido. Me refiero a que en el Antiguo Egipto se consideraba que los faraones eran los "Unificadores de las Dos Tierras". Los académicos indican que esta expresión hace referencia a la "federación" política y económica que se originó entre el norte y el sur de Egipto hacia el 3000 a.C. Según los egiptólogos dicha conquista la llevó a cabo Menes —o Narmer— quien aparece en una paleta tocado con dos coronas, una roja y otra blanca, que se vincularían con el norte y el sur de Egipto respectivamente. Pero como en realidad no hay documentos claros que nos indiquen que, realmente, existió tal unión entre el norte y del sur de Egipto, lícito es que nos planteemos si estas coronas, blanca y roja, que simbolizaban una unión,

---

283 *Talks with Sri Ramana Maharshi*, p. 508, diálogo 507.

en realidad no remitían a lo mismo a que nos hace referencia la "unión de los ríos" en Mesopotamia, o a la unión-yoga de la tradición hindú. Al fin y al cabo, el faraón era considerado un ser semidivino, un auténtico "pontífice", intermediario entre el mundo espiritual y divino, y el mundo físico, material. Dicho claramente: simbolizaba y tenía como misión fundamental ser el lugar de unión entre estos dos extremos, atributo que les otorgaba legitimidad ante los demás.

Volviendo al Creciente Fértil, conviene recordar una vez más que los mesopotámicos situaban un león en lo más profundo del *apsu*-mente, mientras que Maharshi y el texto del *Yoga Vasishtha* utilizaban la metáfora del león que neutraliza a su presa para explicar la capacidad que tiene un individuo de despojar a su mente de cualquier pensamiento, incluído el pensamiento «yo». Finalmente, al conseguir fijar la atención en la fuente de la que mana la percepción de su «yo», éste se trascendía a sí mismo.

Esta unión yógica de nuestra naturaleza mental, despojada de los sentidos y de la propia mente, con la fuente de la que mana, es la «unión de los ríos» mesopotámica en donde fue confinado a vivir Utanapishtî, el superviviente del diluvio. Por lo tanto, decir que Utanapishtî fue recompensado por los dioses a vivir en este extraño enclave significa, en lenguaje de Ramana Maharshi, que Utanapishtî encontró su Ser. Como hemos visto, la tradición mesopotámica identifica este lugar con el hecho de llevar una vida «igual a la de los dioses», mientras que el Ser se alcanza cuando uno experimenta su propia eternidad. Es decir, que ambas tradiciones utilizan referencias aparentemente distintas que, sin embargo, significan lo mismo.

Esta igualdad subyacente de contenido puede parecer demasiado rebuscada, sin embargo conviene tener presente un dato más que hace totalmente coherente esta idea de que Utanapishtî encontró su Ser: en sumerio, Utanapishtî significa «encontró la vida». En el marco de la epopeya, evidentemente se refiere al premio que le otorgaron los dioses: la inmortalidad que es, precisamente, lo que significa el Ser, el nirvana de los hindúes.

Finalmente, y en lo que concierne a esta interpretación cognitiva del Diluvio en Mesopotamia, hay que señalar una curiosa casualidad. En octubre del año 2011, el Centro de Predicción Meteorológica Espacial del Gobierno de los Estados Unidos innauguró un modelo numérico que trata de predecir cuando se producirá un estornudo solar. Dicho modelo numérico se denomina, precisamente, Enlil, en tanto que dios sumerio de los vientos. Los científicos que han utilizado esta denominación no saben hasta qué punto ésta es pertinente.

7.2- Bloqueo de la conciencia sensorial también en América

Tras esta interpretación cognitiva del diluvio mesopotámico la decodificación del mismo acontecimiento en la América precolombina se nos hará mucho más clara.

En el mundo andino, la palabra que los quechuas utilizaban para referirse a la catástrofe provocada por un diluvio que, según sus tradiciones, aconteció en el pasado, era *pachacuti*.[284] Dicho vocablo significa, literalmente, «el fin del mundo o una grande destrucción».[285] Asimismo, la expresión *pacha kuti pacha tikra*, que se utilizaba para indicar tal cataclismo, significaba «dar vuelta el mundo trayendo lo de adentro afuera».[286] Esto es coherente con lo que hemos interpretado respecto del Diluvio en Mesopotamia: la mente sutil, que es lo que está adentro de todos nosotros, se manifestó —es decir, "se trajo afuera", en palabras de los pueblos andinos— tras quedar eliminada la percepción sensorial de la realidad física.

Por su parte el investigador William Sullivan, en su obra *El secreto de los Incas*, indica que *pachacuti* significa «volcar el espacio-tiempo».[287] Y esta asimilación es coherente con nuestra hipótesis cognitiva del diluvio. Al fin y al cabo, hemos comprobado que se trata de algo que afecta radicalmente la percepción sensible de la realidad y, por lo tanto, afecta, a su vez, las coordenadas espacio-temporales. Así pues, la forma en que los pueblos andinos se referían al Diluvio es coherente con la interpretación cognitiva y no atmosférica de dicho fenómeno. Y es que este relato es absurdo si su contenido, transmitido por innumerables tradiciones sagradas, es interpretado de forma literal y no simbólica.

Respecto a estas consideraciones del diluvio andino, no está de más referenciar uno de los poemas devocionales que Maharshi dedicó a Arunáchala. En un pasaje de estos poemas, en el que aludió a su temprano despertar espiritual, utilizó la siguiente metáfora:

---

284   Las referencias del *Pachacuti* andino se encuentran en la obra, publicada originalmente en 1615, *Nueva Corónica y buen Gobierno*, del indio mestizo Felipe GUAMÁN POMA de Ayala. En la edición del Fondo de Cultura Económica las referencias están en las páginas XXIII, 44 y 76 del primer volumen.

285   Ibid., vol. III, p. 96.

286   Ibid., vol. III, p. 96.

287   SULLIVAN, William, *El secreto de los Incas*, Ed. Grijalbo, Barcelona 1999, p. 49.

Buscando Tu Ser Real con coraje, mi balsa volteó y las aguas cayeron sobre mí. Ten misericordia de mi, ¡Oh Arunáchala![288]

Entre los aztecas tenemos el testimonio de varios diluvios. Las distintas tradiciones, recogidas por los cronistas de Indias que llegaron al nuevo mundo junto con los conquistadores españoles, no se ponen de acuerdo en cuantos diluvios. Aunque todo parece indicar que, si acaso existió una versión canónica del pasado mítico-histórico de los pueblos aztecas, éstos aceptaban que hubo cuatro mundos, o Soles —pues cada mundo disponía de su propio Sol—, anteriores al nuestro. De esta manera, de acuerdo con las mismas tradiciones, hoy estaríamos viviendo en el Quinto Mundo o Quinto Sol. ¿Qué ocurrió con los otros cuatro? Que habían desaparecido debido a cataclismos.

Un aspecto especialmente interesante de la tradición azteca es la creencia de que tras la catástrofe los habitantes fueron destruidos o bien transformados en alguna forma de animal o vida acuática.[289] Esta idea aparece claramente expuesta en el códice azteca denominado Vaticano A donde aparecen dos *tlacamichin*, que en nahuatl significa «hombre-pez» y que representan a los primeros seres humanos que se transformaron en pez tras el diluvio.[290]

De alguna manera, pues, estamos en el ámbito del diluvio mesopotámico porque ya hemos visto que en el Creciente Fértil era el *apsu*, el dominio de las aguas cósmicas subterráneas que hemos identificado con la mente, el medio subacuático que permitió a Utanapishti sobrevivir al diluvio.

Si estas asimilaciones entre Mesopotamia y Mesoamérica son válidas, tenemos que en esta parte de América utilizaron la metáfora de los peces para referirse al efecto que los campos magnéticos infligieron a los seres humanos. Es decir: el ser humano que se transformó en pez tras el diluvio era una metáfora del ser humano despojado de la cognición sensible del mundo y de su entidad físico-corporal.

La asimilación entre supervivientes del diluvio y entidades acuáticas no es exclusiva de los aztecas. La misma identificación se encuentra claramente expuesta en un extraordinario mural de Teotihuacan. Situado a unos 40 kilómetros al noreste de la actual ciudad de México, el complejo monumental

---

288 Ramana Maharshi, *The collected works of Sri Ramana Maharshi*, Sri Ramanasramam, Tiruvannamalai, 2011, p. 88.

289 Ezley, Wayne, *The Nahua Myth of the Suns: History and Cosmology in Pre-Hispanic Mexican Religions*, Numen, Vol 23, Fasc.2 (Aug., 1976), p. 118.

290 Taube, A. Karl, *The Teotihuacan Cave of Origin: The Iconography and Architecture of Emergente Mythology in Mesoamerica and the American Southwest*, Anthropology and Aesthetics, No. 12 (Autumn, 1986), p. 52.

de Teotihuacan tuvo su apogeo entre los siglos III y VII d.C. y su entorno urbano llegó a extenderse en una superficie de unos 21 kilómetros cuadrados. A pesar de la enormidad de dicha ciudad, así como de los extraordinarios monumentos que integraban su centro ceremonial y político, ignoramos qué etnia la construyó y qué lengua hablaban sus habitantes. Ignoramos incluso el nombre que le dieron sus creadores porque Teotihuacan es el topónimo que le dieron los aztecas cuando entraron en escena hacia el siglo XII, una vez que la ciudad ya estaba en ruinas.

El centro monumental de la ciudad, que es la parte que mejor ha sobrevivido al paso del tiempo debido básicamente a la gigantesca escala en la que se construyó, se organiza entorno a la Avenida de los Muertos, la amplia calzada que atraviesa la ciudad y entorno a la cual se sitúan los monumentos más importantes: el Templo de Quetzalcóatl, la Pirámide de la Luna y la Pirámide del Sol.

© Jackhynes-Wikipedia

El complejo monumental de Teotihuacan. La imagen está tomada desde la Pirámide de la Luna, con la Avenida de los Muertos enfrente y la Pirámide del Sol a la izquierda.

Esta última construcción, de 225 metros de lado, contiene en su interior una cueva cuyo final se encuentra justo debajo del centro de la pirámide. Dicha cueva nos interesa especialmente porque, de acuerdo con los arqueólogos, simboliza el lugar de emergencia del ser humano tras el Diluvio. Este es un dato que nos importa mucho porque en la parte final de la caverna los arqueólogos encontraron fragmentos de conchas iridiscentes rodeados de una gran cantidad de finas espinas de pez.[291] Precisamente, estos restos formarían parte de un ritual, desconocido para nosotros, con el que se pretendería evocar la emergencia de la humanidad tras la catástrofe.[292] De manera que otra vez volvemos a encontrar la vinculación entre un cataclismo y el motivo acuático que, de acuerdo con mi hipótesis, es una forma simbólica de explicar la actividad mental cuando se sitúa por debajo de nuestro nivel de cognición sensorial del mundo físico y de nuestra entidad corporal.

En apoyo a esta asociación tenemos más datos procedentes del mismo Teotihuacan, pues uno de sus edificios contiene un mural en el que aparece una representación temprana de lo que siglos más tarde sería el mito azteca de los Cinco Mundos o Soles. Esta obra de arte, conocida como Tercer Mural del Segundo Patio de Tepantitla,[293] representa a los seres humanos tras el diluvio, pero no en forma antropomorfa sino en forma de peces voladores. ¿Qué necesidad tenían los teotihuacanos de dibujar peces voladores si no era para expresar de forma simbólica la conciencia del ser humano despojada de su vinculación con los sentidos?

© Luis Tello.
El Mural de Tepantitla, en Teotihuacan, muestra la emergencia
del ser humano tras el cataclismo del diluvio.

---

291   Ibid., p. 54.

292   Ibid., p. 54.

293   Ibid., p. 54.

Que esta extraordinaria y desconcertante obra de arte remite a un estado de conciencia sutil, que está por debajo de lo que captamos por los sentidos, lo apoya el testimonio de N. R. Krishnamurti Áiyer, discípulo de Maharshi quien, en su presencia, y mientras repetía un poema sagrado hindú, tuvo la siguiente experiencia:

De repente, sentí que me estallaba la coronilla y que un potente rayo, de una brillante luz roja, salía disparado hacia mi. Al mismo tiempo, del seno de la forma que tenía delante (Maharshi) surgió un chorro de néctar y otro similar de la parte de Arunáchala que, para mi, era Uma (una diosa hindú). Entonces ambos chorros se juntaron y se introdujeron en mi coronilla cerrando y sellando la apertura del cráneo. Aunque la llamarada de fuego que salió disparada de mi cabeza paró rápidamente, yo seguía sintiéndola por dentro y, encerrada allí, hizo que la mitad inferior de la cavidad craneal resplandeciera con un brillo blanco similar al de un arco eléctrico de carbono incandescente aunque, para mi gran sorpresa, sin el terrible calor que le suele acompañar. A pesar de aquel resplandor blanco incandescente, sentía un gran frescor tanto en la cabeza como en el resto del cuerpo.

Cuando recuperé mi estado normal de conciencia, me di cuenta de que ya había oscurecido y, poco después, se retiraron a cenar todas las personas que estaban en la sala de meditación con Bhagavan (Maharshi)... Sin embargo, yo no salí de la sala: me tumbé sobre una esterilla en ese mismo suelo en el que, por la noche, dormían uno o dos devotos, Bhagaván en persona y su asistente.

Después de la cena, todos los que estaban en la sala se fueron a dormir. Al amanecer, se encendieron las luces y Ramachandra Rao, un devoto de Bangalore, se sentó ante Bagaván y recitó varios versos de la *Ribhu Gita*. Prácticamente en cada verso se repite la frase «*aham Brahman, aham Brahman*» (soy Brahman)... Mientras escuchaba el canto, se produjo una reverberación en un punto dentro de la parte derecha de mi pecho, como un eco de «*aham Brahman, aham Brahman*», y toda la luz que tenía en la coronilla y en el entrecejo se trasladó y concentró en ese punto, del que brotó, entonces, un chorro de néctar etéreo que inundó todo mi cuerpo con un cosquilleo de una dicha indescriptible. Con aquel néctar etéreo que me salía a borbotones por todos y cada uno de los poros de la piel, salí corriendo de la sala para estar al aire libre. La inundación que estaba experimentando se expandió a borbotones hacia fuera, extendiéndose por la infinitud del espacio, empapando todo lo que encontraba a su paso. Era una vibrante sensación de Conciencia-existencia en la que tanto mi cuerpo como los de todos los demás no eran más que unos vagos copos de nieve en un océano de agua dulce, fresca y límpida. Cerré los ojos y sentí que yo era el claro firmamento de la Conciencia-Existencia. Cuando los volví a abrir, descubrí que yo era un océano de ese fluído etéreo que está presente en todo: era consciente de que yo era Conciencia-Existencia con las formas vagas de los objetos que flotaban por el fluído etéreo. Como un fantasma, volví a entrar en la sala y tomé asiento en el mismo sitio que antes. Cuando me senté, de repente, me surgió un pensamiento: «Debo desaparecer para siempre en los bosques del monte Arunáchala».

Tan sólo un momento más tarde, vi a mi esposa que estaba llorando, con mi pequeño Remanan en sus brazos y acompañada por mi hijo Setu Ram y mi hija Muthu Mínakshi. Entonces, Sri Bhagaván me miró y me dijo con firmeza y energía: *¡Krishnamurti! Vuelve a tu casa de Madurai con tu familia. ¡Esa salvación que quieres alcanzar, siendo un sanniasin (renunciante o asceta) en el bosque, también la conseguirás ocupándote de tu familia y ejerciendo tu profesión!¡Vuelve a casa¡*.[294]

Tres aspectos de este testimonio nos remiten de forma clara al Mural de Tepantitla en donde se escenifica el Diluvio:

1- En primer lugar, este devoto de Maharshi indica que dos «chorros se juntaron y se introdujeron en mi coronilla cerrando y sellando la apertura del cráneo». Krishnamurti no dice que dichos chorros fueran de una substancia física acuosa. Al fin y al cabo si fuera así las demás personas en la sala deberían de haberla visto con sus ojos. Y no fue este el caso. De manera que nos está hablando de una experiencia espiritual, que está más allá de lo que captaba por los sentidos físicos, y que él describió con estos términos para que los que no lo hemos experimentado tengamos un punto de anclaje común que nos permita entender qué le ocurrió.

En este sentido en el mural de Tepantitla aparecen varios seres humanos cuyas coronillas están conectadas a lo que bien pudieran ser los chorros de néctar de los que nos habla este devoto de Maharshi. Hay cuatro de ellos dentro de la montaña y otro más al pie de la ladera derecha del mismo montículo. En la coronilla de este último convergen, precisamente, dos chorros de una substancia acuosa, escena que nos retrotrae de forma clara al testimonio de Krishnamurti.

---

294 *El poder de la presencia*, pp. 195-197.

2- El día siguiente, este hindú tuvo otra experiencia de marcado carácter místico. Del relato nos interesan los pasajes en los que dice que «tanto mi cuerpo como los de todos los demás no eran más que unos vagos copos de nieve en un océano de agua dulce, fresca y límpida». Asimismo, Krishnamurti nos relata que «descubrí que yo era un océano de ese fluído etéreo que está presente en todo: era consciente de que yo era Conciencia-Existencia con las formas vagas de los objetos que flotaban por el fluído etéreo».

Si nos vamos al Mural de Tepantitla vemos que en esta obra de arte precolombina están presentes ambas percepciones: por un lado tenemos el fondo azul de la montaña moteado de puntos blancos que bien podrían representar los seres humanos cual «vagos copos de nieve flotando en un océano de agua dulce, fresa y límpida». Por otro lado, dichas formas flotando en medio del fluído etéreo también las podemos asimilar a los peces que aparecen en esta obra de arte teotihuacana.

3- Del análisis comparativo del Mural de Tepantitla y del testimonio de Krishnamurti podemos extraer un dato más que sustenta la hipótesis de que el Diluvio fue un acontecimiento que alteró profundamente la cognición de los seres humanos. Ya hemos visto que el relato de Krishamurti de naturaleza mística presenta similitudes extraordinarias con esta obra de arte teotihuacana. La última que he encontrado proviene del pasaje en el que indica que «brotó, entonces, un chorro de néctar etéreo que inundó todo mi cuerpo con un cosquilleo de una dicha indescriptible… La inundación que estaba experimentando se expandió a borbotones hacia fuera, extendiéndose por la infinitud del espacio, empapando todo lo que encontraba a su paso».

El concepto angular, la palabra clave que nos permite desencriptar el significado real del Mural de Tepantitla y, de paso, de todos los relatos que nos hablan de un Diluvio Universal, es la palabra «inundación» que utiliza Krishnamurti para describir su experiencia espiritual. Con toda seguridad, si hacemos un barrido al testimonio de místicos de todo el mundo comprobaremos que en sus experiencias trascendentes utilizan palabras semejantes para describir ese estado de conciencia en el que la captación material de la realidad se desvanece y quedan a merced, inundados, en un estado de conciencia liberado de los límites de la vida física.

La última parte del relato de Krishamurti, en el que Maharshi le ordena, más bien que le pide, que vuelva a su casa con su familia, no mantiene relación alguna con el Mural de Tepantitla. Sin embargo, lo he querido incluir a modo de pequeño ejemplo de los muchos que nos han llegado y que testimonian cómo, cuando un ser humano trasciende las limitaciones de su cuerpo y de su «yo», como era el caso de Maharshi, los seres humanos y sus pensamientos son como un libro abierto.

Pero volvamos al mural de Tepantitla porque muestra un aspecto especialmente interesante para la hipótesis del diluvio cognitivo: en esta obra de arte aparece la conversión del pez en hombre en el momento de la emergencia, en el momento en que aparece el actual Quinto Mundo o Quinto Sol. Así, podemos interpretar que este mural muestra el momento en que el haz de fuerzas electromagnéticas dejó de actuar sobre el cerebro de los seres humanos volviéndolos a conectar con la realidad material.

Antes de dejar Teotihuacan conviene no olvidar un aspecto que, cuanto menos, es curioso. Como he indicado, nadie sabe el nombre que los teotihuacanos dieron a su ciudad. Teotihuacan es el nombre con que los aztecas denominaron este conjunto monumental. A pesar de que esta civilización entró en escena siglos después que la ciudad fuera abandonada por sus moradores originarios, para ellos representaba un lugar sagrado especialmente importante. Prueba de ello es que Teotihuacan, el nombre que escogieron para denominarla, significa literalmente Lugar donde Fueron hechos los Dioses.

En el siglo XVI, el *Popol Vuh* daría cuenta de una idea afín a esta interpretación cognitiva, narrada a través de la alegoría de la supervivencia de los seres humanos del diluvio en forma de peces. Y es que los héroes gemelos Hunahpú e Ixbalanqué, tras conseguir vencer los peligros que encuentran a su paso por el Inframundo, renacen asimismo en forma de hombres-peces. Poco después vencerán a los Señores del Inframundo, que simbolizan la muerte, y ambos renacerán como el Sol y la Luna actuales. ¿Cómo se puede relacionar el hecho de que Hunahpú e Ixbalanqué renazcan como peces con su triunfo sobre los señores del Inframundo, de la Muerte, si no es porque, una vez más, el pez representa la naturaleza trascendental, no mortal, del ser humano? El pez es, digámoslo una vez más, la conciencia desligada del mundo físico, de las coordenadas espacio temporales, y por eso es un símbolo de la naturaleza sutil y trascendente del ser humano.

No debía de ser ciertamente anecdótica esta creencia entre los pueblos de Mesoamérica. La creencia de la existencia en el pasado de hombres peces ha sobrevivido en estas tierras hasta bien entrado el siglo XX. Prueba de ello es el testimonio que recogió en la segunda mitad del siglo XX el investigador John Fough, cuando un informante de lengua chortí[295] le indicó

---

295   El idioma chortí se habló en lo que hoy es Honduras, El Salvador y Guatemala. Actualmente sólo sobrevive en este último país.

que *aquellas personas que fueron destruidas —así como el mundo con ellas—, fueron cubiertas de agua y se transformaron en peces.*[296]

Otro asunto es si los que transmitían esta creencia a lo largo de los siglos sabían que era un recurso metafórico o si bien hacían una interpretación literal de este episodio mítico-histórico. Lamentablemente, muy probablemente no entendieron el símbolo que se escondía tras estas narraciones. Prueba de ello es que en otros ámbitos los sacerdotes y los gobernantes cometieron el error de tomar al pie de la letra las tradiciones que hablaban de la necesidad que los seres humanos ofrecieran su corazón al cielo. El resultado es que en vez de ser esta indicación un motor para la transformación amorosa y compasiva de sus semejantes así como de sí mismos, se transformó en la horrible justificación para sacrificar vidas. En el ritual el sacerdote hincaba su cuchillo, herramienta por cierto considerada sagrada, a través del pecho del desdichado, y a través de la apertura introducía la mano para arrancarle el corazón. Con el brazo extendido a las alturas ofrecía literalmente al cielo el corazón de la víctima. Pero dejemos estas antiguas decodificaciones aberrantes y continuemos con el análisis de la narración del diluvio entre los mayas.

En todas las civilizaciones el Diluvio suponía el fin de un ciclo, de un mundo, y el comienzo de otro. Como hemos visto, este acontecimiento supondría para la conciencia vinculada a los sentidos algo así como formatear el disco duro de un ordenador: poner el contador a cero.

No deja de resultar desconcertante que, precisamente, una de las tres variantes de los glifos que los mayas utilizaban para indicar el número cero era la imagen de una concha en una mano: .[297] A esto hay que añadir que, en los tres códices mayas que nos han llegado y que se escribieron entre los siglos XIII y XV, poco antes de la invasión de los españoles, y cuando la civilización maya hacía más de 500 años que había dejado de existir, el número cero se indicaba con el dibujo de una concha de mar:  / . De manera que la imagen de la concha de mar para referirse al número cero estaba profundamente integrado en el pensamiento y en las creencias mayas y dicha asociación no era producto del azar sino que obedecía a un significado

296 Fought, John, *Chorti Mayan Texts*, University of Pennsylvania Press, Philadelphia 1972, p. 378.

297 La mayor parte de las hipótesis que propongo acerca de la vinculación del zero en relación a la conciencia en el mundo maya parten de los datos expuestos en el artículo de Anna Blume *Maya Concepts of Zero*, Proceedings of the American Philosophical Society, vol 155, NO. 1, march 2011, pp. 51-88.

simbólico fundamental. Sólo de esta manera se explica que sobreviviera al colapso de esta civilización en el siglo VIII.

De acuerdo con esta identificación entre la concha y el número cero, así como con la identificación en todo Centroamérica de que los seres humanos bajo el diluvio se transformaron en peces, podemos plantear lo siguiente:

1º- Si los mayas concebían el medio subacuático como una metáfora de la conciencia desprovista de su vinculación con los sentidos, y…

2º- Si los mismos mayas identificaban la concha, que es el animal que permanece en lo más profundo del medio acuático, con el concepto de ausencia de esencia que es lo que significa el número cero…

3º- Entonces podemos concluir que esta civilización precolombina identificaba la concha de mar con el substrato más sutil de la conciencia humana, el umbral más profundo a través del cual ésta se iba desplegando desde lo más sutil hasta lo más burdo.

¿Absurdo? Entre los mayas el acto de conjurar, es decir, el acto de invocar entidades espirituales para que se manifestasen a nivel físico, se representaba con el glifo que muestra un pez en una mano: .[298]

De manera que también en el mundo maya, la posible identificación entre el medio subacuático y la mente desprovista de su vinculación con lo físico es totalmente coherente. Y lo es más si tenemos en cuenta que, tal y como apuntó el investigador norteamericano Karl A. Taube en un muy interesante artículo dedicado a Teotihuacan, en el seno de esta civilización, que fue coetánea a la maya, la concha de mar aludía a lo que se percibía como un gran océano original que rodeaba y subyacía al presente mundo.[299] Esta extraña concepción mesoamericana de una masa de agua que rodea la totalidad del mundo que captamos por los sentidos es idéntica a la que los mesopotámicos atribuían al *apsu*. Recordemos que, según el sumerólogo Samuel Noah Kramer, desde los tiempos más tempranos del origen de los sumerios, tanto el concepto *engur* como posteriormente el del *apsu* se referían a las aguas cósmicas dentro de las cuales existía el universo.[300] Y, para no olvidarnos de Egipto, conviene indicar que a través de sus cosmogénesis nos ha llegado la creencia en una tierra física que emergió de las

---

298   MACRI, Martha J. / LOOPER, Matthew G., *The New Catalog of Maya Hieroglyphs, Volume 1· The Classic Period Inscriptions*, University of Oklahoma Press, 2003, p. 131.

299   *The Teotihuacan Cave of Origin*, p. 60.

300   *Eridu in sumerian literature*, p. 164.

aguas primordiales, personificadas en la diosa Nun, en forma de montículo primordial. De acuerdo con el traductor de los *Textos de las Pirámides* James P. Allen, «la figura que emerge de estos textos es la de un mundo ceñido por encima y por debajo por la superficie de un océano infinito dentro del cual flota, con la tierra como una llanura plana de tierra a medio camino entre las superficies superior e inferior de este océano».[301] Así que también en el seno de esta civilización se creía que el mundo físico estaba rodeado de una substancia acuosa que, evidentemente, hemos de entender en términos simbólicos.

Para darnos cuenta hasta qué punto estas percepciones mesoamericanas, mesopotámicas y egipcias de la realidad "acuosa" dentro de la cual vivimos no tiene nada de fantasiosa sino que estaba basada en agudas y sutiles intuiciones, vale la pena volver a Ramana Maharshi y a David Bohm. Recordemos que, en relación a dicha masa de agua simbólica que subyace al mundo visible que captamos por los sentidos, Maharshi indicaba que nuestro mundo era sólo una efímera burbuja en la superficie del océano. Por su parte, Bohm defendía la idea de que la fuente de lo que percibimos del mundo exterior y de nosotros mismos residía en un universo mucho más basto que existía más allá de las coordenadas espacio-tiempo. En este sentido, Bohm indicaba que si dicho universo no captado por los sentidos era un océano, la realidad física en la que vivimos era únicamente una gota salpicada contra un acantilado. Dicho lisa y llanamente: egipcios, sumerios, mayas, místicos hindúes así como físicos cuánticos, nos indican que estamos rodeados de eternidad por todas partes.

Así pues, el paso del mundo subacuático al mundo terrestre que muestra el glifo conjurar, era una metáfora del paso que hay entre el mundo trascendente, espiritual, y el mundo de captación sensible del mundo físico a través de nuestros sentidos corporales. Constatado este hecho, se nos aparece otro mucho más interesante: y es que el glifo de la concha de mar — aparece en las representaciones del diluvio. Es decir, que disponemos de un indicio claro de que el mundo maya vinculaba la característica fundamental de dicha catástrofe con el plano más sutil de nuestra conciencia: el espiritual. Al fin y al cabo la concha de mar es un animal que habita en el fondo, la parte más profunda, del mar. Nos bastará rastrear un poco más entre la iconografía que nos legaron los mayas para encontrar más indicios de esta interpretación cognitiva del diluvio.

301   ALLEN, James P., *The cosmology of the Pyramid Texts*, Yale Egyptological Studies 3, Religion and Philosophy in Ancient Egypt, 1989.

Los mayas personificaban el causante del diluvio en un ser de aspecto monstruoso: un caimán celeste que tenía atributos de venado así como agujeros en su espalda que representaban cavidades subterráneas. Los especialistas denominan a este ser Caimán Venado Estelar.

Ya hemos hablado de las vinculaciones del venado, y por extensión del animal cornudo más representativo que cada cultura tenía a mano, con la trascendencia del ser humano. En el caso del venado, dichas vinculaciones las hemos encontrado en Siberia, en Samarcanda, en Grecia, entre los hopis, los huicholes así como entre los mismos mayas. En todos estos lugares, la parte del animal que simbolizaba la idea de trascendencia y de naturaleza divina era la cornamenta. En el caso de los mayas, el asta del animal simbolizaba lo que en los aztecas era el *tonalli*, la sombra o doble del difunto que, tras la muerte, iniciaba un viaje por el inframundo.[302]

Reproducción de la escena que aparece en un vaso de cerámica maya
en la que un joven arranca las astas de un venado mientras otro joven hace sonar
una caracola. La escena se desarrolla en el inframundo.

Sobre este particular hay un vaso de cerámica cuya iconografía es totalmente reveladora porque aporta peso a la vinculación entre el simbolismo de la cornamenta, el de la concha y el del substrato más profundo y sutil de la conciencia, y por lo tanto de la existencia, humana. En este recipiente aparecen juntos venados y seres humanos: «uno de ellos está arrancando las astas a un venado que lleva una manta decorada con huesos largos cru-

---

302   *Muerte de un viajante: El viaje del way Sagrado Venado Muerto*, p. 88.

zados, en tanto que el otro hace sonar una trompeta hecha con la concha de una caracola»,[303] instrumento que, por cierto, era un utensilio propio de la entidad astral Señor de los Venados.[304]

Esta simultaneidad entre la acción de despojar el venado de sus astas, que representan la parte trascendente de nuestra naturaleza, con el hecho de hacer sonar la caracola, utensilio que de acuerdo con mi hipótesis se relaciona con la parte más sutil de nuestra conciencia, muy probablemente está revelando que la parte trascendente del difunto se ha separado de la material y ha alcanzado el final de su viaje por el Inframundo.

Pero vayamos ahora a analizar el caimán, que es un animal que entra en escena por primera vez. En primer lugar, hay que remarcar que, cuando aparece en el mundo maya, dicha entidad «es probablemente una representación del cielo del Inframundo, firmamento nocturno o símbolo de la noche».[305]

En diversos ejemplos de la civilización maya, se representa la cabeza de dicho monstruo celestial vomitando un líquido torrencial que se encuentra decorado, entre otros elementos, por conchas. De manera que el líquido torrencial contiene el atributo de lo que significa la concha de mar: el cero y, por tanto, la nada desde el punto de vista de la conciencia ordinaria. Así pues, y de acuerdo con la hipótesis que estoy desarrollando, el cero en forma de concha incluido en el líquido que vomita el caimán celestial significa que el diluvio devuelve la conciencia a su estado más profundo y, por tanto, más sutil.

A favor de esta hipótesis tenemos además que en las representaciones del período clásico el caimán vomita sangre mientras que en las posteriores, como la que aparece en la página 37 del *Códice de Dresde*, vomita agua. A pesar de esta diferencia, hay que aclarar que ambas representaciones apuntan a un mismo fenómeno. Esto es así porque «en las cosmovisiones mesoamericanas el agua y la sangre forman un par de opuestos complementarios y consustanciales que se unen en el concepto de «líquido precioso».[306] Esto significa que la sangre vertida por los caimanes del período clásico (s. iii-viii d.C) así como el agua

303   *The Hero Twins: Myth and Image*, p. 175.

304   *Muerte de un viajante: El viaje del way Sagado Venado Muerto*, p. 91.

305   VELÁSQUEZ GARCÍA, Erik *The Maya Flood Myth and the Decapitation of the Cosmic Caiman*, PARI Journal 7(1), p. 2. (el paper está disponible en Mesoweb: www. mesoweb.com/pari/publications/journal/701/Diluvio.pdf.

306   Ibid., p. 8, nota 23.

del caimán del *Códice de Dresde* (siglo XIV) son el reflejo de dos aspectos de «un mismo elemento cosmológico».[307]

Ante esto, la pregunta que nos podemos hacer es: ¿cuál es este elemento cosmológico? Lo podemos plantear de la siguiente manera:

1º- Si la sangre que aparece en las representaciones del diluvio en el Período Clásico no es la sangre física, y…

2º- si el agua de las representaciones del diluvio posteriores al Período Clásico, como la que aparece en el *Códice de Dresde*, no remiten al agua física, y…

3º- si ambas substancias remiten a la misma entidad cosmológica. Entonces:

4º- ¿A qué sustancia o elemento cosmológico hacen referencia ambas representaciones del diluvio?

Los especialistas no lo aclaran pues sólo indican que no se trata ni de sangre ni de agua. De acuerdo con mi interpretación, dicho «elemento cosmológico» es un haz de energía electromagnética que tiene la capacidad de alterar radicalmente la percepción de la realidad en los seres humanos.

A favor de dicha interpretación tenemos el hecho que el Caimán Venado Estelar que aparece en *Códice de Dresde* tiene una extremidad delantera que «termina en una delgada pata hendida que figura las típicas imágenes mayas de patas de venado».[308] Alterar de una manera tan notoria la imagen del Caimán para que incorpore la naturaleza del venado, que es un animal vinculado al Inframundo y por tanto a la mente desligada de su vinculación con el mundo físico, señala que la naturaleza del diluvio está vinculada a la conciencia sutil o trascendente.

Además, tenemos que esta imagen del monstruo celestial del *Códice de Dresde* es una yuxtaposición del atributo depredador, el caimán, con el atributo presa, el venado. De forma clara, la escena nos retrotrae a las imágenes presentes en Siberia, de las que ya hemos hablado, en las que un felino se sobreponía a un mamífero cornudo. Hay que advertir que tanto el diluvio con atributos depredadores del mundo maya, como las escenas de depredación en Siberia, coinciden en la idea de muerte, pero no entendida ésta como destrucción sino como transformación o metamorfosis hacia otro tipo de existencia. Y, en fin, esta yuxtaposición siberiana y maya del atributo depredador con el de la

---

307   Ibid., p. 8, nota 23.

308   THOMPSON, J. Eric S., *Un comentario al Códice de Dresde*, Fondo de Cultura Económica, México D.F. 1988, p. 215.

presa coincide con el del destino de Acteón, el cazador cazado de la mitología griega quien, según Giordano Bruno, fue preso de sus propios pensamientos y simbolizaba lo que en la tradición hindú denominamos nirvana.

Reproducción de la página del *Códice de Dresde* en la que se representa, según los mayas, la destrucción del mundo a causa de un diluvio. El cuerpo del Caimán Venado Estelar, de donde mana el diluvio, está formado por los signos de los planetas Venus, Marte, Mercurio y Júpiter, de los que, a su vez, penden los de la Luna y el Sol. El "agua" que mana del cántaro que sostiene la diosa con garras de tigre, contiene el número cero. Las características de dicho diluvio hacen plausible que se trate de un fenómeno electromagnético de origen celestial que impacte en la psique de los seres humanos.

Por otro lado, en el mundo maya la sangre simbolizaba lo sobrenatural o divino, por lo que estaba habitado por seres supernaturales[309] así como por dioses ancestrales.[310] Es decir, que la sangre era una alegoría de lo que está más allá de lo que podemos captar por los sentidos mientras estamos encerrados en nuestro cuerpo físico.

Y si seguimos el hilo de dicha argumentación debemos tener presente que la tradición maya especifica que este diluvio de sangre-agua inundó la tierra. Puesto que los mayas señalaban el cielo como el ámbito la realidad trascendente, esto significa que el atributo divino, trascendente, al caer sobre la tierra, neutralizó el atributo humano que, como sabemos, es el de la percepción sensible de la realidad.

---

309   STUART, David, *Blood Symbolism in Maya Iconography*, en E. P. Benson and G. G. Griffin (eds), Maya Iconography, New Jersey, Princeton University Press, 1988, p. 184.

310   Ibid., p. 193.

Al fin y al cabo, la expresión utilizada en Centroamérica, así como la que se utilizó en la práctica totalidad de las tradiciones de todo el mundo para dar cuenta del diluvio, es que el cielo cayó sobre la tierra. Por consiguiente: siendo el cielo el dominio de lo divino y trascendente, eso significa que dichos atributos divinos y trascendentes inundaron la tierra. La coraza o ámbito de percepción física que tenemos de la realidad y de nosotros mismos se destruyó.

Por último, merece la pena mencionar dos datos más. El primero de ellos proveniente de la etnia quiché y aporta más claridad a lo dicho hasta ahora en relación a la hipótesis cognitiva del diluvio. Concretamente, con el hecho de que dicho acontecimiento suponga una especie de separación respecto a nuestra conciencia ordinaria. Y es que en la lengua de este pueblo la raíz de la palabra *pax* comporta los significados de «dividir», «partir» así como «inundación».[311] Estos conceptos nos remiten a los contenidos de los *Textos Herméticos* que hemos referenciado, según los cuales «la muerte no consiste en la destrucción de las cosas reunidas sino en la disolución de la unión».[312] A su vez, remiten al significado de los jeroglíficos Ψ y ▯⊽ₓ, que significaban «abrir» así como «dividir/separar», y que señalaban a la dimensión en dos tercios sutil o divina del ser humano.

En segundo lugar, tenemos una referencia proveniente del mundo azteca que aporta todavía más peso a que, entre los miembros de esta civilización, el agua fuera considerada una alegoría de la mente desprovista de su vinculación con el mundo físico. Y es que en su lengua nahuatl la palabra *atl* significaba agua, así como la fontanela de un niño.[313]

Este dato es muy interesante porque el mural de Tepantitla al que hemos aludido sugiere que mil años antes los antiguos teotihuacanos hacían la misma asociación entre el concepto de agua y el de la coronilla. Como indicamos anteriormente cuando analizamos esta obra de arte a propósito de la experiencia que Krishnamurti Áiyer tuvo en presencia de Ramana Maharshi, el anónimo artista introdujo individuos cuyas coronillas están conectadas a sendos flujos de "agua". Además, la coronilla de uno de ellos tiene una peculiaridad: en ella convergen dos flujos de agua.

Este personaje nos recuerda a su vez la representación más común que se hacía de Enki, el dios sumerio del *apsu*-mente, en quien convergían dos corrientes de agua, aunque bien es verdad que no lo hacían en su coronilla

---

311   *The Teotihuacan Cave of Origin*, p. 58.

312   *Textos Herméticos*, Editorial Gredos, Madrid 1999, p. 186.

313   *The Teotihuacan Cave of Origin*, p. 62.

sino en sus hombros. En todo caso, no dejan de ser curiosas estas asociaciones creadas a partir de las tradiciones que los aztecas, los teotihuacanos así como los mesopotámicos nos han legado sobre "sus" diluvios. ¿Estan todas ellas hablando de un mismo acontecimiento que no es mítico sino histórico, y cuya clave para entenderlo radica en el ámbito atmosférico sino en el cognitivo del ser humano? Creo que los datos aportados hasta ahora hacen esta pregunta de lo más pertinente.

Detalle del Mural de Tepantitla en el que la representación de uno de los personajes, en el que convergen dos corrientes de agua, nos recuerda a la más común figuración del dios sumerio Enki. En ambos casos —tanto en mesoamérica como en mesopotamia— las corrientes de agua están vinculadas a aquellos personajes o dioses que simbolizan aquello que sobrevive del ser humano tras el diluvio.

Volviendo a los aztecas, no he encontrado datos sobre el rol de la fontanela en el seno de esta civilización. Sin embargo, hay que indicar que en muchas tradiciones se creía —o sabía— que a través de la coronilla se establece nuestra conexión con el mundo trascendente que, como hemos visto, equivale al océano que rodea el mundo visible de los aztecas. Muchos considerarán dicha función de la coronilla pura superstición.

Probablemente no saben que el premio Nobel de Medicina Sir John Eccles sostenía que la coronilla era el lugar por donde se establecía la conexión entre el cuerpo físico y el origen de nuestra conciencia, que era inmaterial. Así pues, el rol de la coronilla merece algunos comentarios más. Sin necesidad de ir a la India para hablar del Séptimo Chakra, tenemos dos referencias cercanas a los aztecas que dan solidez a la idea que en esta cultura se asociase el agua con la mente trascendente.

Entre los tarahumara se practica un ritual de curación que consiste en rozar, con una mazorca humeante de maíz, la coronilla del enfermo. ¿Por qué precisamente la coronilla? Según los tarahumaras, en esta parte del cráneo se sitúa el rimuwaka, "el lugar del hilo que conecta al cielo".

Por otro lado, la tradición de los indios hopis aporta un dato que entra de lleno en la asociación que hacemos entre la coronilla, el agua, la mente y la interpretación congnitiva del diluvio. En primer lugar porque, de acuerdo con los miembros de esta etnia, en la coronilla se sitúa el *kópavi*, la «puerta abierta», que permite la comunicación con los dioses creadores.[314] En segundo lugar porque, según sus tradiciones, una de las instrucciones clave que los dioses creadores dieron a los hopis era que para poder emerger de los sucesivos diluvios debían de mantener abierto su *kópavi*.[315]

Es decir, que el tránsito entre un mundo y otro mundo separados por una catástrofe sólo era posible si estaba abierta la percepción trascendente, todo lo cual nos remite a los motivos acuáticos presentes en las escenificaciones de los diluvios aztecas y mayas. Esta coincidencia es comprensible dada la cercanía física y temporal entre estas civilizaciones, aunque más difícilmente explicable cuando tenemos presente lo relatado acerca del diluvio mesopotámico y las correspondencias que hemos encontrado entre el arca hundida dos tercios en el *apsu*, el rol de los dioses Enlil y Enki, y la mente del ser humano despojada de su captación sensible de la realidad.

Pero sigamos analizando la figura monstruosa del Caimán Venado Estelar porque todavía podemos extraer más datos de sus representaciones que abundan en la hipótesis cognitiva. En el caso del *Códice de Dresde* el cuerpo del monstruo lo integran los glifos de Venus, de Marte, de Mercurio, de Júpiter así como del Sol y de la Luna. Así pues tenemos otro signo inequívoco de que el origen del diluvio está en el cielo y no en la atmósfera terrestre.

Precisamente, de estos dos últimos astros, el Sol y la Luna, se expulsa un torrente de agua que cae sobre una diosa de garras de tigre. Por su parte, ésta llena de agua un cántaro, líquido que a su vez esta diosa va derramando sobre la tierra. Esta deidad es importante por dos motivos.

En primer lugar por la cualidad depredadora que manifiesta: es un jaguar y el artista que la dibujó quiso que sus garras se vieran claramente. Lo que importaba, pues, era que manifestase claramente su atributo de-

---

314   WATERS, Frank, *El libro de los Hopis*, Fondo de Cultura Económica, México D.F., 1996, pp. 25, 85 y 87.

315   Ibid., pp. 28-36.

predador. Volvemos pues al motivo del ataque felino cuya razón de ser es la de neutralizar la presa y que, en realidad, es una metáfora que remite a la neutralización de la conciencia ordinaria.

En segundo lugar encontramos un elemento iconográfico totalmente vinculado a la interpretación del primero. Y es que en el agua que esta diosa derrama sobre la Tierra, el copista no se olvidó de añadir el número cero en forma de concha de mar que simboliza la nada,[316] esto es: el substrato más sutil y trascendente de la conciencia humana.

Finalmente, conviene tener en cuenta un último aspecto fundamental de esta extraña entidad denominada Caimán Venado Estelar: su naturaleza anfibia. Y es que, al ser un caimán, domina el paso entre el medio terrestre y el medio subacuático o, lo que es lo mismo: el paso entre la conciencia ordinaria y la conciencia desligada de la percepción física de la realidad.

De manera que el análisis de esta lámina del *Códice de Dresde* en donde se escenifica el Diluvio encuentra bastantes argumentos a favor de la hipótesis cognitiva de esta catástrofe.

Para acabar este capítulo, no me resisto a añadir una anécdota que vincula la caracola de mar con el substrato más sutil de la conciencia pero en un ámbito que no deja de ser sorprendente porque en él coinciden simbolismo y función. Lo hacemos de la mano de Kunjuswami, uno de los primeros devotos de Maharshi, quien dejó un detallado relato de la rutina diaria de este sabio poco después de su llegada a Arunáchala, cuando todavía era joven y prácticamente desconocido.

> Cada dos o tres días, durante la lectura y recitación de textos sagrados, Sri Bhagavan (Maharshi) entraba en meditación profunda. Solíamos llamarlo suavemente, pero Sri Bhagavan era totalmente inconsciente de lo que pasaba a su alrededor. Para despertarle, Perumalswami, Akhandananda, Mastanswami y yo, cogíamos algunas conchas del ashram y las soplábamos. El sonido de las conchas solía penetrar en él y devolverle lentamente al mundo exterior… Dandapaninswami solía masajear los pies de Bhagavan para despertarle, pero era en vano. Usualmente sólo el sonido de las conchas le hacía volver a tomar conciencia del mundo exterior.[317]

316   VILLACORTA C., J. Antonio y VILLACORTA, Carlos A., *Códices Mayas*, Biblioteca maya "Ojer Tzij", Guatemala, 1930, pp. 158 y 159.

317   Sri KUNJUSWAMI, *Living with the master*, Sri Ramanasraman, Tiruvannamalai 2010 (fourth edition), p. 70.

El uso de la caracola como medio para despertar a alguien del profundo estado de meditación también está presente en el *Yoga Vasishtha*,[318] de manera que la conexión que encontramos en mesoamérica entre la caracola y el estado más sutil de nuestra conciencia también está claramente presente en la tradición hindú.

7.3- La clave en la interacción entre la mente y el cosmos

¿Qué podemos concluir de los pasajes de la literatura sagrada de Mesopotamia y de Mesoamérica que hemos interpretado hasta aquí? Sencillamente, que el diluvio universal cabe entenderlo como el acontecimiento de origen cósmico que comportó la neutralización de la cognición sensorial en los seres humanos.

Como hemos visto dicho acontecimiento, imposible de entender si interpretamos los textos antiguos de forma literal, encuentra una posible explicación en los haces de energía electromagnética que barren el cosmos y que interactúan con la Tierra. Sobre las características de este haz de partículas electromagnéticas nada puedo precisar, aunque una pista la pueden avanzar los trabajos de Michael Persinger: su «Casco de Dios» provoca alteraciones de la percepción mediante ondas electromagnéticas de baja intensidad y de elevada complejidad.

¿Puede ser que un cuerpo estelar, una estrella, un quasar…, emita, con una milenaria e ineluctable periodicidad, un haz de energía que provoque dicho impacto en la psique de los seres humanos? Quien sabe. También podría ser que dicho efecto cognitivo resultase de la combinación de las posiciones respectivas de distintos cuerpos celestes, de manera que los flujos de energía que barren el cosmos e interactúan entre sí algunas veces podrían generar determinadas asonancias o resonancias. Dicho de otra manera: imaginemos que los haces de energía que barren el cosmos se desenvuelven en el tiempo creando una especie de partitura; en determinado momento, debido a la naturaleza resultante de dichas interacciones, éstas sortearían la magnetosfera y entrarían en resonancia con aspectos sutiles de la actividad electromagnética de nuestro cerebro, provocando un bloqueo irreversible de datos procedentes de los sentidos.

¿Pudo ocurrir un fenómeno semejante en el pasado? Baste recordar el testimonio de Platón quien, en uno de sus diálogos, se hace eco del testimonio de un sacerdote de Egipto. Dicho sacerdote dijo algo que, cuánto

---

318   *Yoga Vasishtha*, p. 249.

menos, es totalmente coherente con la interpretación cognitiva del diluvio y con la posibilidad, muy a tener en cuenta, de que sea un fenómeno cíclico:

...Cada vez que todo está dispuesto entre vosotros y entre otros pueblos por medio de documentos y las ciudades están organizadas con todo lo que precisan, también de nuevo al cabo de los años habituales, llega, al igual que una enfermedad, una corriente procedente del cielo y sólo os deja analfabetos y no educados, de manera que de nuevo volvéis a ser niños, desconocedores de las cosas de aquí y de las que ocurren entre vosotros, como ocurría en los tiempos antiguos...[319]*

7.4- Las antiguas tradiciones hablan del próximo diluvio

Lo más destacado de este pasaje es la expresión *al cabo de los años habituales*. El texto remite, pues, a un fenómeno cíclico. Si dicha profecía fuera exclusiva de este diálogo de Platón el asunto no tendría demasiada importancia, sin embargo encontramos la misma previsión en muchas otras tradiciones sagradas.

En Centroamérica, el padre Bartolomé de las Casas consignó a través del testimonio de un nativo que *está por venir otro Butic, que es otro diluvio y juicio*,[320] mientras que el cronista Gil González de Ávila recogería la afirmación de un cacique centroamericano según el cual ...*transcurrido un lapso de tiempo ignorado por los mortales, un fuego procedente del cielo vendrá a reducirlo todo a cenizas.*[321]

En la tradición judeocristiana tenemos un texto que profetiza la futura catástrofe total: el *Apocalipsis de San Juan*. En primer lugar señalemos que apocalipsis es una palabra de origen griego que, etimológicamente, significa «descorrer el velo», lo cual es coherente con la hipótesis cognitiva del diluvio que hemos encontrado tanto en Centroamérica como en Mesopotamia. Esto es: descorrer el velo de la realidad sensible, perecedera, para conectar con la realidad eterna subyacente.

Precisamente, hemos indicado que en Mesopotamia el diluvio afectó una tercera parte de nuestra naturaleza, la que se corresponde con nuestro

---

319   Plato, *Timaeus, Critias, Cleitophon, Menexenus, Epistles,* Harvard University Press- The Loeb Classical Library, Cambridge, Massachusetts, 1929, p. 35- *Timaeus* 23.

320   *The Maya Flood Myth and the Decapitation of the Cosmic Caiman,* pp. 4-5.

321   Ibid., p. 5 nota 12.

substrato de percepción física de la realidad y de nosotros mismos. Extrañamente, en el apocalipsis bíblico volvemos a encontrar esta proporción como indicadora de la parte de la realidad que quedará destruida debido a la catástrofe:

> Tocó la trompeta el primer ángel, y cayó sobre la tierra granizo y fuego mezclado con sangre; quedó abrasada la tercera parte de la tierra, la tercera parte de los árboles y toda la hierba verde.
>
> Tocó la trompeta el segundo ángel, y algo así como un gran monte ardiendo se precipitó sobre el mar, y la tercera parte del mar se convirtió en sangre, la tercera parte de los seres del mar pereció, y la tercera parte de los navíos del mar quedó destruida.
>
> Tocó la trompeta el tercer ángel, y un astro de grandes proporciones se desprendió del cielo y, ardiendo como una tea, se abatió sobre una tercera parte de los ríos y sobre los manantiales de agua. El astro tenía por nombre Ajenjo y en ajenjo se convirtió la tercera parte de las aguas, y fueron muchos los hombres que murieron al volverse amargas las aguas.
>
> Tocó la trompeta el cuarto ángel, y quedó herida la tercera parte del sol, de la luna y de las estrellas. Se oscureció la tercera parte de ellos, y el día y la noche perdieron la tercera parte de su luz.[322]

En otro pasaje, el texto vuelve sobre la misma proporción para señalar el alcance del cataclismo:

> Entonces apareció en el cielo otra señal: un enorme dragón de color rojo con siete cabezas y diez cuernos y una diadema en cada una de sus siete cabezas. Con su cola barrió la tercera parte de las estrellas del cielo y las arrojó sobre la tierra.[323]

Por cierto, que dicho dragón que barre estrellas con su cola y que presenta atributos monstruosos, celestiales, depredadores y cornudos, nos recuerda los atributos del Caimán Venado Estelar de la tradición maya. Por otra parte, en el *Nuevo Testamento* tenemos por boca de Jesús la profecía de un diluvio en el futuro:

---

322   *Apocalipsis* 8:7-12.

323   Ibid.,12:4.

Cuando venga el hijo del hombre sucederá lo mismo que en tiempos de Noé. En los días que precedieron al diluvio, la gente comía, bebía y se casaba, hasta el día en que entró Noé en el arca; y no se dieron cuenta hasta que vino el diluvio y los arrastró a todos. Pues así será también la venida del Hijo del hombre... estad preparados; porque a la hora en que menos penséis, vendrá el Hijo del hombre.[324]

Sin embargo, puede que el testimonio más fiable sobre la creencia —o tal vez deberíamos decir sobre el conocimiento— de un diluvio o apocalipsis futuro no esté en estos textos. Al fin y al cabo, estos relatos nos han llegado a través de muchas manos, de muchos copistas que han cortado, añadido, interpretado, o sencillamente manipulado de forma mal intencionada el texto original. Así pues, si todo parece indicar que la creencia en un diluvio futuro es universal, lógico es pensar que dicho mensaje no sólo está contenido en textos escritos sino que también puede haberse transmitido en un medio menos alterable por el paso del tiempo. ¿Qué substrato físico susceptible de transmitir información es mucho más difícil de manipular? Creo que todos estamos de acuerdo en que este lenguaje es el de la arquitectura y el de la escultura.

Así pues, debemos buscar en la arquitectura y en la escultura una obra de arte que exprese de forma simbólica dicho mensaje. Dicha creación artística debería de reunir tres características:

1º- La imagen central de este monumento o escultura debería ser la de un gran depredador.

2º- Al remitir a un fenómeno cíclico, que aconteció en el pasado y que volverá a ocurrir en el futuro, este depredador debería de expresar una actitud de espera.

3º- El monumento debería de tener un claro significado celeste.

Vistas así las cosas, el mejor candidato que cumple estas tres condiciones es la desconcertante imagen leonina de la Esfinge de Giza.

---

324   *San Mateo* 24:37.

Capítulo 8
EL GRAN LEÓN QUE AGUARDA SU MOMENTO

8.1- El guardián del Abismo

Todo parece indicar que, antes que llegasen los faraones un grupo de individuos, posiblemente los identificados en algunos papiros como los Seguidores de Horus, esculpieron esa mole leonina —presumiblemente antes del 3100 a.C.— para indicar la existencia de un acontecimiento que neutralizará la parte de nuestra conciencia que está vinculada a la información que proviene de los sentidos. ¿Inverosímil? ¿Qué significaba la imagen de una Esfinge en el pasado?

> Es el guardián de los umbrales prohibidos... escucha el canto de los planetas; vela al borde de las eternidades, sobre todo lo que fue y todo lo que será... los rasgos y la posición sólidamente asentada de la esfinge expresarían la serenidad de una certidumbre.
> (...) La esfinge, en el curso de su evolución en lo imaginario ha venido a simbolizar también lo ineluctable. La palabra esfinge hace surgir la idea de enigma, evoca la esfinge de Edipo: un enigma cargado de coerciones. En realidad, la esfinge se presenta al comienzo de un destino, que es a la vez misterio y necesidad.[325]

¿Es realmente la Esfinge una indicación de un futuro diluvio cognitivo? Los egiptólogos sostienen desde hace décadas que la esfinge de Giza es obra del faraón Kefrén, que reinó del 2547 al 2521 a.C. La prueba aducida es una estela situada entre las garras del monumento, en la que se conmemoran unos trabajos de renovación que encargó el faraón Tutmosis IV (1401-1391 a.C.), y que muestra la sílaba «Khaf».[326] Y nada más, porque no hay ni un solo

---

325 *Diccionario los de símbolos*, p. 470.

326 La traducción completa de la estela está disponible en la obra de James Henry BREASTED *Ancient Records of Egypt. Historical Documents. From the earliest times to*

texto de la época de Kefrén y del denominado «Tiempo Antiguo», que abarcó del 2700 al 2200 a.C., que haga referencia a la Esfinge.

En 1991 Robert Schoch, geólogo de la Universidad de Boston, llevó a cabo un examen del monumento y sus conclusiones generaron una mezcla de irritación y desdén entre los egiptólogos. De acuerdo con este geólogo el conjunto monumental presentaba, en las secciones que no eran resultado de remodelaciones posteriores, una antigüedad de, como mínimo, 7.000 o 9.000 años. En palabras de Schoch:

> La Esfinge es obviamente el trabajo de una civilización altamente avanzada artísticamente y científicamente. El empujar la edad de la Esfinge hacia el tiempo en que los humanos se consideraba de forma convencional que eran primitivos habitantes de la Edad de Piedra, se presenta una pregunta enorme, inquietante: ¿Quién fue esa gente desconocida? ¿Qué pasó con ellos y su cultura? ¿Y cómo su existencia —y desaparición— altera nuestra visión del curso de la historia humana y de los orígenes de la civilización?.[327]

El argumento de los egiptólogos para desmontar tal herejía era que la datación de Schoch no podía ser cierta porque entraba en contradicción con el paradigma imperante en el mundo de la egiptología según el cual antes del comienzo de la civilización de los faraones hacia el 3.100 a.C., no había seres humanos capaces de llevar a cabo una obra tan colosal y, al mismo tiempo, tan expresiva. Como esto no es un argumento en contra de Schoch, sino que es la simple constatación de que el dato de este geólogo está en contra del paradigma oficial, continuamos nuestro itinerario considerando válido su trabajo. Al fin y al cabo, si su datación está en contra de los marcos conceptuales de lo que la egiptología considera que fue el Antiguo Egipto, este es un problema de los egiptólogos, no de las milenarias marcas de erosión por agua que presenta la Esfinge.

Bien es verdad que, tras la datación de Schoch, otros científicos han propuesto fechas mucho más conservadoras, que se situarían hacia el 3100 a.C., cuando finalizó el período predinástico. Así pues, de una manera u otra, todas las dataciones coinciden en que este monumento se esculpió antes de que comenzase la civilización de los faraones que todos conocemos, y esto coincide a su vez con la época que hemos asignado para la construcción de la Gran Pirámide.

the Persian Conquest, Vol II, London 1906, pp. 320-324.

327   SCHOCH, Robert M., PhD. y AQUINAS McNALLY, Robert, Voices of the Rocks. A scientist looks at catastrophes & ancient civilizations, Harmony Books, New York 1999, p. 6.

© Miquel Boladeras
La Esfinge de Giza con la Gran Pirámide al fondo.
La perspectiva es de sureste a noroeste.

Hay asimismo otra característica de la Esfinge que ha sido menospreciada por los egiptólogos: su orientación astronómica. En primer lugar hay que recordar que la Esfinge representa la imagen de un león en reposo, con cabeza humana, y que este monumento tiene una orientación este-oeste.

Por otro lado, la cabeza humana de este monumento es desproporcionadamente pequeña con respecto al resto de su cuerpo. En este sentido, entre los especialistas subsiste la hipótesis ampliamente aceptada de que se desconoce cuál era el rostro original de la Esfinge, ya que por razones que se desconocen en algún momento del pasado se le practicaron unos arreglos de maquillaje.

Así pues tenemos una escultura, en el caso que nos ocupa, labrada directamente sobre la misma roca caliza en la que se asienta, con forma leonina y que, desde el punto de vista de las marcas de erosión que presenta, es mucho más antigua de lo que se creía. ¿Cuánto más?

Respecto a su orientación estelar, la astronomía nos indica que en el amanecer del equinoccio de primavera de hace 12.500 años, justo antes de la salida del sol por el horizonte, la Esfinge de Giza tenía ante sí a su oponente celestial, la constelación de Leo, elevándose sobre el horizonte.

Por otro lado, los dos monumentos adyacentes que acompañan desde tiempos inmemoriales la Esfinge, conocidos como el Templo del Valle y el Templo de la Esfinge, se levantaron utilizando piedras gigantescas, algunas de las cuales pesan doscientas toneladas. Las de menos peso, cincuenta. Puesto que los geólogos han demostrado que estos bloques de piedra caliza proceden de la misma zanja que se hizo para labrar la Esfinge, los egiptólogos reconocen que ambos templos han de tener la misma antigüedad que la Esfinge.

Así pues tenemos lo siguiente:

1- Una esfinge con forma de león en reposo que mira hacia su réplica celestial, la constelación de Leo, en el amanecer del equinoccio de primavera del 10.500 a.C.

2- Dicha estructura no contiene una sola inscripción de la misma época en que se erigió, y que consideramos anterior al 3100 a.C. Al no haber inscripción fundacional, no tenemos la información de quienes la erigieron ni cuando.

Sin embargo, en la estela que hacia el 1500 a.C. Tutmosis III situó entre las garras de la esfinge tenemos un dato que apunta claramente en la dirección de que dicho monumento en realidad señala a un haz de energía electromagnética que incide en la psique de los seres humanos. De acuerdo con el texto de la estela, el enclave de Giza es el «Lugar Espléndido del Primer Tiempo».[328] Esto es especialmente interesante porque la expresión «Lugar Espléndido» nos retrotrae a lo que los desconocidos teotihuacanos dibujaron en los murales de su ciudad: seres humanos transformados en peces alados, que no son más que metáforas de las mentes desligadas de su vinculación con el mundo físico, cuando el diluvio cayó sobre la tierra. Por otro lado, el concepto de «Primer Tiempo» nos recuerda a su vez que para los mayas, así como para multitud de otras civilizaciones, el diluvio comportaba el poner el contador del cómputo de tiempo a cero porque, a partir de este acontecimiento, se producía una nueva emergencia del ser humano en el plano de realidad físico-sensorial.

Este acontecimiento catastrófico presente en las tradiciones sagradas de las que hemos hablado también lo encontramos en el antiguo Egipto. Así, por un lado podemos leer en el *Libro de los Muertos* las evocadoras palabras de Atum, el anciano dios primordial que personificaba el sol del atardecer, la siguiente declaración:

Enviaré a los Ancianos y destruiré todo lo que han hecho; la tierra tornará al Agua Primigenia, a la inundación creciente, como era en su estado original...[329]

---

328   *Ancient Records of Egypt*, p. 323.

329   *Mitos y leyendas del Antiguo Egipto*, p. 170 (la cita se encuentra en la lámina 29 del *Libro Egipcio de los Muertos*).

Por otro lado, y de forma mucho más clara, tenemos un mito procedente de la tumba de Tutankamón (s. xiv a.C), aunque probablemente tiene un origen más antiguo, que narra lo siguiente: Ra, el dios personificado en el Sol, en tanto que soberano de los hombres, se encontraba en plena decadencia. El problema para dicha deidad era que no sólo sus súbditos se burlaban de él sino que, además, tramaban desposeerlo del trono. Tras convocar Ra en secreto al resto de los dioses, éstos decidieron que para castigar a los seres humanos debía enviarles a la diosa Hathor en forma de leona. El mito cuenta que la diosa llevó a cabo tal carnicería contra los seres humanos que Ra tuvo que inventar un engaño para detenerla.

Este relato es muy interesante porque contiene tres motivos que se nos hacen tremendamente familiares:

1- En primer lugar porque Hathor era una deidad en forma de vaca de la que destacaban sus dos prominentes cuernos bovinos.

2- En segundo lugar porque se consideraba a Hathor una diosa solar del cielo, así como de las aguas o cielos primigenios. Es decir, dicha deidad tenía una clara connotación acuosa y celestial.

3- Y en tercer lugar porque esta diosa, causante de un cataclismo sobre los seres humanos, tiene los mismos atributos que otra deidad responsable asimismo de una calamidad contra la humanidad: el Caimán Venado Estelar de la tradición maya de la que hemos hablado. Esto es así porque el atributo depredador se corresponde con una leona en la tradición egipcia y en un caimán en la maya; la condición de presa se corresponde en Egipto con una vaca mientras que en Mesoamérica es un venado; y el motivo celestial en ambas tradiciones queda claro cuando sabemos que Hathor era considerada el Ojo del Sol así como su esposa o hija, mientras que el cuerpo del Caimán Venado Estelar maya estaba formado por varios planetas así como por el Sol.

La presencia de presas y depredadores en los pasajes de contenido catastrófico de las tradiciones sagradas lo volvemos a encontrar, sin salirnos de Egipto, en el relato más influyente de toda la mitología de esta civilización: el mito de Isis y Osiris. De forma muy sintética, el relato explica que antes que reinasen los faraones, en el momento mítico, Osiris gobernaba en la Edad de Oro. Dicho reinado acabó de forma abrupta cuando Seth, su hermano, lo asesinó. Isis, su esposa, recuperó su cuerpo y póstumamente concibió a su hijo Horus quien, con el tiempo, vengó a su padre restableciendo el orden en Egipto. Finalmente, Horus resucitó a su padre y lo convirtió en el señor del Duat, desde donde preside el juicio a las almas de los muertos.

El principal problema a la hora de hacer una interpretación del mito es que no disponemos de la versión original del mismo. Conocemos como fue variando a lo largo del Egipto dinástico pero nos falta esta partitura original. Las primeras referencias de este mito las encontramos en los *Textos de las Pirámides*, y a pesar de que en estos documentos nos faltan muchos eslabones del mito, en dicho corpus de declaraciones para que el faraón alcance la vida eterna se indica, en varias ocasiones, que Osiris está en el territorio de la Gacela, y que Seth está en el territorio del León. No he encontrado investigación alguna que explique qué significan estas dos asociaciones. Así pues, dejo la puerta abierta a que estas indicaciones depredador-presa, que constatamos en otras tradiciones sagradas, remitan también a un acontecimiento vinculado con la conciencia del ser humano.

Dicho claramente: el mito de Isis y Osiris explicaría, de forma simbólica, el acontecimiento de origen celestial y de naturaleza electromagnética, que impactó con la psique del ser humano produciéndole una alteración de la percepción física de la realidad: la Gacela-Osiris, que sería la parte de la mente que capta la realidad física, fue destruída por el León-Seth, un haz de energía electromagnética procedente del cosmos.

Sobre este cúmulo de datos a favor de la hipótesis cognitiva del Diluvio Universal no está de más añadir que en cierta ocasión, Ramana Maharshi indicó que «la mente es el tigre o el gamo».[330] Es decir, si la interpretación que hago de las palabras de este sabio es correcta: la mente provista de pensamientos es el gamo; desprovista de ellos es el tigre. ¿Sería tan extraño que diversas tradiciones sagradas hayan utilizado los mismos símbolos básicos para explicar los mismos fenómenos que delimitan el perfil de lo que somos los seres humanos independientemente de la cultura de la que provengamos?

Hay otro aspecto del mito osiriaco que todavía da más solidez a la hipótesis que este relato nos esté hablando de planos de conciencia del ser humano. Y es que Osiris-Orión, este dios y sección del cielo nocturno que hemos identificado con el *ba*, la mente desprovista de la percepción física de la realidad, se identificaba originariamente con el agua de la inundación anual del Nilo,[331] al tiempo que también se le relacionaba con los lagos y el mar.[332] Es decir, la

---

330   *Talks with Sri Ramana Maharshi*, p. 11, diálogo 17.

331   GRIFFITHS, J. Gwyn, *The origins of Osiris and his cult*, Munchner Agyptologische Studien 9, 1966-1967, p. 103.

332   Ibid., p. 98.

literatura funeraria egipcia deja bien clara la naturaleza acuosa de Osiris.[333] En este sentido, los textos sostienen que en la Duat, el lugar del inframundo desde el cual Osiris juzgaba los difuntos, hay lagos de agua. Puesto que el inframundo es el lugar al que van las almas desencarnadas, este enclave acuoso no puede tener existencia en algún lugar del espacio. Dicho claramente: todo induce a pensar que la Duat es aquel "lugar" o situación que alcanza la mente del ser humano cuando se ha desprovisto de la percepción física de la realidad al haberse liberado del cuerpo físico con sus cinco sentidos.

Todas estas consideraciones nos llevan a sugerir que estos mitos de la tradición egipcia así como la página del *Códice de Dresde* en la que se escenifica el diluvio en la cultura maya, señalan a un mismo fenómeno que ocurrió en el pasado, y que cada una de estas civilizaciones lo explicó de acuerdo con los marcos culturales así como con las referencias del entorno natural que tenían a mano.

Vayamos, finalmente, a la tradición a la que pertenecía Ramana Maharshi. En el *Bhagavata Purana* leemos un pasaje sobre el diluvio que, aplicando la clave cognitiva, desvela su pleno significado:

Visnú es el creador y preceptor de la creación móvil e inmóvil. Él es el controlador del mundo y el espíritu interior que mora en todos los seres. Su llegada (a la Tierra) es para la protección del sendero verdadero y para limpiar todos los Karmas de los honrados y para liderar en ellos su Final Emancipación de la Ilusión (Samsara).

En las casas de Visnuyasas, el espíritu noble Brahmana jefe de la localidad denominada Sambhala, encarnará Kalki...

El Señor del Universo..., montando sobre su caballo volador denominado Devadatta, cabalgará por toda la tierra. Con su espada destruirá los infieles, dotado con las cualidades de sus ocho opulencias...

(Para indicar el principio de la Edad de Oro-Edad Krita) Acto seguido, cuando toda clase de ladrones y enemigos de la sociedad sean aniquilados en la ciudad y en el campo, las mentes de las poblaciones rurales y urbanas se volverán puras al ser tocadas por un viento que llevará la sagrada fragancia de pigmentos del Señor Vasudeva.[334]

---

333 Ibid., p. 3 y pp. 96-114.

334 *Bhagavata Purana*, traducción y notas del Dr. G. V. Tagare, Vol. V, Motilal Banarsidas Publishers, Dehli 1997. Canto XII, capítulo II, párrafos 17-21 (pág 2.132). Cabe explicar aquí que en el *Mahabharata* se identifica a Vasudeva con el padre del dios Krishna y en el *Bhagavad-Gita* como el propio Krishna.

Por si todavía hay dudas acerca de esta interpertación cognitiva del Diluvio, no está de más recoger algunas expresiones que utilizó el mismo Ramana Maharshi para referirse al despertar espiritual que tuvo a los 17 años y que cambió su vida:

Cuando dejé mi casa (a mis 17 años), yo era como una manchita barrida por una tremenda inundación. No sabía nada de mi cuerpo o del mundo, si era de día o de noche. Incluso me era difícil mantener los ojos abiertos.[335]

Asimismo, recordemos uno de sus poemas devocionales dedicados a Arunáchala, en el que Maharshi hizo una escueta pero interesante referencia acerca de su temprano despertar espiritual:

Buscando Tu Ser Real con coraje, mi balsa volteó y las aguas cayeron sobre mí. Ten misericordia de mi, Oh Arunáchala;[336]

Para acabar, no me resisto a añadir el pasaje de un diálogo que mantuvo, en cierta ocasión, con un monje jaina:

Monje: *El mundo está en estado de degeneración. Cada vez va peor, espiritualmente, moralmente, intelectualmente y en todos los sentidos. ¿Vendrá un maestro espiritual para salvarnos del caos?*
Maharshi: *Inevitablemente. Cuando la bondad declina y la maldad prevalece, Él viene para reinstaurar la bondad. El mundo no es ni totalmente bueno ni totalmente malo: es una mezcla de los dos. La alegría o el dolor en estado puro no se pueden encontrar en el mundo. El mundo siempre necesita a Dios y Dios siempre viene.*
Monje: *¿Nacerá en oriente o en occidente?*
El Maharshi se rió de la cuestión pero no la contestó.[337]

---

335   *Surprassing Love and Grace, An offering from his devotees*, Sri Ramanasramam, Tiruvannamalai, 2009.

336   Ramana Maharshi, *The collected works of Sri Ramana Maharshi*, Sri Ramanasramam, Tiruvannamalai, 2011, p. 88.

337   *Surprassing love and grace. An offering from his devotees*, Sri Ramanasramam, Tiruvannamalai, 2009, p.16.

8.2- Buscando la prueba del diluvio cognitivo

Si la hipótesis del diluvio electromagnético es cierta, le falta algo fundamental: el registro geológico o biológico que prueba que tal acontecimiento
ocurrió hace 12.500 años. ¿Puede ser que dicho dato no se haya encontrado
porque, sencillamente, no se ha buscado? ¿Qué tipo de registro debería dejar
un acontecimiento de este tipo? El asunto es escabroso, o insoluble si la
hipótesis que propongo es falsa, porque de entrada no sabemos qué tipo de
fuerza electromagnética es capaz de producir un bloqueo de la conciencia
como el que, según hemos visto, parece que está describiendo la tradición
mesopotámica así como la mesoamericana y la andina. Sin embargo, puede
que el registro esté ahí, en algún tipo de soporte mineral o vegetal, esperando
a que alguien lo encuentre. En este sentido, podemos poner dos ejemplos
que muestran como diversos fenómenos electromagnéticos de naturaleza
accidental, abrupta, ya sean de origen terrestre o cósmico, han dejado la
huella de su paso en el registro mineral y vegetal.

En 1971 la revista *Nature* publicaba la información *New magnetic reversal
at 12.500 years?*,[338] en la que se recogían los trabajos de geofísicos suecos. En
esta investigación detectaron que la orientación magnética de una sección
de sedimento de 12.500 años de antigüedad, fecha que coincide con la que
proponemos para el episodio del diluvio cognitivo, estaba invertido. Puesto
que este dato entraba en contradicción con el análisis del registro magnético
de otros sedimentos en todo el planeta, no se descartaba que el trabajo de
estos suecos revelase una inversión momentánea del magnetismo terrestre.
Bien es verdad que tras esta investigación no se han encontrado más datos que
apunten a que hace 12.500 años se hubiera producido el supuesto impacto
de energía electromagnética susceptible de afectar la captación sensible de
la realidad de los seres humanos. Al fin y al cabo, como hemos dicho, no
sabemos qué tipo de fuerza electromagnética puede generar tal efecto en la
mente de los seres humanos. Por lo tanto, mucho menos sabemos qué tipo
de registro mineral o vegetal estamos buscando. Por otro lado, el estudio
de *Nature* citado no aporta datos que identifiquen el fenómeno por el cual
tuvo lugar dicha inversión del campo magnético de la Tierra.

Más recientemente, en enero del 2013, investigadores japoneses de la
Universidad de Nagoya indicaron[339] que en el año 774 o 775 d.C., la Tierra

---

338 MÖRNER *et al.*, *A new magnetic reversal at 12.500 years?*, Nature, vol 234, december
     1971, p. 441.

339 Información disponible en la web de la *Royal Astronomical Society* de Londres:
     http://www.ras.org.uk/news-and-press/224-news-2013/2215-did-an-8th-century-

recibió el impacto de una radiación cósmica de origen desconocido. Los científicos llegaron a esta conclusión tras analizar el Carbono 14 contenido en los anillos de crecimiento de dos cedros de Japón, así como de otros árboles de Europa y de América del Norte. Concretamente, los investigadores encontraron, en los círculos de crecimiento de estos árboles correspondientes a los años 774 o 775, un incremento brusco del Carbono 14.

Los astrónomos sugerían que el origen de esta anomalía era el choque o la fusión de dos objetos estelares que bien pudieran ser agujeros negros o estrellas. Asimismo, los investigadores indicaban que, debido a tal colisión y posterior fusión, en menos de dos segundos se habría liberado una gigantesca cantidad de energía y de radiación electromagnética que habría sorteado la magnetosfera de la Tierra y habría dejado huella de su impacto en las plantas.

En estos dos estudios el registro de alteración electromagnética es fácilmente constatable. Sin embargo, ya dijimos que mediante el Casco de Dios de Michael Persinger, con el que algunos experimentadores tenían alteraciones en la percepción sensorial, se utilizaron débiles campos magnéticos. ¿Qué tipo de registro geológico o biológico dejan este tipo de energías? Si en el registro geológico o biológico de hace 12.500 años se encontrase el rastro de una anomalía electromagnética que, en primer lugar, no se repitiera en ningún otro registro fósil y que, en segundo lugar, se pudiera asimilar al tipo de registro que dejan campos magnéticos susceptibles de neutralizar la percepción sensorial de la realidad física, entonces tendríamos un elemento de peso para defender la hipótesis cognitiva del diluvio. Por ahora tenemos los datos que se pueden extraer a través de la interpretación simbólica de lo que dicen los textos antiguos. Puede que en el registro de 12.500 años de antigüedad haya una huella, una extraña singularidad, esperando a que alguien dé con ella.

---

gamma-ray-burst-irradiate-the-earth

Capítulo 9
EN BUSCA DEL SÍMBOLO SAGRADO

9.1- ¿Dónde encontrar el signo divino?

A lo largo de toda la investigación el lector se tiene que haber dado cuenta de un hecho que para los antiguos revestía una significación especial. Este aspecto, del que ahora nos vamos a ocupar, es un número: el número tres. Como hemos visto, es el número que define y condensa la arquitectura fundamental de la naturaleza humana en sus dos facetas: divina y física.

Comenzamos nuestro periplo hablando de Ramana Maharshi y de su consideración sobre el hecho de que estamos limitados por tres estados de conciencia: el de la percepción ordinaria de captación del mundo físico y de nosotros mismos; el de la percepción mental que se genera cuando dormimos y tenemos las creaciones mentales que denominamos sueños; y el de la conciencia que surge cuando estamos dormidos profundamente, lo que la ciencia denomina Fase REM, y en la que la percepción que tenemos de ser una entidad individual desaparece junto con la percepción de cualquier tipo de realidad objetivable, sea ésta física o mental.

Maharshi sostenía que, tras estos tres estados, había un cuarto estado de seidad, que trascendía los tres primeros a la vez que era testigo de los mismos. Este estado, denominado Turîya o Atman en la tradición hindú, y que nosotros denominamos Ser, era el que encarnaban los místicos de todas las tradiciones sagradas: la iluminación.

Puesto que estas experiencias forman parte del acerbo cultural de la historia de la humanidad podemos suponer que existe un símbolo fundamental que las representa. ¿Cuál puede ser este símbolo? Pienso que la respuesta nos viene a través del explorador, artista y místico ruso Nikolái Roerich.

9.2- Las pistas de Roerich para llegar a Shambala

Entre los años 1925 y 1928 Roerich viajó por Asia Central siguiendo el mismo itinerario que recorren las agujas de un reloj: desde Ceilán atravesó la India, cruzó de sur a norte la meseta del Pamir, bordeó por el oeste las fronteras de Taklamakán y alcanzó las montañas del Altai, en el sur de Siberia, para después tomar rumbo sur cruzando el Gobi, después los Himalayas para llegar de nuevo a la India. En este viaje, que le inspiró centenares de bellas acuarelas, centró su interés en los aspectos históricos y etnográficos de los pueblos asiáticos, muy especialmente en las migraciones que se habrían producido en la Edad de Piedra.

Sin embargo, la obra de Roerich es conocida principalmente por el interés que le generó una referencia que el hombre occidental considera puramente mítica mientras que las personas que profesan la religión hindú o budista consideran que su existencia es real: esta referencia es Shambala.

Según estas tradiciones religiosas, Shambala es un reino escondido en algún lugar al norte del Himalaya, una tierra de hombres sabios donde no existe ni la enfermedad, ni la violencia ni la mentira. Sin embargo, algunos estudiosos advierten que hay que entender dicha referencia geográfica en sentido simbólico. De esta manera, Shambala sería en realidad un enclave real pero intangible desde el punto de vista de la conciencia ordinaria. Las pruebas de que esto es así se encuentran salpicadas tanto en textos antiguos como en las declaraciones de los líderes religiosos.

Veamos primero la indicación que aparece en un texto que ha llegado a nosotros a través del docto tibetano Jo-nang Tārānātha, nacido en 1575. Es el *Kalāpavatāra* y tiene el interés de ser el documento más antiguo que describe en detalle, y de forma simbólica, el viaje hasta Kalāpa, la capital de Shambala. En un pasaje de dicha obra se indica cuál es la cualidad que caracteriza dicho lugar:

> El lugar que es nombrado como Shambala: ¡allí está el estandarte victorioso que toma el nombre del león! Como el bien conocido estandarte del león, aquel lugar es llamado la tierra de Shambala.[340]

Volvemos, pues, al motivo felino. ¿Se utilizó como alegoría para indicar la capacidad de determinados individuos para neutralizar sus pensamientos y trascender, de esta manera, su plano«» físico y mental de existencia? Con

---

340   Fragmento del *Kalapavatara* extraído del libro *Shambala. La tierra de los sabios*, Fabrizio Torricelli y María Liboria Marín, Akal, Madrid 2001, p. 123.

toda seguridad, porque también constatamos que en este orden de cosas se alinea el testimonio del mismo Tenzin Gyatzo, el actual Dalai Lama, quien en 1985 dijo acerca de Shambala...

> *...no es un lugar físico que podamos encontrar en la realidad. Sólo puedo decir que es una tierra pura, una tierra pura dentro del ámbito humano.*[341]

¿A qué otra tierra pura puede referirse el Dalai Lama si no es a la parte de nuestra naturaleza que no es material? Ya hemos visto que distintas tradiciones sagradas consideran que una parte de nuestro ser trasciende las coordenadas espacio-tiempo. A esta parte de nuestra naturaleza se refería el texto del *Kalāpavatāra* cuando indicaba que en Shambala está el estandarte del león, así como cuando el Dalai Lama mencionaba que esta tierra pura en realidad está dentro de nosotros.

Vistas así las cosas, no es demasiado difícil hacer corresponder esta tierra pura, de la que después me ocuparé, con lo que encarnó Ramana Maharshi: el cuarto estado de conciencia que trasciende los otros tres. Al fin y al cabo, el Dalai Lama reconoció de Maharshi que «su grandeza espiritual es una guía para millones de personas. Los maestros como él iluminan el camino y aportan consuelo a la humanidad que sufre».[342]

Así pues Shambala, esta referencia que tanto interés generó en Roerich, representa con toda probabilidad este cuarto estado de seidad. Esta suposición tiene su fundamento porque para Roerich Shambala era «el Lugar Sagrado en donde el mundo terreno conecta con los más altos estados de conciencia»[343] y, en este sentido, consideraba que representaba «el más alto concepto de evolución».[344] Todo lo cual no deja de ser sorprendente. En primer lugar, porque vincula el destino final de la evolución del ser humano en un terreno en el que el desarrollo económico, científico y técnico no tienen nada que aportar. En segundo lugar, porque este destino está vinculado a algo que siempre está presente en el ser humano; a algo que no hay que ir a buscar a ningún sitio ni es necesario esperar a que alguien nos lo muestre o dé permiso para alcanzarlo; y sobretodo, remite a algo que no se puede comprar

---

341   Fuente Wikipedia: http://es.wikipedia.org/wiki/Shambala

342   Por cierto, que esta es una declaración que demuestra la grandeza del Dalai Lama habida cuenta que él es el líder espiritual del budismo mientras que Ramana Maharshi provenía de la tradición hindú.

343   ROERICH, Nicholas, *Heart of Asia*, Roerich Museum Press, New York 1929, p. 160.

344   Ibid., p. 97.

con dinero. Este "algo" no es otra cosa que el ser conscientes de nuestra propia eternidad.

Sin embargo, hay dos aspectos de Roerich que llaman la atención: él nunca dijo que fuera una persona iluminada, que hubiera experimentado dicho estado de supraconciencia, aunque si uno repasa sus obras de arte, sus escritos y su vida, éstos inducen a pensar que así fue.

Fuente: Nicholas Roerich Museum. New York.
De acuerdo con mi hipótesis, Roerich escogió que el signo (⚫) figurase en su Bandera de la Paz porque simbolizaba lo que para él era Shambala: «el Lugar Sagrado, en donde el mundo terreno conecta con los más altos estados de conciencia».

El segundo aspecto de su vida que habla del interés de Roerich por Shambala e induce a creer que realmente tenía experiencia personal acerca de esta otra realidad de la conciencia, es que fue el impulsor de una iniciativa singular: un acuerdo internacional para la protección de las instituciones artísticas, científicas y de los monumentos históricos. Denominado Pacto Roerich, el acuerdo lo firmaron en la Casa Blanca el 15 de abril de 1935 hasta 34 jefes de Estado, en un acto apadrinado por Franklin Delano Roosevelt.

Fuente: Wikipedia
Firma del Pacto Roerich en la Casa Blanca

9.3- ¿Mensaje escondido en la Bandera de la Paz?

Lo interesante de dicho acuerdo es el símbolo que Roerich escogió para identificarlo: tres círculos dentro de otro círculo: (⦿). Acerca de este símbolo, que Roerich escogió como motivo central de la denominada Bandera de la Paz, este ruso escribió que «debe emplazar significativamente la conciencia del hombre para la protección de lo que en esencia pertenece no a una sola nación sino al mundo entero y constituye el orgullo real de la raza humana».[345] Sobre la universalidad de este símbolo Roerich remarcó:

> Este signo de la tríada que se encuentra en todo el mundo debe de tener varios significados. Algunos lo interpretan símbolo del pasado, presente y futuro, englobados en el anillo de la Eternidad; otros consideran que se refiere a la religión, la ciencia y el arte, sostenidos juntos en el círculo de la Cultura. Pero cualquiera que sea la interpretación de este signo en sí mismo tiene el carácter más universal.
>
> El más antiguo de las símbolos de la India, Chintamani, el signo de la felicidad, está compuesto de este símbolo y uno puede encontrarlo en el Templo del Cielo en Pekín. Aparece en los Tres Tesoros del Tíbet; en el pecho de Cristo en la bien conocida pintura de Memling; en la Madonna de Estrasburgo; en los escudos de los Cruzados y en el

---

345   ROERICH, Nicholas *The Roerich Pact and the Banner of Peace*, Published by The Roerich Pact and Banner of Peace Comitee, New York 1947, p. 7.

escudo de armas de los Templarios. Puede ser visto en las hojas de las famosas espadas caucásicas conocidas como "Gurda".

Aparece como símbolo en un número de sistemas filosóficos. Puede ser encontrado en las imágenes de Gestar Khan y Rinden Djapo; en el "Tamga" de Timurlane y en el escudo de armas de los Papas. El estandarte se ve en las obras de antiguos pintores españoles y de Titian, y en el antiguo icono de St. Nicholas en Bari y en el de St. Sergio y la Sagrada Trinidad.

Puede encontrarse en el escudo de armas de la ciudad de Samarcanda, en antigüedades de Etiopía y coptas, en las piedras de Mongolia, en anillos Tibetanos, en los ornamentos pectorales de Lahul, Ladak y en todos los países del Himalaya, y en la cerámica de la edad neolítica.

Es conspicuo en los estandartes budistas. El mismo signo está grabado en corceles mongoles. Nada, por tanto, podría ser más apropiado para reunir todas las razas que este símbolo el cual no es mero ornamento sino un signo que contiene un significado profundo.

Ha existido por inmensurables períodos de tiempo y se puede encontrar a través de todo el mundo. Por otro lado nadie puede pretender que pertenezca a ninguna secta en particular, confesión o tradición, y representa la evolución de la conciencia en todas sus fases variadas.

Cuando hay que preguntarse por la defensa de los tesoros del mundo, no hay mejor símbolo que pudiera ser seleccionado, porque es universal, sin limite de antigüedad y contiene un mensaje que debe encontrar un eco en todo corazón.[346]

No deja de ser curioso que Roerich hiciera esta recopilación de lugares en los que aparece dicho símbolo y que, al mismo tiempo, no digera lo que simbolizaba para él. A lo sumo, indicó que «representa la evolución de la conciencia en todas sus variadas fases» a la vez que reconoció que «contiene un significado profundo». Pues bien, tras este repaso uno tiene derecho a preguntarse a qué «significado profundo» se refería Roerich. Dado que escogió este símbolo con mucho esmero, y dado que el tema angular que subyace en toda su obra es Shambala, lógico es pensar que en el corazón de Roerich dicho símbolo remitía a este concepto.

En apoyo a dicha hipótesis tenemos numerosos ejemplos en los que el número 3, y en numerosas ocasiones mediante el signo (⁂), aparece vinculado a lo divino e inmortal en la naturaleza humana.

346   *The Roerich Pact and the Banner of Peace*, pp. 31-32.

9.4- El símbolo sagrado en Asia, Mesopotamia y Egipto

Volvamos una vez más al *Rig Veda*, el texto más antiguo de la tradición hindú. Escrito hacia el 1400 a.C. después que durante varios siglos fuera transmitido de forma oral, el *Rig Veda* relata que al principio el Cielo y la Tierra estaban unidos en un abrazo. Nada los dividía. Finalmente el dios Indra los separó. De esta manera, «el mundo creado tuvo el número tres como su signo: el Cielo, la Tierra y el espacio intermedio».[347] Lo interesante de este génesis es que «cosmogónicamente, el tres es el intermediario, principio activo entre la pareja primordial. Es el enlace y el mensajero entre estos opuestos»,[348] y no sólo eso sino que además es el «creador de nuestro mundo. Él le da firmeza, discriminación y poder de expresión».[349] Por la parte que más nos interesa, el texto hindú establece que estos tres niveles de realidad se corresponden con tres reinos de la conciencia,[350] de manera que «el tres en su valor decisivo es el número de la conciencia».[351]

Respecto de Mesopotamia, recordemos lo que indicamos acerca del dios Anu: que era la divinidad que lideraba el panteón de dioses de esta civilización porque era quien garantizaba la existencia de la dinastía divina en el poder; que no participaba directamente en las vicisitudes que sufrían las restantes deidades así como los seres humanos, sino que su función era básicamente pasiva; y que su valor numérico era 60, aspecto importante porque dado el sistema de numeración sexagesimal que inventaron los mesopotámicos, dicho valor contenía el significado de totalidad.

Estas consideraciones eran muy reveladoras porque, como también apuntamos, su ideograma en caracteres cuneiformes —✳— servía para describir la palabra "dios", que en sumerio se pronunciaba *Dingir*. La estructura cuaternaria de este signo era especialmente interesante porque para la palabra hombre se podía utilizar el signo ✢, mientras que el asignado para la representar la muerte podía ser el signo ◁. Tras estas explicaciones planteamos las siguientes hipótesis:

---

347   *The Triple Structure of creation in the Rg Veda*, p. 143.

348   Ibid., p. 143.

349   Ibid., p. 144.

350   Ibid., p. 157.

351   Ibid., p. 144.

1- El signo de las tres cuñas —⯈⫽— remitía a las tres partes divinas y una física del ser humano de las que nos habla la mitología mesopotámica.

2- El signo ⯈⫽ era una representación de la naturaleza en un tercio física de ser humano.

3- El glifo que identificaba a este dios —⯈✳— representaba el cuarto estado de conciencia al que señalaba Maharshi. Al fin y al cabo, los asiriólogos coinciden en que dicho dios es el padre del resto de los dioses y que vive «retirado».[352] De manera que las características de Anu son muy parecidas a las que Maharshi hacía del cuarto estado de conciencia cuando explicaba que éste era como la pantalla de cine en la que se proyecta una película: no toma parte de ella y sin embargo es la que permite su existencia.

Ahora vayamos a Egipto. Ya hemos visto que la estela situada entre las garras de la Esfinge indica que en el enclave se conmemoran los hechos del Tiempo Primero. En la cosmovisión egipcia dicho suceso es el asesinato de Osiris por parte de su hermano Seth, acontecimiento que dio fin a la Edad de Oro de los dioses. A pesar de su fallecimiento, su esposa Isis consiguió posteriormente ser fecundada por su esposo y dar a luz a Horus, quien a su vez vengó a su padre. Tras una cruenta lucha en la que Seth arrancó a Horus un ojo y éste a Seth un testículo, el dios Geb estableció el destino de Horus: en un primer momento dictaminó que fuera rey de la «División de las Dos Tierras»,[353] aunque después rectificó y decidió que sería el dios que uniría las Dos Tierras. De manera que aquí se repite el génesis hindú según el cual al principio cielo y tierra estaban unidos hasta que Indra los separó y el número tres se transformó en el número que definía la existencia del mundo creado: el cielo, la tierra y el espacio intermedio. ¿Es este número tres el que da razón de ser a la existencia de tres pirámides en la llanura de Giza? Si, tal como reza la estela situada entre las garras de la Esfinge, ese es el Espléndido Lugar del Primer Tiempo, esto significa que, al igual que Teotihuacan en México, la meseta de Giza simboliza la emergencia del ser humano desde el último cataclismo. Su mensaje contiene el génesis y éste, en sí mismo, contiene el número tres que remite a los tres estados básicos de conciencia de los que nos habla Maharshi.

---

352   *Cuando los dioses hacían de hombres*, p. 76.

353   HANCOCK, Graham, & BAUVAL, Robert; *El Guardián del Génesis*, Seix Barral, Barcelona 1997, p. 142.

© Miquel Boladeras
Las tres pirámides de Giza

Del Antiguo Egipto conviene mencionar otros dos aspectos que están relacionados con el número tres.

En primer lugar tenemos el jeroglífico "dar a luz" que incluye el signo 𓋳.[354] Según los egiptólogos representaba un delantal hecho de piel de foca.[355] De acuerdo con mi hipótesis, las tres pieles de foca que aparecen entrelazadas, o atadas, y que significan «dar nacimiento», muy bien pueden simbolizar la naturaleza tripartita del ser humano: el cuerpo físico, el alma o *ba* y el espíritu o *akh*. Baste recordar el texto hermético de origen egipcio según el cual «la muerte no consiste en la destrucción de las cosas reunidas sino en la disolución de la unión», para darnos cuenta que el nacer, el venir a la vida, no puede ser otra cosa que su contrario, y que dicho contrario, muy probablemente, está contenido simbólicamente en este jeroglífico. Al fin y al cabo, tal y como hemos mencionado, en los *Textos de las Pirámides* se indica que el faraón fallecido tiene que ser cortado en tres partes, de manera que el nacer debe contener la idea de unir estas tres partes que, con la muerte, se separarán.

---

354   *Egyptian Grammar*, p. 465.

355   Ibid., p. 465.

201

En segundo lugar tenemos el elemento oro. En todas las culturas en las que se ha conocido, dicho metal se ha utilizado para simbolizar lo eterno y lo divino porque es un elemento que no se oxida, no se degrada: es incorruptible. Pues bien, no deja de ser extrañamente coincidente que el jeroglífico más común para indicar el oro fuera ⬛, un collar de cuentas junto con tres bolitas o granos de arena. ¿Podría este jeroglífico señalar el mismo significado que hemos propuesto para la Cámara del *Ka* de la Gran Pirámide? Al fin y al cabo el collar de cuentas es un atavío que también ha estado siempre vinculado a la idea de eternidad. Así pues, el jeroglífico ⬛ para el oro es un compendio del significado propuesto para la Cámara del *Ka* de la Gran Pirámide: la idea de los tres estados de conciencia —el sarcófago y los dos canales abiertos a las estrellas— contenidos en la eternidad —el *Ka*— que es el cuarto estado de conciencia que trasciende los otros tres.

9.5- El símbolo sagrado entre los mayas

Los mayas también tuvieron su Génesis. La versión más completa del mismo está esculpida en una estela del yacimiento arqueológico de Quiriguá y dice así:

> «El 4 *ajaw*
> 8 *Kumk'ú*, se manifestó la imagen
> se colocaron tres piedras, la piedra remero jaguar, ellos plantaron
> la piedra, Remero Raya, el Remero Raya,
> ocurrió en el Primer-Cinco-Cielo, piedra trono de jaguar,
> puso la piedra, Negro-Primer-Rojo-¿?,
> ocurrió en el lugar de la tierra, piedra trono de serpiente,
> y entonces ocurrió que se puso la piedra, *Na Itzamhi*,
> piedra de trono de lirio acuático, ocurrió en el cielo acostado,
> Primer Lugar de las Tres Piedras, se completaron 13 *bak'tunes*,
> Esa fue su acción, Señor del Cielo Elevado».[356]

356 SCHELE, Linda and D. VILLELA, Khristaan, *Creation, Cosmos and the Imaginery of Palenque and Copan*, Eight Palenque Round Table, 1993. Publicado por Martha J. MACRI and Jan McHARGUE en San Francisco: Pre-Columbian Art Research Institute, 1996. Disponible en: http://www.mesoweb.com/pari/publications/rt10/Creation.pdf

Evidentemente, de este proceso de creación maya nos resuenan especialmente las expresiones «se colocaron las tres piedras» así como el «Primer Lugar de las Tres Piedras». ¿Remiten estas tres piedras a los tres estados de conciencia básicos de los que estamos hablando? La respuesta es afirmativa y, aunque la podría haber encontrado mediante una lectura atenta de la inscripción —cosa que no hice—, ésta se me suscitó a través de un muy interesante artículo de Matthew G. Looper[357] sobre este mito maya de la creación. En este trabajo, Looper remarca que, tal y como especifica el texto, cada una de las tres piedras pertenece a uno de los tres ámbitos de la cosmología maya. Así, la primera piedra pertenece al cielo, la segunda a la tierra y la tercera al agua.[358]

Además, el análisis de la inscripción llevada a cabo por Looper nos permite constatar otro aspecto fundamental: que el mito maya de la creación, tal y como se expresa en la Estela C de Quiriguá, es idéntico al del *Rig Veda* hindú. Recordemos que según este texto precursor del hinduismo, al principio el Cielo y la Tierra estaban unidos en un abrazo y nada los dividía. Finalmente los separó el dios Indra, acto que dio lugar a la creación del Cielo, de la Tierra y del espacio intermedio.[359] Dicha acción conllevó que el mundo creado tuviera el número tres como signo y que este número tres remita a los tres reinos básicos de conciencia.

Por su parte, Looper recuerda que las tradiciones sagradas mayas se habla de un momento anterior a la creación primordial que se caracterizaba por el hecho de que «no había ni cielo ni tierra». Asimismo, de acuerdo con este investigador, el texto de la Estela C de Quiriguá «indica claramente una distinción jerárquica entre la tercera piedra y las dos primeras».[360] Esto es así porque el texto indica que las dos primeras, las que pertenecen al cielo y a la tierra, fueron erigidas de forma simultánea. Una vez ejecutada esta acción el pasaje indica que «entonces ocurrió que se puso la piedra» —la tercera— que pertenece al elemento agua. De manera que los anónimos creadores de este texto otorgaban una relación particular entre las dos primeras piedras y la tercera, relación que nos retrotrae al *Rig Veda* con sus pares de opuestos, Cielo y Tierra, a los que hay que sumar el espacio inter-

357   Looper, Matthew G. , *The Three Stones of Maya Creation Myhtology at Quiriguà*, Mexicon XII, 2007, (2): 24-30.

358   Ibid., p. 25.

359   *The Triple Structure of creation in the Rg Veda*, p. 143.

360   Ibid., p. 26.

medio, que en el mundo maya es el del agua, y que nosotros identificamos con el de la mente humana.

Por otro lado, este lugar en el que se situaron las tres piedras de la creación se ha identificado, a nivel cósmico, con el triángulo que forman las estrellas Alnitak, Saiph y Rigel, de la constelación de Orión.[361] Esto de por sí es muy importante porque en idioma quiché estas tres estrellas de la constelación de Orión se denominan Oxib' Xt' ub', que significa «tres piedras-chimenea». Por su parte la nebulosa M42, que se ve como un fondo blanquecino en medio de estas tres estrellas, se denomina Q' aq', que significa «fuego». Esta vinculación entre el aspecto celestial y el hogareño tiene su correlato en la vida doméstica de muchas etnias indígenas porque para hacer el fuego del hogar juntan los extremos de tres troncos. Por la parte que nos interesa, la identificación entre el proceso de creación, el número tres y el fuego, es fundamental porque en el sistema de escritura maya el glifo correspondiente para el elemento fuego es 🐚.

Así pues, el glifo del fuego contiene en sí un valor simbólico: el que remite al proceso de creación en el mundo maya. Sin embargo, el glifo fuego contiene otro aspecto que refuerza la hipótesis de que su significado simbólico esté vinculado con la conciencia del ser humano. Dicho aspecto deriva del hecho de que este glifo —🐚— representa la sección de una concha de mar, animal marino que hemos identificado con el substrato más sutil de nuestra conciencia. La decodificación simbólica del texto de Quirigua que nos permite establecer una vinculación entre el fuego de la creación y el nacimiento de la conciencia del ser humano cobra sentido cuando leemos en uno de los libros mayas prehispánicos que «cuando el mundo fue sumergido, cuando no hubo ni cielo ni tierra, nacieron las tres piedras preciosas de las tres esquinas».[362]

¿Es posible que los glifos mayas, además de los reconocidos valores léxicos y silábicos, contengan también los valores simbólicos subyacentes que propongo? Ya me he ocupado de los glifos «concha» que representan el número cero, el glifo en el que una mano agarra un pez, que define el acto de conjurar, así como los peces que aparecen en escenas sobre el Diluvio. La interpretación que hemos hecho de estos signos y representaciones es que remitían, de forma simbólica, a estados sutiles de conciencia.

En el ámbito del número tres, que como vemos está vinculado al fuego y a la creación, encontramos datos que nos conducen de lleno a la identificación

---

361 *Creation, Cosmos and the Imaginery of Palenque and Copan*, p. 3.

362 *The Three Stones of Maya Creation Myhtology at Quiriguá*, p. 24.

de este número como la representación básica de la concepción espiritual del ser humano.[363] Vayamos paso a paso.

En primer lugar hay que indicar que los mayas desarrollaron varios calendarios para contar el paso del tiempo. El más simple de ellos es el denominado *tzolkin* o Cuenta de 260 Días. Dicho ciclo resultaba de permutar una cuenta de 20 unidades con otra de 13. Debido a que 20 y 13 no tienen un denominador común, la coincidencia de un día no volvía a ocurrir hasta que habían pasado 260 días (resultado de 20 x 13= 260).

Mientras que cada uno de los 20 días de la primera cuenta tenía un nombre —por ejemplo, el primer día se denominaba Imix, el segundo Ik' y el tercero Ak'bal—, la segunda cuenta de 13 días asignaba el número 1 al primer día, el número 2 al segundo, el número 3 al tercero, y así sucesivamente hasta el día número 13. De esta manera, si pusiera en marcha esta Cuenta de 260 días, establecería que hoy, en vez de ser viernes 26 de octubre del 2012, en términos mayas estaría en el día 1 *Imix*, mañana será 2 Ik' y pasado mañana será 3 Ak'bal. Lo interesante de esto es que el día número 20 de la primera cuenta, y que marcaba el fin del período de 20 días, es decir su compleción, era el día *ajaw* y su glifo correspondiente era . Vale la pena indicar que las tres patas del glifo también se encuentran en los signos de los otros 19 días, así que la parte importante a retener en el glifo es la central: . Es decir, que lo que claramente caracteriza el día *ajaw* son las tres partes en las que está estructurado dicho signo.

Esto es importante porque los dirigentes mayas, que eran personajes considerados divinos, tenían un término universal para referirse a su condición de reyes o de supremos gobernantes. Este título se denominaba también Ajaw, y en estos casos el glifo tripartito en cuestión se acostumbraba a situar en la frente, o en la mejilla, del personaje al que se atribuía dicho rango:

Los académicos sostienen que en su origen, el glifo pretendía representar el rostro de un mono o de un ser humano. De esta manera el círculo inferior representaría la boca y los dos círculos superiores representarían los ojos. Sin embargo, esta explicación no me convence.

En primer lugar por la ubicación en la que, tal como hemos visto, el glifo se situaba respecto el rostro del personaje: la frente, que es el mismo lugar del que emerge la divina cornamenta del venado.[364]

---

363 Evidentemente, valdría la pena estudiar la posibilidad que esta interpretación del número tres en el mundo maya tenga su aplicación para la comprensión de la Tríada de Palenque.

364 *Muerte de un viajante. El viaje del way Sagrado Venado Muerto*, p. 88.

En segundo lugar porque el glifo 🔲 tiene dos valores léxicos. Aparte de *ajaw* que, como hemos visto, significa rey o señor, título que de forma implícita conlleva la atribución de naturaleza divina, también contiene el valor léxico de *nich*, que significa flor. Y esto es importante porque la tradición maya tenía su propio paraíso celestial: denominado Mundo Flor, era considerado un lugar donde se situaba la morada de los dioses y de los ancestros.[365] Este Mundo Flor fue motivo de un interesante artículo de corte antropológico e histórico que llevó a cabo el investigador norteamericano Karl Taube. De este trabajo merece la pena tomar las siguientes consideraciones:

El paraíso floral estaba íntimamente relacionado con el concepto del aliento del espíritu, fuerza vital que usualmente se simbolizaba con la imagen de la flor. Esto es debido a que los mayas consideraban que el aliento constituía la esencia del alma, la cual continuaba tras la muerte como una etérea «alma del muerto».[366]

Este concepto de aliento del alma estaba muy extendido entre los pueblos de Centroamérica y se vinculaba con el suave aroma de las flores así como con la fragancia que desprende el incienso, cualidades todas ellas que son transportadas por el aire o el viento. Es por este motivo que el antiguo dios maya del viento personificaba lo que algunas veces se define como el aliento espiritual,[367] y en otras como el aliento del alma.[368] Es decir, que el dios del viento engloba estos dos conceptos.

Esto no nos habría de extrañar: la tradición de los miembros de la etnia tzotil del altiplano de Chiapas indica que en su paraíso celestial, que denominan Winahel, «hay muchos árboles frutales, muchas suaves y aromáticas flores…».[369] Asimismo, el mito relata que al final del tiempo la luna y el sol ascienden a este reino para no volver jamás.

Dicho de otra manera: el Sol y la Luna convergen en un lugar que representa el cenit de la morada divina, todo lo cual nos remite a aspectos de los que ya hemos hablado sobre el destino final del substrato sutil, no material, del ser humano. En concreto, del concepto mesopotámico de la «unión de los ríos» donde fue destinado a disfrutar de la inmortalidad el superviviente

---

365 Taube, Karl, *Flower Mountain. Concepts of life, beauty, and paradise among the Classic Maya*, Anthropology and Aesthetics, 45, 2004, p. 69.

366 Ibid., p. 72.

367 Ibid., p. 73.

368 Ibid., p. 74.

369 Ibid., p. 70.

del diluvio; así como del interés de Maharshi en que recordáramos que la palabra yoga significa unión o reunión de lo que permanece separado.

Pues bien, la vinculación del dios del viento maya con la parte espiritual o trascendente del ser humano nos interesa especialmente porque en algunas ocasiones dicho dios se representaba mediante un glifo que significaba el número tres.[370] De hecho, tal y como recuerda Taube, en varios lenguajes mayas la palabra para el número tres, *ox* o *ux*, está relacionada con los términos para respiración, viento, vapor, perfume y espíritu.[371] Y esto nos lleva de nuevo al glifo tripartito *ajaw* —⟨glifo⟩—, puesto que en varias escenas en las que se escenifica un episodio mítico que concierne a la captura del dios del viento, aparece dicho glifo que era equivalente al día Flor.[372]

¿Estaban los mayas representando a través de esas escenificaciones un estado de conciencia equivalente a lo que en la tradición hindú se denomina el Ser, en la tradición egipcia el *Ka* así como la Shambala del budismo? Al fin y al cabo estos conceptos, a pesar de formar parte de tradiciones bien diferenciadas, vinculan íntimamente el número tres con la experiencia trascendente más elevada a la que puede llegar el ser humano.

En este punto, vale la pena añadir un dato que, cuanto menos, es curioso: al hacer una simple ojeada al primer volumen del *The New Catalog of Maya Hieroglyphs* uno se encuentra el glifo ⟨glifo⟩, definido como «flor con remolino», y que algunos especialistas en epigrafía le atribuyan un probable valor fonético *Ka*.[373]

Sea como sea, a través del glifo ⟨glifo⟩ hemos llegado a una concatenación de conceptos que incluyen los del aliento vital, el aire, el dios del viento, la fragancia de las flores, el número tres, el paraíso celestial y lo que es más importante: lo que para los mayas parece ser tanto el alma como el espíritu y, por tanto, la unión de estos dos conceptos en una supraentidad que representa la parte más divina del ser humano y la morada más paradisíaca a la que éste pertenece. Así pues, a través de los glifos del fuego—⟨glifo⟩— y del título de gobernante —⟨glifo⟩—, nos hemos acercado primero al concepto del origen y destino de la creación y del ser humano, y después hemos visto

---

370   Ibid., p. 73.

371   Ibid., p. 74.

372   Ibid., p. 76.

373   MACRI, Martha J.; LOOPER , Mathew G., *The New Catalog of Maya Hieroglyphs*, Volume 1, The Classic Period Inscriptions, University of Oklahoma Press, Norman, 2003, p. 189.

cómo están relacionados con conceptos que nos remiten a la naturaleza divina o sutil del ser humano.

Para aportar datos más concretos que apunten en la dirección de que la estructura tripartita de estos glifos señala la naturaleza en un tercio humana y en dos tercios divina del ser humano, debemos remitirnos a otro glifo.

Dicho signo es una variación del glifo *ajaw*, (⊙). Concretamente, difiere de éste en que la sección superior derecha, en vez de contener el círculo correspondiente, está cubierto con unas manchas oscuras que los especialistas han identificado con la piel del jaguar: (⊙). Esta vinculación felina es fundamental porque nos desvela una parte importante del significado del glifo. En 1976 el investigador David Kelley indicó la estrecha afinidad fonética que hay entre la palabra jaguar (*balam*) y la idea de «escondido detrás de algo» (*balan*). Y es que la raíz *bal*, en distintas lenguas mayas, significa esconder, encubrir debajo o detrás de algo. Por qué nos interesa esto lo explicó la investigadora Linda Schele, en un trabajo pionero que publicó sobre este glifo en 1980:

> En la gran mayoría de los ejemplos, las figuras marcadas por el glifo *balan-ajaw* son sobrenaturales (…) o aparecen en contextos marcados como sobrenaturales o en el inframundo. El *balan-ajaw* describe alguna cualidad compartida por todas estas figuras; la cualidad más probable parece ser su identidad como personajes del inframundo o bien de su presencia en escenas del inframundo. *Balan* significa "escondido", una descripción muy apropiada de los personajes que llevan este título.[374]

Si, tal como señala Linda Schele, el glifo (⊙) significa «señor escondido» o «jaguar escondido», nosotros podemos añadir algo al respecto: dado que este glifo deriva del signo *ajaw* —(⊙)—, que significa «señor» y que en el mundo maya es un título que se utiliza para indicar la cualidad divina de quien lo posee, podemos concluir que el glifo (⊙) significa «señor divino escondido». Es decir, que el glifo no deja de tener cierto carácter contradictorio: se usa para señalar que la persona a la que se atribuye el signo tiene una cualidad divina escondida que, precisamente, este glifo hace manifiesta. ¿Cuál es esta cualidad?

---

374 SCHELE, Linda, *Balan-Ahau: A Posible Reading of the Tikal Emblem Glyph and a Title of Palenque*. En Fourth Palenque Round Table, 1980 (Vol. VI), editado por Merle GREENE ROBERTSON y Elisabeth P. BENSON, pp. 64-65. San Francisco: The Precolumbian Art Research Institute. Disponible en: http://www.mesoweb.com/pari/publications/rt06/Schele1985.pdf

¿Podría ésta remitir a la conciencia del ser humano desligada de la percepción física de la realidad? Así parece desprenderse del comentario de Kelley cuando afirma que la mayoría de las figuras marcadas con este glifo se sitúan en el inframundo. Ya hemos indicado que este lugar, que aparece con frecuencia en los registos que nos dejaron los mayas, se identificaba con los cenotes sagrados, estas depresiones del terreno que contienen agua y que, a veces, forma lagunas dentro de cavernas. Como hemos propuesto, el dominio acuoso no es otro que el de la mente despojada de la percepción sensible de la realidad física. Así que la asociación del *way* —— con la mente en estado puro parece más que pertinente.

En 1989, nuevos trabajos arrojaron más luz sobre el significado de este glifo. Los investigadores Stephen Houston y David Stuart señalaron que su lectura era *way*, que en diversas lenguas mayas significa «transfigurar por encantamiento», así como «dormir» u «otro espíritu». Dicho *way* remitía al concepto de coesencia, término que hacía referencia a «un animal o un fenómeno celestial que, se cree, comparte la conciencia de la persona a la que pertenece».[375] Tal como recuerda Michael Coe:

> En varias lenguas Mayas, la palabra *way* hace referencia a un tipo de doble espiritual, a menudo de forma animal, con el cual la persona que lo posee permanece en comunión a lo largo de su vida. Tanto las inscripciones en cerámicas así como en los monumentos indican que cada gobernante tenía su *way* específico, quien aparementente establecía comunión con su alter-ego en un templo especial.[376]

Por otro lado, Houston y Stuart indicaban que, de acuerdo con los testimonios indígenas recogidos por los antropólogos, todos los seres humanos tienen al menos un *way*, que es incorpóreo, que emerge cuando dormimos, y que dentro de nosotros habita en la profundidad del corazón.[377] Esta emergencia del *way* con el acto de dormir es muy importante. Y es que, de hecho, «el término *way* no solamente indica el alter-ego espiritual del

---

375 HOUSTON, Stephen & STUART, David, *The Way Glyph: Evidence for Co-essences among the Classic Maya*, Research Reports on Ancient Maya Writing 30, Washington , D.C.: Center for Maya Research. Disponible en: http://www.mesoweb.com/bearc/cmr/RRAMW30-OCR.pdf

376 COE , Michael & VAN STONE, Mark, *Reading the Maya Glyphs*, Thames & Hudson, London 2001, p. 121.

377 *The Way Glyph: Evidence for Co-essences among the Classic Maya*, p. 2.

gobernante, sino también el acto de dormir y/o soñar».[378] Todo lo cual nos situa en el terreno propio de la mente desligada de su vinculación con la captación sensorial de la realidad física y, por ello, nos sitúa en el ámbito del alma humana. ¿Puede ser que el *way* remita a aquel nivel de conciencia en el que la mente trasciende el cuerpo?

Si partimos de la hipótesis de que *ajaw* —⊙— remite al cuarto estado de conciencia, al que los hindús denominan Ser y al que, de acuerdo con mi hipótesis, los egipcios denominaban *Ka*, podemos inferir fácilmente lo siguiente: el círculo inferior del glifo *ajaw* —⊙— remite al substrato físico de la realidad, a la mente ligada al cuerpo físico, mientras que uno de los círculos superiores remite a la mente desligada del cuerpo, y finalmente el otro identifica la mente desligada de sí misma. Puesto que la mente que se trasciende a sí misma es un estado pasivo de la consciencia que se equipara con el del sueño profundo, lógico es pensar que el *way* —⊙— de un individuo remite a la actividad de la mente desligada de su vinculación con el cuerpo, y que este dominio cognitivo tiene asignado la parte superior derecha del glifo *ajaw* —⊙— resultando de ello el glifo *way* —⊙—. Estas asimilaciones entre los tres círculos del glifo *ajaw* y los tres estados de conciencia de los que hablaba Maharshi pueden parecer sin fundamento, y por tanto también la conclusión a la que hemos llegado respecto el glifo *way*.

Sin embargo, las investigaciones más recientes que se han hecho para aclarar el significado del concepto *way* —⊙— señalan claramente en esta dirección. En el año 2005 David Stuart[379] reconocía que detrás del *way* había algo oscuro y siniestro. De acuerdo con él, «los seres *way* son representaciones de las fuerzas animadas oscuras que manejaban los brujos mayas para tratar de influir en otras personas, y quizás en otros gobernantes». Estas entidades, explicaba el investigador, representan la escenificación de hechizos, maldiciones y otros tipos de encantamientos que usaban los brujos. Estos hechizos se podían manifestar en forma de enfermedades o dolencias en el cuerpo, o tal vez a través de algún tipo de desgracia. Por este motivo, Stuart sostiene que el punto en común de estas representaciones en las que aparece el glifo *way* —⊙— sería el de provocar algún tipo de daño a alguien.

---

378   *Reading the Maya Glyphs*, p. 133.

379   Stuart, David, *Glyphs on Pots: Decoding Classic Maya Ceramics*, Sourcebook for the 2005 Maya Meetings at Texas, Department of Art and Art History, UT-Austin, Austin. Texto disponible en: http://decipherment.files.wordpress.com/2012/10/stuart-wahy-chapter-2005.pdf

La presencia de este contenido maléfico en las cerámicas mayas no debería ser tan extraño debido a que los antropólogos han recogido innumerables cuentos e historias en las que aparecen estos seres dañinos. Finalmente, Stuart añade un dato más que da peso a la vinculación entre el motivo *way* —⬤— y la brujería: en Tojolab'al, uno de los idiomas mayas, la palabra *swayjel*, cuya raíz es *way*, identifica la entidad maléfica que el brujo envía para enfermar a la gente.

Tras estos comentarios nos quedan dos preguntas fundamentales. La primera es: ¿por qué el glifo escogido —⬤— para expresar este concepto incorporaba la piel del jaguar? La respuesta es porque este animal era un icono de poder. Es decir, tal como indica Nicholas J. Saunders,[380] el motivo felino era una metáfora para expresar que en esos trances un alma felina se apoderaba del gobernante y éste integraba sus poderes depredadores. En este caso, la cualidad de depredar no era un símbolo que remitía a la neutralización de la propia mente sino a la neutralización, o trascendencia, de la naturaleza física: el cuerpo. El glifo señalaba que el gobernante que lo detentaba tenía poder sobre los potenciales enemigos —otros gobernantes o guerreros de otras ciudades estado— que, en este caso, eran sus presas potenciales.

La segunda y más importante pregunta que nos queda pendiente es: ¿qué hay de cierto en las escenas en las que aparece este glifo? Recordemos que en ellas aparecen seres sobrenaturales y ancestros, muchos de los cuales están flotando en medio de la escena, así como seres que combinan atributos humanos y animales. A esto hay que añadir que dichas escenificaciones tienen lugar en el inframundo y, por tanto, las entidades que aparecen remiten al mundo astral y no físico. Así pues, si queremos responder a esta pregunta sobre la realidad de dichos contenidos sobrenaturales, debemos preguntarnos qué hay de cierto en lo que experimenta un ser humano cuando ha ingerido substancias enteógenas, mal llamadas alucinógenas.[381]

En 1983 el descubridor del LSD, Albert Hoffman,[382] quien por cierto experimentó varias veces con esta sustancia y vivió con una salud física y

---

380 SAUNDERS, Nicholas J., *Architecture of Symbolism*, de la obra editada por él mismo: *Icons of Power. Feline symbolism in the Americas*, Routledge, London-New York 1998.

381 Para los que quieran saber más sobre este tema les recomiendo la lectura del libro de Graham HANCOCK, *Supernatural, Meetings with the Ancient Teachers of Mankind*, Century, London 2005. El suyo es un trabajo muy bien documentado de corte antropológico así como biográfico pues ha experimentado con diversas substancias alucinógenas.

382 HANCOCK, Graham, *Supernatural, Meetings with the Ancient Teachers of Mankind*, Century, London 2005, p. 291. La cita se encuentra originalmente en la obra

mental asombrosa hasta los 102 años, indicó que el uso de enteógenos, al alterar la bioquímica del cerebro, permitían conectar con una longitud de onda distinta a la que se corresponde con la de la realidad cotidiana. Esto permitía a la persona que hubiera ingerido este tipo de substancias percibir conscientemente otros niveles de realidad que existen en longitudes de onda distintas a las que podemos captar a través de los sentidos de nuestro cuerpo.

Por su parte, el escritor Aldous Huxley, después de haber experimentado con LSD y con mescalina, un alcaloide psicoactivo derivado del cactus conocido como peyote, llegó a la misma conclusión a la que ya había sido apuntada en su momento por el filósofo Henry Bergson: «la función del cerebro y del sistema nervioso así como de los órganos sensoriales es principalmente eliminativa y no productiva». Es decir, de acuerdo con el autor de *Un mundo feliz*, los órganos sensoriales del cuerpo físico funcionan básicamente como una «válvula reductora» que nos permite habérnoslas con una mínima parte de la información disponible en el universo. Si no fuera por dicha válvula, que en nuestra vida cotidiana limita nuestra percepción de la realidad insondable que nos rodea, nos veríamos ante el mismísimo abismo de la Creación. Veamos como lo planteaba el mismo Huxley:

> La función del cerebro y del sistema nervioso es protegernos, impedir que quedemos abrumados y confundidos... Para que la supervivencia biológica sea posible, la Inteligencia Libre tiene que ser regulada mediante la válvula reductora del cerebro y del sistema nervioso. Lo que sale por el otro extremo del conducto es un insignificante hililló de esa clase de conciencia que nos ayudará a seguir con vida en la superficie de este planeta... La mayoría de las personas sólo llegan a conocer, la mayor parte del tiempo, lo que pasa por la válvula reductora... Sin embargo, ciertas personas parecen nacidas con una especie de válvula adicional que permite trampear a la reductora. Hay otras personas que adquieren transitoriamente el mismo poder, sea espontáneamente sea como resultado de «ejercicios espirituales», de la hipnosis o de las drogas.[383]

---

de Albert HOFFMAN LSD *My Problem Child: Reflections on Sacred Drugs, Mysticism and Science*, J.P. Thatcher, Los Ángeles, 1983, pp. 196-197. Aldous HUXLEY, *The Doors of Perception; Heaven and Hell*, Flamingo Modern Classics, 1994, pp. 11-13.

383 HANCOCK, Graham, *Supernatural, Meetings with the Ancient Teachers of Mankind*, Century, London 2005, pag 290-291. La cita aparece originalmente en la obra de Aldous Huxley, *The Doors of Perception; Heaven and Hell*, Flamingo Modern Classics, 1994, pp 11-13.

Pues bien, parece que el glifo *way* —⊙— indica que algunos gobernantes y sacerdotes mayas, se supone que con el debido entrenamiento, utilizaron drogas enteógenas para situar su actividad consciente en una frecuencia distinta a la de la conciencia ordinaria de captación sensorial de la realidad física. Esto les habría permitido actuar en el ámbito de realidad correspondiente a este estado de conciencia alterada y sutil. Es decir, les habría permitido manifestar cierta capacidad operativa sobre el mundo astral o sutil para que lo que hicieran tuviera efecto a nivel físico.

Para acabar, añadamos un dato más a favor de esta interpretación del glifo *way*. Ya hemos dicho que, para los antiguos mayas, el glifo *way* ⊙ debía de remitir a la idea del «señor divino escondido». Por otro lado, David Stuart desvela que este glifo está vinculado con la ingestión de substancias enteógenas. Esta vinculación de Stuart da coherencia a la hipótesis de que el glifo «señor divino escondido» está vinculado a este tipo de substancias porque la palabra enteógeno, denominación propuesta por el investigador Carl A. P. Ruck[384] y aceptada hoy en día entre los especialistas que se dedican a estudiar estas substancias alteradoras de la conciencia, significa literalmente «Dios dentro de nosotros».

Tras este análisis del glifo *way* —⊙—, en el que la parte superior derecha identifica la actividad de la mente humana desligada de su vinculación con el cuerpo, cobra sentido la hipótesis de que el glifo *ajaw* —⊙— simbolice los tres estados de conciencia de los que nos habla Maharshi.

Esta asociación no parece accidental. Recordemos que lo desplegado hasta aquí se inició a partir del texto de la Creación de Quiriguá. Otros textos mayas también incorporan, de forma implícita, el número tres. En el Génesis del *Popol Vuh* tenemos el siguiente pasaje que remite al estado previo a la Creación:

> No había nada que estuviera en pie, sólo el agua en reposo, el mar apacible, sólo y tranquilo. No había nada dotado de existencia, no había cosa que tuviese ser. Solamente inmovilidad y silencio en la oscuridad, en la noche.[385]

Recordemos a su vez que se tiene constancia del *Popol Vuh* gracias al texto que a principios del siglo XVII un individuo de la etnia quiché escri-

---

384   R. Gordon Wasson, Albert Hoffman y Carl A. P. Ruck, *El camino a Eleusis. Una solución al enigma de los misterios*, Fondo de Cultura Económica, México D. F. 1980, p. 8.

385   *Popol Vuh*, p. 57.

bió en caracteres latinos y en su lengua. Dicho texto se lo ofreció al padre Ximénez quien, a su vez, llevó a cabo una primera traducción del mismo al español. Sin embargo, ya indicamos que lo que denominamos *Popol Vuh* son los restos de un mito mucho más extenso y complejo que lo que nos ha llegado a través de este primer informante quiché. El aspecto que nos interesa de esta desconocida versión canónica es que, al ser precolombina, tenía que estar escrita en caracteres jeroglíficos.

Pues bien, dentro de la civilización maya, en donde se fraguó el texto original desconocido que dio lugar a nuestro *Popol Vuh*, tenemos glifos de estructura tripartita, que remiten a esta realidad insondable, caótica, germen de todo lo demás, a la que aludía el texto del *Popol Vuh*: por un lado, tenemos el jeroglífico , que expresa «el lugar de las aguas oscuras», mientras que jeroglífico significa «lugar del abismo».[386]

Y prueba de hasta que punto las conexiones que estoy estableciendo entre distintas civilizaciones no obedecen a la casualidad, es que:

1- En el Antiguo Egipto el concepto de «abismo» era de naturaleza acuosa y se representaba con un jeroglífico que contenía tres jarras.
2- Al principio de *La Epopeya de Gilgamesh*, se indica que su protagonista, que según hemos visto es de naturaleza tripartita, «vió el abismo»,[387] concepto que se identificaba con el *apsu* y que, como hemos visto, también era de naturaleza acuosa.

Respecto a los mayas, otro asunto a considerar es la cuestión sobre si los escribas que grabaron o dibujaron estos glifos tripartitos, o quienes les encargaron hacerlo, eran conscientes del simbolismo que subyacía a éstos. Todo induce a pensar a que no era así, porque la observación de las escenas en las que aparecen dichos personajes, ya sea en relieves grabados en estelas de piedra o bien en pinturas sobre estuco, revelan algo fundamental: no hay nada en los atributos y en los actos de los sacerdotes y de los gobernantes que se atribuyeron el título de *ajaw* —— que nos induzca a pensar que fueran individuos que estuvieran en paz consigo mismos, y que fueran conscientes de su propia eternidad. En las escenas en las que aparecen no hay la ecuanimidad, serenidad, que es tal vez el atributo más

---

386 Bernal Romero, Guillermo, *Glifos y representaciones mayas del mundo subterráneo*, Arqueología Mexicana, volumen VIII, Número 48, Marzo-abril 2001, México D.F., pp. 42-47.

387 Silva del Castillo, Jorge, *Nagbu: Totality or Abyss in the first verse of Gilgamesh*, Iraq LX, 1998, pp 219-221.

característico de los que han trascendido su vinculación con el cuerpo primero y con la mente después. Ramana Maharshi es el mejor ejemplo viviente de este estado del ser.

A diferencia de la vida de Maharshi así como de la del resto de místicos, santos y sabios de todas las tradiciones sagradas, la historia de los gobernantes mayas es un cúmulo de relatos llenos de crueldad, violencia y, en el menor de los casos, puro despotismo. Es, por la parte que nos interesa, la historia de individuos cuya conciencia estaba forzosamente anclada y limitada a su vinculación con el cuerpo.

Así pues, o bien mi interpretación del glifo *ajaw* está equivocada o bien los gobernantes mayas fueron deudores de un simbolismo que, o bien no entendieron, o bien utilizaron conscientemente de forma criminal para sus propios intereses de dominación y control de sus semejantes.

Todos estos comentarios han venido a cuenta del texto de la Estela C de Quiriguá en el que se indica que en un momento del pasado se dispusieron las tres piedras de la creación. Podemos preguntarnos: ¿cuándo nació esta creencia o tipo de conocimiento entre los mayas? De acuerdo con los datos de que disponemos hasta ahora, todo parece indicar que este concepto existía al menos mil años antes de que alborearan los primeros rudimentos de esta civilización.[388] Es decir, que dicha formulación del proceso de creación es una concepción de origen olmeca,[389] la cultura madre mesoamericana de la que derivarían posteriormente los mayas, los toltecas y los aztecas, y de la que no tenemos un conocimiento tan completo.

Y para finalizar este recorrido por el mundo maya, no está de más añadir un aspecto especialmente sugestivo. Este elemento es el del significado de la palabra maya. A día de hoy dicho misterio todavía no está resuelto. Pero, a tenor de todo lo dicho hasta ahora, no está de más indicar que una de las propuestas es que la denominación maya es una palabra compuesta por los términos *maay-ha,* expresión que, literalmente, significa «huella de agua».[390] Más hermoso, imposible.

---

388 MATTHEW SCHAEFER, David, *"It was Doing in the '6-Sky' Lord": An Investigation of the Origins and Meaning of the Three Stones of Creation in the Ancient Mesoamerica,* thesis presentada en la University of Texas at Austin, December 2011, p. 28.

389 Ibid., p. 29.

390 WOLFGAND VOSS N. Alexander, *¿Qué significa "maya"? Análisis etimológico de una palabra,* Investigadores de la Cultura Maya 10, tomo 2, 2002, UACAM, Campeche, pp. 380-398.

9.6- La manera más sencilla de explicar lo más complejo

Para acabar, merece la pena mencionar otro aspecto derivado del signo ⊛ que encuentra una similitud extraordinaria entre las grandes civilizaciones de la India, de Mesopotamia, de Egipto así como de los mayas. Empecemos por la India. De acuerdo con Stella Kramrish, autora del muy interesante artículo *The Triple Structure of Creation in the Rg Veda*:

> Mientras el tres es el número de Indra en tanto que creador, provocando de esta manera la creación, el número de *Indra* por el que éste ha establecido su creación... es el número cuatro.[391]

¿Por qué el cuatro? Porque remite a los cuatro puntos cardinales a partir de los cuales se organiza el espacio y, por tanto, también el tiempo. Esto no debe parecer extraño ya que en todas las civilizaciones este número está vinculado a los cuatro puntos cardinales.

Otro aspecto a tener en cuenta de este proceso de creación en la tradición hindú es que, según recordaba Maharshi a propósito del texto sagrado *Shiva-purâna*, la colina Arunáchala se manifestó como encarnación del dios Shiva un mes de diciembre, cuando la luna se encontraba en la constelación del Orión.[392] ¿Por qué Orión? Pues precisamente porque dicha constelación está integrada por cuatro estrellas dispuestas en un rectángulo imperfecto las cuales, a su vez, contienen otras tres. De manera que los antiguos hindúes vieron en dicha constelación una metáfora del proceso de creación del universo o, lo que es lo mismo, el proceso por el cual se manifiesta la conciencia de vigilia y, valga la redundancia, toma conciencia de sí misma así como de su proceso de creación.

En Mesopotamia tenemos una concepción muy parecida a la que expresa el *Rig Veda* así como el *Shiva-purâna*. El *apsu* acadio, el dominio de las aguas cósmicas subterráneas que hemos identificado con la mente desprovista de la captación sensible del mundo físico, era en realidad un concepto de origen sumerio. En dicha lengua se pronunciaba *engur* y el signo cuneiforme que lo representaba era ⌑: el tres dentro del cuatro. Ya hemos dicho que el *apsu* era el dominio del alma del ser humano de manera que el signo ⌑ debe representar la conciencia del alma encarnada en la dimensión física espacio-temporal. Y esto no es otra cosa que lo que hemos indicado de los

---

391   *The Triple Structure of Creation in the Rg Veda*, p. 160, nota 14.

392   *Talks with Sri Ramana Maharshi*, p. 188, diálogo 218.

hindúes respecto el proceso de creación en el *Rig Veda*, el *Shiva-púrana* y la constelación de Orión

La constelación de Orión

Esta vinculación entre el dominio del alma y el signo ⊡ en Mesopotamia, así como con la constelación de Orión en el mundo hindú, es muy verosímil porque los Antiguos Egipcios daban muchísima importancia a una franja del firmamento que tenía asignada el alma del difunto, el *ba*. En la literatura funeraria dicha franja celestial se denominaba Duat y, precisamente, tenía su correspondencia con la constelación de Orión, que está integrada por cuatro estrellas —Betelgeuse, Bellatrix, Rigel y Saïph— dispuestas en forma de rectángulo imperfecto.

A su vez, dicho rectángulo contiene en su parte central las tres estrellas que se corresponden con el cinturón de Orión y, tal como constató el belga Robert Bauval, con las tres grandes pirámides de la llanura de Giza. Esta constelación representaba a Osiris, el dios que juzgaba las almas de los difuntos en su viaje al Más Allá, con lo cual en el Antiguo Egipto también encontramos una representación que remite al dominio del alma y que es idéntica a la indicada en el *Rig Veda* y en los sumerios. En este sentido, tampoco conviene olvidar que una pirámide está integrada por cuatro triángulos, uno por cada lado, por lo que dicha estructura era ideal para expresar de forma sintética los aspectos angulares de la arqueología de la conciencia del ser humano.

Finalmente, vayamos a los mayas porque en esta civilización tenemos un vaso de cerámica en el que aparece representada la entidad Jaguar Lirio Acuático flotando en el mar. Nos interesa de este dibujo que en la parte central del cuerpo del jaguar se repita el mismo esquema cuya presencia hemos constatado tanto en el origen de la tradición hindú, la sumeria y la egipcia: tres manchas contenidas en otras cuatro.

De acuerdo con la investigadora Pilar Asensio Ramos, "el dibujo de las manchas de la piel del jaguar es un diagrama del «cosmos maya»: cuatro manchas formando un cuadrilátero, con tres formando en el centro".[393] ¿Dónde está la clara conexión de esta escena maya con los tres ejemplos precedentes?

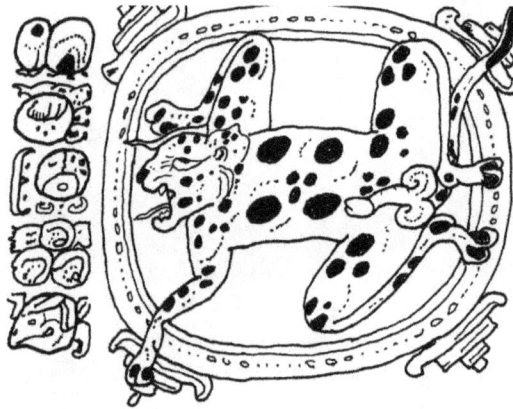

Reproducción de una representación maya del *way* del gobernante de Seibal. De acuerdo con los investigadores, las tres manchas centrales contenidas en las otras cuatro son una representación del cosmos maya. De acuerdo con mi hipótesis, en las tradiciones sagradas de la India, de Mesopotamia, de Egipto, así como en las del mismo mundo maya, el número tres contenido en el cuatro simboliza la encarnación, en el mundo físico, del substrato sutil del ser humano.

La conexión se hace evidente cuando sabemos que, en primer lugar, el texto que hay a la izquierda del jaguar lo identifica como el *way* del señor de Seibal y que, en segundo lugar, se sospecha que la flor del lirio acuático, que por lo demás era una planta que se utilizaba para representar el inframundo,[394] era utilizada como enteógeno por los gobernantes y los

---

393   Muerte de un viajante. El viaje del way Sagrado Venado Muerto, p. 99.

394   Thompson, Eric, *The Influence of Psychotropic Flora and Fauna on Maya Religion* (varios autores), Current Anthropology, Vol 15, No. 2 (Jun., 1974), p. 160

sacerdotes mayas. Es decir, que dicha inscripción nos indica que el jaguar remite a un dominio cognitivo específico del gobernante de Seibal: al de su mente desligada de la captación sensorial de la realidad mediante el uso de una substancia enteógena.

Así pues, constatamos como el dominio del alma, como entidad separada del cuerpo pero consciente de la creación física o sensorial, se representa de forma igual en tradiciones tan distinas como la hindú, la sumeria, la egipcia y la maya. Además, tanto el *engur-apsu* mesopotámico, como la Duat egipcia así como el inframundo maya, que es dominio del way, son lugares cuya naturaleza es acuosa, motivo por el cual remiten al mismo estado de conciencia: la mente en estado puro.

Capítulo 10
MÁS ALLÁ DEL OCÉANO
DE LA IGNORANCIA

A lo largo de la presente obra he desvelado los conocimientos sutiles que tenían, sobre la naturaleza del ser humano así como de su devenir histórico, quienes fundaron las distintas tradiciones sagradas. Esto ha sido posible porque he partido de dos referencias excepcionales porque representan la expresión más pura de dos culturas sagradas milenarias: por un lado, el inestimable testimonio de Ramana Maharshi en la India, y por otro lado la estructura de la Gran Pirámide y el simbolismo de la Esfinge de Giza en Egipto. De acuerdo con las hipótesis que he expuesto, este sabio y estos monumentos nos ofrecen unas indicaciones que representan el aspecto angular de cualquier tradición esotérica y espiritual.

Es decir: Maharshi, la Gran Pirámide y la Esfinge de Giza, puede que sean la versión más depurada, más sencilla y, a la vez, más cargada de profundidad que podamos asumir, en tanto que seres humanos, de nuestra naturaleza, origen y destino. Esto es muy verosímil porque a partir de la información que ellos nos ofrecen hemos constatado la presencia del mismo mensaje en las tradiciones religiosas de Göbekli Tepe, de Mesopotamia, del Valle del Indo, de la Siberia pagana, de la Samarcanda Musulmana, del mundo maya, azteca y andino, de la Isla de Pascua, de los *Textos Herméticos* así como del Neoplatonismo. Y viajando en el tiempo hasta el mundo moderno, también hemos encontrado estas conexiones entre las opiniones de algunos de los físicos e intelectuales más eminentes del siglo xx, como David Bohm, Jeans James, Aldous Huxley y Albert Hoffman. Finalmente, la tradición del Diluvio Universal, que nos han legado multitud de tradiciones milenarias, ha encontrado una explicación lógica y plausible a través de los datos que hoy nos descubre la astrofísica, el geomagnetismo, la investigación clínica y la neurología.

Como el lector ha comprobado, esta aproximación interdisciplinaria resulta especialmente fecunda. Y es que a través de esta perspectiva, que se caracteriza por cruzar datos de diversas especialidades científicas, se revela el simbolismo subyacente que contienen las tradiciones sagradas cuyo mensaje, si las hipótesis planteadas son correctas, aúna sencillez y al mismo tiempo una profundidad insondable.

Puede que algunos lectores no hayan digerido cómodamente algunas de las hipótesis que he formulado en este libro. Ante esto, conviene indicar que el único antídoto válido que actúa sobre cualquier tipo de malestar nos lo ofrecen las mismas tradiciones de las que hemos hablado. Todas ellas nos señalan la existencia de un lugar en el cual no existe el sufrimiento. Los testimonios de los que lo han alcanzado nos hablan de la necesidad de viajar para llegar a él, pero no viajar geográficamente:

> El *Libro de los Muertos* egipcio y las leyendas de las sociedades secretas chinas hablan de una navegación que conduce a la Ciudad de la Paz, o al Mercado de la Gran Paz, Shankaracharya, de una travesía del mar de las pasiones que acaba en la tranquilidad. Buddha, que hace pasar a la otra orilla, atravesar el océano de la existencia es llamado también "el Gran Nauta"… La barca de Pedro es el símbolo de la Iglesia; porque en ella Cristo está presente, es el instrumento de la salvación… Es necesario recordar todavía las innumerables navegaciones a la búsqueda de las islas o del Vellocino de Oro por los Argonautas, que son siempre búsquedas del centro espiritual primordial o de la inmortalidad.[395]

Por otro lado, en la tradición budista tibetana se indica, de forma totalmente coherente con lo dicho hasta ahora, que Shambala, este lugar misterioso que sólo alcanzan las personas de elevada espiritualidad, está más allá del océano.[396]

Y, en fin, en una obra hindú que Maharshi referenció en varias ocasiones, el *Yoga Vasishtha*, encontramos el mismo mensaje explicado de la forma más clara y sencilla posible:

> Los que no se dejan arrastrar por esa falsa identificación del cuerpo y el ser, se liberan instantáneamente de todo sufrimiento. Esta creencia es la semilla de la vejez, la ilusión y la muerte; cuando cesa, el océano de la ilusión puede ser atravesado sin el menor peligro.[397]

---

395   *Diccionario de los Símbolos*, pp. 745-746.

396   *Sambhala, La tierra de los sabios*, p. 74.

397   *Yoga Vasishtha*, p. 284.

¿Qué es exactamente lo que nos aguarda en la otra orilla? Los que lo saben, callan y, como Maharshi, se enfrentan a su propia muerte no solamente con una paz absoluta sino que, además, lo hacen imbuidos de un desconcertante sentimiento de gratitud hacia la totalidad de la creación. Este es, creo, el mejor regalo que nos puede reservar el destino. Así pues, ¿para qué preocuparnos incluso por lo que más tememos, nuestra propia muerte? Al fin y al cabo, como recordó en cierta ocasión este sabio, «a su debido tiempo, nosotros sabremos que nuestra gloria está donde cesamos de existir».

Can Ferrer Vell, Samalús
Diciembre del 2012

Apéndice
Las citas de los *Textos de las Pirámides*

1- Declaraciones —extraídas de la versión de James P. Allen— en las que se vincula el *ba* con la cámara funeraria de las necrópolis en donde se esculpieron los *Textos de las Pirámides* y con el canal sur —el que apunta a la constelación de Orión a su paso por el meridiano— de la Gran Pirámide:

1.1- En la necrópolis del faraón Teti encontramos, en primer lugar, la declaración: «Así, Horus ha devenido *ba*, teniendo en cuenta su padre —es decir, Osiris— como *ba* soberano de la silla de manos».[398] Dentro de las declaraciones para dejar la Duat y entrar en el Akhet, la expresión «Teti ha venido, *ba* y divino»;[399] un poco más adelante aunque continuamos en el espacio que conduce de la cámara funeraria (Duat), a la Antecámara funeraria (Akhet), tenemos la declaración «Teti ha pasado por esta casa del *ba*».[400] Finalmente, en el pasaje que conduce a la *serdab* leemos: «Debes tocar el cielo como Orión, tu *ba* debe ser afilado como Sothis. Tu debes venir a ser *ba* y ser *ba*».[401] Por cierto que no deja de ser tremendamente significativo que en este último pasaje se indique que el *ba* deba ser afilado porque la idea de que es necesario afilar la mente para acercarnos a nuestra naturaleza sutil, trascendente, está presente en las instrucciones que acostumbran a dar los maestros en técnicas de meditación, como S. N. Goenka así como Ramana Maharshi.

1.2- En la cámara funeraria de la necrópolis del faraón Pepi I tenemos la siguiente declaración: «Tu tienes que venir a ser *akh*... Tu tienes tu ba dentro de ti».[402] Es decir, será *akh* cuando salga de la Duat (cámara

---

398   *The Ancient Egiptian Pyramid Texts*, Textos de la Pirámide de Teti, p. 73, declaración 145.

399   Ibid, p. 77, declaración 182.

400   Ibid., p. 78, declaración 186.

401   Ibid, p. 86, declaración 228.

402   Ibid., Textos de la pirámide de Pepi I, p. 100, declaración 4.

funeraria) y entre en el Akhet (antecámara funeraria). Que mientras está en la cámara funeraria el faraón ya es *ba* pero todavía no es *akh* lo ratifica la declaración, también de la cámara funeraria «El Sol dice que *akhificará* este Pepi».[403] Más tarde leemos, entre las declaraciones para dejar la cámara funeraria-Duat la expresión «Saludos, *ba* en su rojez»,[404] y para entrar en el «Akhet, Pepi es *ba*».[405]

1.3- En la cámara funeraria del faraón Pepi II encontramos la declaración «Pepi el Incomparable *Ka* del Sol ha venido a ser efectivo con su *ba*».[406] Más tarde, en el pasaje entre la cámara y la antecámara funerarias se indica: «estas aguas frescas, Osiris, de Busiris y del asentamiento de tu *ba*. Tu *ba* está dentro de ti».[407] Finalmente, tenemos la siguiente identificación entre el *ba* del faraón y Orisis: «El aroma del ojo de Horus está ahora en ti, Pepi Neferkare, y tu debes venir a ser *ba* con él a través de él… Así, aquí está Pepi Neferkare a la vanguardia de los dioses, siempre como un dios, con sus huesos unidos entre sí, como Osiris».[408]

1.4- En la cámara funeraria de Neith leemos: «el *ba* es tuyo, Osiris Neith».[409] Y más adelante leemos: «Osiris debe hacer tu camino, que tu puedas emerger entre los dioses, vivo en tu *ba*».[410]

Es decir: todo induce a pensar que el faraón va replegando su "seidad" desde lo más burdo, el cuerpo físico-sarcófago, hasta lo más sutil, el *akh*-Akhet. En este sentido, el mediador entre estos dos estados inhertes o pasivos es la única entidad realmente activa en este proceso, entidad que tiene la capacidad de moverse entre estos dos extremos: el *ba*, que identificamos con la Duat-cámara funeraria y con el canal sur —que apunta a la constelación de Orión— de la Pirámide.

---

403   Ibid., p. 105, declaración 31.

404   Ibid., p. 119, declaración 292.

405   Ibid., p. 123, declaración 318.

406   Ibid., Textos de la pirámide de Pepi II, p. 245, declaración 32.

407   Ibid, p. 276, declaración 411.

408   Ibid, p. 292, declaración 521.

409   Ibid, *Textos de la Pirámide de Neith*, p. 321, declaración 226.

410   Ibid, p. 325, declaración 243.

2- Declaraciones en las que se vincula el *akh* con las estrellas circunpolares y, por lo tanto, con el canal norte de la Gran Pirámide:

2.1- En el Akhet-antecámara funeraria de la necrópolis del faraón Pepi I leemos «las estrellas imperecederas vendrán en obediencia».[411] En el corredor de acceso al mausoleo de este faraón, tenemos la declaración «Debes remar con las Estrellas Imperecederas»[412] lo cual deja bien clara la vinculación entre el *akh* y el canal norte de la Gran Pirámide. En primer lugar porque el corredor de acceso se alcanza tras salir del Akhet-antecámara funeraria, que era el espacio en el que el faraón obtenía su *akh*. En segundo lugar porque el tránsito por el vestíbulo toma la dirección sur-norte, hacia las estrellas circumpolares. Más adelante, en el mismo vestíbulo leemos «Así, debes poner este Pepi como el más grande oficial de los *akhs*, las Estrellas Imperecederas del cielo del norte»,[413] así como «Pepi..., así que él debe proceder hacia el lado donde las Estrellas Imperecederas están y está entre ellas».[414] En el mismo corredor de acceso y salida del mausoleo podemos leer más adelante refiriéndose al faraón fallecido «...recibe el brazo de las Estrellas Imperecederas».[415]

2.2- En el vestíbulo del faraón Merenre leemos «Debes liderar los *akhs* y satisfacer las Estrellas Imperecederas».[416]

2.3- En la cámara funeraria-Duat del faraón Pepi II leemos «Debes numerar aquellos de la noche..., y tomar la mano de las Estrellas Imperecederas».[417] Debido a que en el mismo habitáculo poco antes podíamos leer «Pepi... ha venido a ser efectivo en su *ba*»,[418] queda de manifiesto que este espacio está dedicado al *ba* mientras que el *akh* es algo que todavía no es efectivo. Así, un poco más adelante aunque sin salirnos de la cámara funeraria-Duat, encontramos la

---

411   Ibid, Textos de la pirámide de Pepi I, p. 143, declaración 345.

412   Ibid., p. 155, declaración 453.

413   Ibid., p. 161, declaración 467.

414   Ibid., p. 161, declaración 468.

415   Ibid., p. 195, declaración 553.

416   Ibid., Textos de la pirámide de Merenre, p. 232, declaración 375.

417   Ibid., Textos de la pirámide de Pepi II, p. 246, declaración 67.

418   Ibid, p. 245, declaración 32.

declaración «… debes venir a ser *akh*».[419] La referencia a la vinculación *akh* —Estrellas Imperecederas nos llega cuando nos situamos en la antecámara funeraria— Akhet: «…debes gobernar los *akhs* y dirigir las estrellas circunpolares».[420]

2.4- La necrópolis de Neith, esposa del faraón Pepi II, es de estructura muy sencilla y no contiene antecámara funeraria-Akhet. Sin embargo también queda clara la vinculación del *akh* de Neith con las estrellas circumpolares a través de la declaración «… debes ir al Akhet al frente de las Estrellas Imperecederas». [421]

3- Las declaraciones en las que se expresa que los padres del faraón son un toro y una vaca:

3.1- En los *Textos de las Pirámides* esculpidos en la necrópolis del faraón Unis (2353-2323 a.C.) de la Vª Dinastía, se indica que la madre del gobernante fallecido es la «gran vaca de la colina».[422]

3.2- En la del faraón Teti (2323-2291 a.C), de la VIª Dinastía, se señala «Tu padre es un gran toro salvaje, tu madre es una gran vaca salvaje. Ellos te guiarán,… »;[423] «… tú no tienes madre humana para darte nacimiento, no tienes padre humano para darte nacimiento. Tu madre es la gran vaca salvaje…».[424]

3.3- En la de Pepi I (2289-2255 a.C) leemos: «… porque tú no tienes padre humano, porque no tienes madre humana. Tu padre es el gran toro salvaje»;[425] «Este Pepi es el hijo de la vaca salvaje»;[426] En otra declaración se identifica al faraón como el «Toro de su madre…».[427]

---

419   Ibid., p. 268, declaración 352.

420   Ibid., p. 294, declaración 524.

421   Ibid., Textos de la pirámide de Neith, p. 326, declaración 244.

422   Ibid.,Textos de la Pirámide de Unis, p. 50, declaración 178.

423   Ibid., Textos de la Pirámide de Teti, p. 84, declaración 206.

424   Ibid, p. 87, declaración 228.

425   Ibid., Textos de la Pirámide de Pepi I, p. 106, declaración 32.

426   Ibid., p. 188, declaración 527.

427   Ibid., p. 191, declaración 544.

3.4- Respecto al faraón Pepi II (2246-2152 a.C.), leemos asimismo que «No tienes padre humano que te de nacimiento, no tienes madre humana que te de nacimiento. Tu madre es la gran vaca salvaje».[428]

4- Las declaraciones en las que se expresa que el faraón alcanza la vida eterna siendo un toro:

4.1- En la necrópolis del faraón Unis podemos leer: «Ha sido vista esta postura de Unis como carnero con dos cuernos de toro salvaje en su cabeza»;[429] «El gran Akhet será censado para el Toro de Nekhen»[430] (siendo éste un epíteto que recibe Horus en tanto que es una personificación del rey viviente). En otras tres declaraciones se indica que el faraón Unis es «...el toro del cielo».[431] Más adelante leemos: «Unis es el único uno, toro del cielo...»;[432] En lo que concierne a Unis en relación al dios Seth, que encarnaría las fuerzas del mal y el desorden, encontramos el pasaje: «...tu has venido a ser un toro más prominente que él. Ven a ser reconocido, ven a ser reconocido, reconocido toro,... »;[433] En otros pasaje leemos: «...es Unis, el toro salvaje de la savana, el toro de gran rostro que viene de Heliópolis».[434]; «Unis es..., el toro principal,... »;[435] «Unis es un toro con luz solar en medio de sus ojos...».[436]
4.2- En la tumba del faraón Teti se repite esta asimilación faraón-toro. Así, leemos «Felicitaciones, toro de largos cuernos de entre

428   Ibid., Textos de la Pirámide de Pepi II, p. 276, declaración 410.

429   Ibid., Textos de la Pirámide de Unis, p. 41, declaración 157.

430   Ibid., p. 43, declaración 165.

431   Ibid., p. 43-165, p. 44, declaración 165 y p. 51, declaración180a.

432   Ibid., p. 45, declaración 165

433   Ibid., p. 58, declaración 211.

434   Ibid., p. 58, declaración 212.

435   Ibid., p. 60, declaración, 223.

436   Ibid., p. 61, declaración 224.

los toros»;[437] «Teti es el toro de Heliópolis»;[438] y «Teti es el toro de luz,… ».[439]

4.3- En la del rey Pepi I se esculpieron contenidos bovinos en los siguientes pasajes: «Hedjehedj, trae la embarcación para este Pepi, el gran toro salvaje»;[440] «… Pepi es uno quien mata a su oponente (se refiere a Seth), y este Pepi se establecerá él mismo contra él como el más reconocido de los toros salvajes»;[441] «Yo soy el toro en Heliópolis";[442] «Este Pepi es un gran toro salvaje";[443] «Este Pepi debe venir a ser el más permanente de los toros salvajes»;[444] Refiriéndose al faraón fallecido se indica que «Tu debes cruzar, gran toro, hacia las verdes marismas…».[445]

4.4- En relación al faraón Merenre: «Tu eres el incomparable quien lo matará a él (se refiere a Seth) y te establecerás tu mismo contra él como el más establecido de los toros salvajes».[446]

4.5- Por lo que hace referencia al faraón Pepi II, encontramos que «Seth ha venido contra ti y dice que querría matarte, pero tu eres uno que le matará y tu mismo te establecerás contra él como el más prominente de los toros salvajes»;[447] «Pepi está establecido en frente de vosotros (se refiere a los dioses) como el más prominente de los toros salvajes»;[448] «Pepi Neferkare es el gran toro… Pepi Neferkare es el toro"[449]; así como «… él es el toro de largos cuernos…».[450]

---

437 Ibid., Textos de la Pirámide de Teti, p. 70, declaración 21.

438 Ibid., p. 93, declaración 285.

439 Ibid., p. 93, declaración 286.

440 Ibid., Textos de la Pirámide de Pepi I, p. 126, declaración 321.

441 Ibid., p. 128, declaración 325.

442 Ibid., p. 144, declaración 372.

443 Ibid., p. 153, declaración 449.

444 Ibid., p. 180, declaración 512.

445 Ibid., p. 187, declaración 526.

446 Ibid., Textos de la Pirámide de Merenre, p. 222, declaración 261.

447 Ibid., Textos de la Pirámide de Pepi II, p. 279, declaración 422.

448 Ibid., p. 281, declaración 430.

449 Ibid., p. 284, declaración 457.

450 Ibid., p. 290, declaración 513.

4.6- Finalmente vayamos a la necrópolis de Neith, esposa del faraón Pepi II: «… tu eres el incomparable que lo matará (se refiere a Seth) y te establecerás contra él como el más prominente de los toros salvajes».[451]

5- Las declaraciones en las que se expresa que los dioses acogen al faraón mediante el gesto del abrazo:

5.1- En la necrópolis de Unis se señala que «Él ha venido a ser *akh* para ellos (se refiere a los dioses), él ha crecido en calma para ellos, dentro de los brazos de su padre, dentro de los brazos de Atum…»[452], «… dentro de tu madre Nut sus brazos deben rodearte… Tu te has desarrollado, tu has ido alto, tu has venido a ser efectivo, esto ha venido a ser calmado para ti, dentro de los brazos de tu padre, dentro de los brazos de Atum. Atum, elévalo a él, rodéalo dentro de tus brazos…».[453]

5.2- Respecto el faraón Teti: «Horus ha venido a ser *akh* contigo en tu identidad del Akhet desde el cual el Sol emerge, y dentro sus brazos en tu identidad del uno dentro del palacio. Envuelve tus brazos alrededor de él…».[454] «…Anchos brazos han elogiado a Teti para Shu»;[455] "Oh Osiris Teti¡ "Aquí está Horus dentro tus brazos, que él debe tender a ti… Rodea tus brazos alrededor de él,… »;[456] «La Gran Muchacha (se refiere a una vaca) en medio de Heliópolis te ha dado sus brazos…»;[457] «Shu, tus brazos alrededor de Teti! ».[458]

5.3- De Pepi I tenemos las siguientes declaraciones: «Osiris Pepi, tu has abrazado a cada dios dentro de tus brazos»;[459] refiriéndose al

---

451   Ibid., Textos de la Pirámide de Neith, p. 313, declaración 11.

452   Ibid., Textos de la Pirámide de Unis, p. 33, declaración 149.

453   Ibid., p. 40, declaración 155.

454   Ibid., Textos de la Pirámide de Teti, p. 73, declaración 146.

455   Ibid., p. 77, declaración 183.

456   Ibid., p. 82, declaración 199b.

457   Ibid., p. 87, declaración 228.

458   Ibid., p. 91, declaración 272.

459   Ibid., Textos de la Pirámide de Pepi I, p. 109, declaración 49.

faraón leemos: «Osiris, tu debes abrazarlos a ellos (a los dioses)";[460] "… los brazos de Pepi están activos»;[461] «La Gran Nut ha dejado al descubierto sus brazos para Pepi»;[462] "Rodea tus brazos alrededor de las plantas jóvenes».[463] Asimismo, refiriéndose a Pepi I se indica «…y Nut dando sus brazos hacia él…»;[464] «Este Pepi y su *Ka* deben tratar de venir, abre sus brazos a él»;[465] «Rodéalo totalmente con tus brazos alrededor de él»;[466] «Nut debe poner sus brazos hacia él».[467]

5.4- En la necrópolis del faraón Merenre no hay declaraciones semejantes aunque después veremos que dicho significado está implícito en otro tipo de pasajes.

5.5- Asimismo, en los textos escritos para Pepi II podemos leer «Shu, así como rodeas cada cosa con tus brazos, debe tu… este Osiris Pepi Neferkare… Debes tú rodear con tus brazos alrededor este Pepi Neferkare como su *Ka*…»;[468] «Nu ha encomendado Pepi Neferkare a Atum, Anchos brazos le han encomendado a él para Shu»,[469] así como «… el Sol ha extendido sus brazos para él».[470]

5.6- Finalmente, en la necrópolis de Neith se encuentra la expresión «Neith separará las islas y delimitará los bordes de las islas, y cada uno de los dioses de los dos territorios le dará a ella sus brazos».[471]

460   Ibid., p. 114, declaración 217.

461   Ibid., p. 123, declaración 318.

462   Ibid., p. 139, declaración 356.

463   Ibid., p. 145, declaración 380.

464   Ibid., p. 156, declaración 459.

465   Ibid., p. 167, declaración 483.

466   Ibid. p. 167, declaración 291.

467   Ibid., p. 172, declaración 495.

468   Ibid., Textos de la Pirámide de Pepi II, p. 263, declaración 310.

469   Ibid., p. 275, declaración 408.

470   Ibid., p. 284, declaración 458.

471   Ibid., Textos de la Pirámide de Neith, p. 312, declaración 5.

ÍNDICE GENERAL ALFABÉTICO

predicción de tormentas electro-
magnéticas 158
Esfinge de Giza 183-186; estela de
la Esfinge 183, 200; templo de
la Esfinge 185-186; templo del
Valle 185-186
Estrellas circumpolares (en el antiguo
Egipto) 37, 42-43, 45, 49, 70, 85,
227-228
Eyraud, Hermano Eugéne 134

F

Fermentación (simbolismo) 78
Fough, John 166-167

G

Gandhi, Mahatma 15
Gacela (simbolismo), Egipto 188;
cultura Natufiense 58; Mesopo-
tamia 79; Islam 121
Geb 54, 200
Geomagnetismo 147
George, A. R. 77-78, 80, 154
Gilgamesh 75-81, 87, 105, 151-154,
214
Giza, pirámides 200-201
Glifos mayas: *ajaw* 126, 202, 205-
208, 210, 213, 214-215; número
cero 167-168; concha de mar
167-171, 177; acción de conju-
rar 168-169; flor con remolino
207; fuego 204, 207; *Imix* 128;
way 208-215; lugar de las aguas
oscuras 214; lugar del abismo 214
Göbekli Tepe 130-132
Goñi, Analecto 139
González de Ávila, Gil 179
Green, Margareth 108
Gurú 97-101

H

Harappa 101-104
Hathor 58, 187
Heródoto 30
Hoffman, Albert 211-213
Hogdson, Richard 146
Hopis 123-125, 170, 176
Hor I 49
Horus 56, 187, 200, 225-226, 229,
231; Seguidores de Horus 74, 183;
Templo de Horus en Edfú 60-63,
87, 124
Huicholes 125, 170
Hunahpú e Ixbalanqué 166
Huxley, Aldous 212

I

Igéret 53, 73
Igigu 81-82
Iglesia 222
Indra 199-200, 203, 216
Inframundo (en Mesoamérica) 126-
128, 166, 170-172, 208-209, 211,
218
Inversión geomagnética 191
Isis 67, 79, 187-188, 200

J

Jacobsen, Thorkild 110
Jacobson, Esther 117, 121
Jaguar (simbolismo), aztecas 128;
olmecas 130; mayas 128, 202, 208-
211, 218, *Códice de Dresde* 173,
176-177
Jámblico 43-45, 75
James, Jeans 25, 112
Jaussen, Tepano 136-139
Jeroglíficos egipcios, abrir-dividir-
separar 45, 49, 174; emerger/ salir

BIBLIOGRAFÍA

ALBRIGHT, W. F., *The mouth of the rivers*, The American Journal of Semitic Languages and Literatures, Vol XXXV, Number 4, july 1919, pp. 161-195.

JAMES P. Allen, *The cosmology of the Pyramid Texts*, Yale Egyptological Studies 3, Religion and Philosophy in Ancient Egypt, 1989.

ASENSIO RAMOS, Pilar, *Muerte de un viajante: El viaje del way Sagrado Venado Muerto*, Mayab 19, 2007, pp. 87-106.

AYLWARD M. Blackman, M.A., *The Ka-house and the serdab*, Journal of Egyptian Archaeology, Volume III, London 1916, pp. 250-254.

BADAWY, A., *The Stellar Destiny of Pharaoh and the so-called Air-safts in Cheop's Pyramid*, en MIOAWB, Band 10, 1964.

BAILEY, G.N., Reynolds, Sally and King, G.C.P., *Landscapes of human evolution: models and methods of tectonic geomorphology and the reconstruction of hominin landscapes*, Journal of Human Evolution, 60 (2011) 257-280, pp. 257-280.

BALLESTEROS, Ernesto *Las enseñanzas de Ramana Maharshi*, Editorial Kairos, Barcelona 1998.

BAUVAL, Robert, *El misterio de Orión*, Círculo de Lectores, Barcelona 1995.

BELL, Lanny, *Luxor and the cult of the royal Ka*, Journal of Near Eastern Studies 44 no. 4, (1985), pp. 251-294.

BENZI, Mario, *Les derniers adorateurs du peyotl. Croyances, coutumes et mythes des indiens Huichol*, Gallimard, París 1972.

BERNAL ROMERO, Guillermo, *Glifos y representaciones mayas del mundo subterráneo*, Arqueología Mexicana, volumen VIII, Número 48, Marzo-abril 2001, México D.F., pp 42-47.

BERTRÓ, María Carmela, *Jeroglíficos Egipcios. 580 signos para comprender el Antiguo Egipto*, ediciones Témpora, Madrid 2003.

BHAGAVAN Sri Arunachala Ashrama, Video *Guru Ramana. His living presence*, Arunachala Ashrama (Bhagavan Sri Ramana Maharshi Center, New York City) - Sri Ramanasramam (Tiruvannamalai, India), 2002.

BLANKE, Olaf, con Stephanie ORTIGUE, Theodor LANDIS y Margitta SEECK, *Neuropsychology: Stimulating illusory own-body perceptions*, Nature, 2002 Sep 19; 419 (6904): 269-70.

BLUME, Anna, *Maya Concepts of Zero*, Proceedings of the American Philosophical Society, vol 155, NO. 1, march 2011, pp 51-88.

BOBOULA, Ida, *Fifty-Third General Meeting of the Archaeological Institute of America* (1951). American Journal of Archaeology, Vol. 56, No. 3 (Jul., 1952), pp. 171-178.

Bohm, David, *La totalidad y el orden implicado*, Editorial Kairós, Barcelona 1992.

Bottéro, Jean, *La creation de l'Homme et sa Nature dans le poeme d'Atrahasîs*, Societes and Languages of the Ancient Near East, Studies in honour of I. M. Diakonoff, Warminster, 1982, pp. 24-32.

Breased, James Henry, *Ancient Records of Egypt. Historical Documents. From the earliest times to the Persian Conquest*, Vol II, London 1906.

Brunton, Paul *El Egipto Secreto*, Editorial Kier, Buenos Aires 1987.

Caba Serra, Guillermo, *Conciencia. El enigma desvelado*, Corona Borealis, Málaga 2010.

Chevalier, Jean y Gheerbrandt, Alain, *Diccionario de los símbolos*, editorial Herder, Barcelona 1986,

Coe, Michael D., *The Hero Twins: Myth and Image*, The Maya Vase Book: A Corpus of Rollout Photographs of Maya Vases, Volume I, New York: Kerr Associates, 1989, pp. 161-184.

Coe, Michael & Van Stone, Mark, *Reading the Maya Glyphs*, Thames & Hudson, London 2001.

Cohen, S. S., *Guru Ramana, Trompa de Elefante, Madrid 2008*.

Coomaraswamy, Ananda K., *Kha and other words denoting Zero» in Connection with the metaphysics of Space*, Bulletin of the School of Oriental Studies, University of London, Vol. 7, No. 3 (1934), pp. 487-497.

Crepon, P., *Le thème du cerf dans l'iconographie anatolienne des origines a l'époque hittite*, BCILL 21: Hethitica, IV, pp. 117-155.

De Cieza de León, Pedro, *La Crónica del Perú*, Edición de Manuel Ballesteros, Dastin, Madrid 2000.

Discovered: cosmic rays from a mysterious, nearby object, artículo disponible en http://science.nasa.gov/headlines/y2008/19nov_cosmicrays.htm

Dobkin de Rios, Marlene, Norman Alger, N. Ross Crumrine, Meter T. Furst, Robert C. Harman, Nicholas M. Hellmuth, Nicholas A. Hopkins, William Clyde King, Joan D. Ross, Weston La Barre, Herbert J. Landar, Joseph K. Long, Tatiana Proskouriakoff, Arthur J. Rubel, Francisco Samaranch, J. Erick S. Thompson, Roger W. Wescott, *The Influence of Psychotropic Flora and Fauna on Maya Religion*, Current Anthropology, Vol 15, No. 2 (Jun., 1974), pp. 147-164.

Dwyder, Joseph R. and David M. Smith, *Deadly rays from clouds*, Scientific American, August 2012, pp. 55-59.

Dyansky, Yan Y., *The Indus Valley Origin of a Yoga Practice*, Artibus Asiae, Vol. 48, No. 1/2 (1987), pp. 89-108.

Eyraud, E., *Lettres au T.R.P, Congrégation du sacré-cœur de Jésus et de Marie*, Annales Association de la propagation de la foi, vol. 38, Lyon 1866 : 52-61 et 124-138. El texto de la carta está disponible a través de la información de la Wiquipedia sobre las Rongorongo.

FAULKNER, Raymond O., *A concise dictionary of Middle Egyptian*, Griffith Institute, Ashmolean Museum, Oxford 1988.

FISCHER, Henry G., *Some emblematic uses of Hieroglyphs with Particular Reference to an Archaic Ritual Vessel*, Metropolitan Museum Journal, Vol. 5 1972, pp. 5-22.

FISCHER, Henry G., *The Evolution of Composite Hieroglyphs in Ancient Egypt*, Metropolitan Museum Journal Vol. 12, 1978, pp. 5-19.

FISCHER, Steven Roger, *Rongorongo. The easter island script, History, Traditions, Texts*, Oxford University Press, 1997.

FOUGHT, John, *Chorti Mayan Texts*, University of Pennsylvania Press, Philadelphia 1972.

GARDINER, Sir Alan, *Egyptian Grammar*, Griffith Institute, Ashmolean Museum, Oxford 2001.

GODMAN, David, *El poder de la presencia. Reveladores encuentros con Ramana Maharshi*, Volumen 1, Trompa de Elefante, Madrid 2011.

GREEN, Margareth, *Eridu in sumerian literature*, PhD. Dissertation, University of Chicago 1975.

GRIFFITHS, J. Gwyn, *The origins of Osiris and his cult*, Munchner Agyptologische Studien 9, 1966-1967.

GUAMAN POMA DE AYALA, Felipe, *Nueva Corónica y Buen Gobierno*, Vols. I i II, edición y prólogo de Pease G. Y.; Vol. 3, vocabulario y traducciones de Jan Szeminski, Fondo de Cultura Económica, México 2005.

GUNNERSON, James H., *Mountain Lions and Pueblo shrines in the America Southwest*, en *Icons of Power, Feline symbolism in the Americas*, Edited by Nicholas J. Saunders, Routledge, London 1998, pp. 228-254.

GUY, Jacques B. M., *Peut-on se fonder sur le témoignage de Métoro pour déchiffrer les rongo-rongo?*, Journal de la Société des océanistes, 108, 1999-1, pp. 125-132.

HALLORAN, John Alan, *Sumerian Lexicon*, John Alan Halloran, Logogram Publishing, Los Angeles 2006.

Hancock, Graham, *Supernatural. Meetings with the Ancient Teachers of Mankind*, Century, London 2003.

HAYES, John L., *A Manual of Sumerian Grammar and Texts, Second Revised and Expanded Edition*, Undena Publications, Malibu, California 2000.

HOROWITZ, Wayne, *Mesopotamian Cosmic Geography*, Eisenbrauns, Indiana 2011.

HOUSTON, Stephen & STUART, David, *The Way Glyph: Evidence for Co-essences among the Classic Maya*, 1989 Research Reports on Ancient Maya

Writing 30, Washington , D.C.: Center for Maya Research. Disponible en: http://www.mesoweb.com/bearc/cmr/RRAMW30-OCR.pdf

HUXLEY, Aldous, *The Doors of Perception; Heaven and Hell*, Flamingo Modern Classics, 1994.

JACOBSON, Esther, *The Deer Goddes of Ancient Siberia. A study in the Ecology of Belief*, E. J. Brill, Leiden, The Netherlands, 1993.

JÁMBLICO, *Sobre los Misterios Egipcios*, editorial Gredos, Biblioteca Clásica Gredos, vol. 242.

JEANS, James, *The mysterious universe*, Cambridge University Press, 1930.

JUNELL, Cathy and STROSS, Brian, *The Deer as Western Sun*, U-Mut Maya 1994, 5:237-246.

KIRSCHVINK, J.L., KOBAYASHI-KIRSCHVINK A., and B J WOODFORD, *Magnetite biomineralization in the human brain*, Proc Natl Acad Sci U S A. 1992 August 15; 89(16): 7683–7687.

KRAMER, Samuel Noah y Jean BOTTÉRO, *Cuando los dioses hacían de hombres*, Mitología mesopotámica, Akal, Madrid 1998.

KRAMRISH, Stella, *The Triple Structure of Creation in the Rg Veda*, History of Religions, Vol. 2, No. 1 (Summer, 1962), pp. 140-175.

KUNJUSUAMI, *Living with the master*, Sri Ramanasramam, Tiruvannamalai, 2010.

La epopeya de Gilgamesh, Edición de Jean Bottéro, editorial Akal, Madrid 1998.

LABROUSSE, A., *L'Architecture des pyramides à textes*, BdE 114/1-2, 1996.

LACANDENA GARCÍA-GALLO, Alfonso, *Religión y escritura*, publicado en el libro *Religión Maya*, Edición de Mercedes de la Garza Camino y Martha Ilia Nájera Coronado, Editorial Trotta, Madrid 2002, pp. 171-194.

LAURANCE, Jeremy, *Scientist Discover way to reverse loss of memory*, The Independent, 30 de enero del 2008.

LEGAST, Anne, *Feline symbolism and material culture*, en *Icons of Power. Feline Symbolism in the Americas*, edited by Nicholas J. Saunders, Routledge 1998, pp. 122-153.

LOOPER, Matthew G., *The Three Stones of Maya Creation Myhtology at Quiriguà*, Mexicon XII, 2007, (2): 24-30.

MACRI, Martha J., Gabrielle VAIL, *The New Catalog of Maya Hieroglyphs, Volume 2· The Codical Texts*, University of Oklahoma Press, 2009.

MACRI, Martha J., Matthew G. LOOPER, *The New Catalog of Maya Hieroglyphs, Volume 1· The Classic Period Inscriptions*, University of Oklahoma Press, 2003.

MANN, Charles C., *El nacimiento de la religión*, Nacional Geographic España, Junio 2010, pp. 18-41.

MARSHALL, Sir John, *Mohenjodaro and the Indus Civilization. Being an Oficial Account of Archaeological Excavations at Mohejodaro Carried out by the Government of India Between the Years 1922-27*, Delhi: Indological Book House, 1931.

MARTÍNEZ-FRÍAS, Jesús, *Diminutos cristales de magnetita en el cerebro*, El País, miércoles 22 de enero de 1997, p. 24.

MATHIEU, Bernard, *La signification du serdab dans la pirámide d'Ounas*, Études sur l'Ancient Empire et la nécropole de Saqqâra dédiées à Jean Philippe Lauer. Editado por Berger y B. Mathieu. Orientalia Monspeliensia 9, 1997. Montpelier: Université Paul Valéry, pp. 289-304

MATTHEW Schaefer, David, *"It was Doing in the '6-Sky' Lord": An Investigation of the Origins and Meaning of the Three Stones of Creation in the Ancient Mesoamerica*, tesis presentada en la University of Texas at Austin, December 2011.

MELLÉN BLANCO, Francisco, *Manuscritos y documentos españoles para la historia de la isla de Pascua, La expedición del Capitán D. Felipe González de Haedo a la isla de David*, CEDEX, Madrid 1986.

MUDALIAR, A. Devaraja, *Day by Day with Bhagavan*, Sri Ramanasramam, Tiruvannamalai, 2011.

MUNGALA S. VENKATARAMAIAH (Swami Ramanananda Saraswati), *Talks with Sri Ramana Maharshi*, Sri Ramanasramam, Tiruvannamalai, 2013.

NAGAMMA, Suri, *Letters from Sri Ramanasramam*, Sri Ramanasramam, Tiruvannamalai, 2011.

NARASIMHA SWAMI, *Self Realization, The Life and Teachings of Bhagavan Sri Ramana Maharshi*, Sri Ramanasramam, Tiruvannamalai, 2010.

NATARAJAN, A. R., *Lo eterno en el tiempo, Sri Ramana Maharshi*, editorial José J. de Olañeta, Palma de Mallorca, 2006.

PARPOLA, Asko, *A Dravinian solution to the Indus script problem*. Kalaignar M. Karunanidhi Classical Tamil Research Endowment Lectura, World Classical Tamil Conference, 25-6-2010.

PETRIE W. M. F., *The Royal Tombs (Part I) of the First Dinasty*, London 1900.

PLATO, *Timaeus, Critias, Cleitophon, Menexenus, Epistles*, Harvard University Press - The Loeb Classical Library, Cambridge, Massachusetts, 1929.

Popol Vuh. Relato Maya del origen del Mundo y de la Vida, versión, introducción y notas de Miguel Ribera Dorado, Editorial Trotta, Madrid 2008.

RAMANA MAHARSHI, *The collected works of Sri Ramana Maharshi*, Sri Ramanasramam, Tiruvannamalai, 2011, ditorial Trotta, Madrid 2008.

RAMANA MAHARSHI, *The collected works of Sri Ramana Maharshi*, Sri Ramanasramam, Tiruvannamalai, 2011.

REYMOND, E.A.E., *The Mythical Origin of the Egyptian Temple*, Manchester University Press, 1969.

ROBSON, David, *Civilization's true dawn*, New Scientist, 5 october 2013, pp. 32-37.

ROERICH, Nicholas, *Heart of Asia*, Roerich Museum Press, New York 1929.

ROERICH, Nicholas, *The Roerich Pact and the Banner of Peace*, Published by The Roerich Pact and Banner of Peace Comitee, New York 1947.

ROOB, Alexander, *El museo hermético. Alquimia y Mística*, Taschen, Colonia 1996.

SAUNDERS, Nicholas J., *Architecture of Symbolism*, de la obra editada por él mismo: *Icons of Power. Feline symbolism in the Americas*, Routledge, London-New York 1998.

SCHELE, Linda and D. Villela, Khristaan, *Creation, Cosmos and the Imaginery of Palenque and Copan*, Eight Palenque Round Table, 1993. Publicado por Martha J. Macri and Jan McHargue en San Francisco: Pre-Columbian Art Research Institute, 1996. Disponible en: http://www.mesoweb.com/pari/publications/rt10/Creation.pdf

SCHELE, Linda, *Balan-Ahau: A Posible Reading of the Tikal Emblem Glyph and a Title of Palenque*. En Fourth Palenque Round Table, 1980 (Vol. VI), editado por Merle Greene Robertson y Elisabeth P. Benson, pp. 59-65. San Francisco: The Pre-columbian Art Research Institute. Disponible en: http://www.mesoweb.com/pari/publications/rt06/Schele1985.pdf

SCHOCH, Robert M., PhD. y McNALLY, Robert Aquinas, *Voices of the Rocks. A scientist looks at catastrophes & ancient civilizations*, Harmony Books, New York 1999.

SCHWALLER DE LUBICZ, R. A., *Le Temple dans l'Homme*, Éditions Dervy, Paris 1979.

SHANON, Benny, *The antipodes of the mind*, Oxford University Press, 2002.

SILVA DEL CASTILLO, Jorge, *Nagbu: Totality or Abyss in the first verse of Gilgamesh*, Iraq LX, 1998, pp 219-221.

SLEZAK, Michael, *The now delusión. Do past, present and future exist only inside our heads?*, New Scientist, 2 November 2013, pp. 34-38.

SRI MURUGANAR, *Padamalai. Enseñanzas de Sri Ramana Maharshi*, Editorial Sanz y Torres, Madrid 2010.

STEINER, Rudolf, *La Ciencia Oculta. Un bosquejo*, Editorial Rudolf Steiner, Madrid 2000.

STUART, David, *Blood Symbolism in Maya Iconography*, pp. 175-221, en E.P. Benson and G. G. Griffin (eds), *Maya Iconography*, New Jersey, Princeton University Press, 1988.

STUART, David, *Glyphs on Pots: Decoding Classic Maya Ceramics*, Sourcebook for the 2005 Maya Meetings at Texas, Department of Art and Art History, UT-Austin, Austin. Texto disponible en: http://decipherment. files.wordpress.com/2012/10/stuart-wahy-chapter-2005.pdf

SUBBARAMAYYA, G. V., *Sri Ramana Reminiscenses,* Sri Ramanasramam, Tiruvannamalai, 1994,

SULLIVAN, William, *El secreto de los Incas*, Ed. Grijalbo, Barcelona 1999.

Surprassing Love and Grace. An offering from his devotees, Sri Ramanasramam, Tiruvannamalai, 2009.

TAUBE, A. Karl, *Flower Mountain. Concepts of life, beauty, and paradise among the Classic Maya*, Anthropology and Aesthetics, 45, 2004, pp. 69-98.

TAUBE, A. Karl, *The Teotihuacan Cave of Origin: The Iconography and Architecture of Emergente Mythology in Mesoamerica and the American Southwest*, Anthropology and Aesthetics, No. 12 (Autumn, 1986), pp. 51-82.

Textos Herméticos, Editorial Gredos, Madrid 1999.

The Ancient Egyptian Pyramid Texts, Translated with an Introduction and Notes by James P. Allen, Brill, Leiden · Boston, 2005.

The Babylonian Gilgamesh Epic, A. R. George, Oxford University Press, New York 2003.

The Oxford Enciclopedia of Ancient Egypt, Donald B. Redford, editor jefe, Oxford University Press, 2001, vol II.

THOMPSON, J. Eric S., *Un comentario al Códice de Dresde*, Fondo de Cultura Económica, México D.F. 1988.

TORRICELLI, Marín Fabrizio y LIBORIA, María, *Shambala. La tierra de los sabios*, Akal, Madrid 2001.

TYLDESLEY, Joyce, *Mitos y leyendas del antiguo Egipto*, Editorial Crítica, Barcelona 2011.

VAN BUREN, E. Douglas, *Fish-offerings in Ancient Mesopotamia*, Iraq, 1948, Vol. 10, No. 2, pp. 101-121.

VAN DIJK, J., *Le motive cosmique dans la pensée sumerienne*, Acta Orientalia, vol. XXVIII, 1-2, Havniae 1964, pp. 1-59.

VAN LOMMEL, Pim, Ruud van Wees, Vincent Meyers y Ingrid Elfferich, *Near-death experience in survivors of cardiac arrest: a prospective study in Netherlands*, The Lancet, vol. 358, december 15, 2001, 2039-2045.

VELÁSQUEZ GARCÍA, Erik, *The Maya Flood Myth and the Decapitation of the Cosmic Caiman*, PARI Journal 7(1): 1-10. El paper está disponible en: www.mesoweb.com/pari/publications/journal/701/Diluvio.pdf

VILLACORTA C., J. Antonio y Villacorta, Carlos A., *Códices Mayas*, Biblioteca maya "Ojer Tzij", Guatemala, 1930.

Von Winning, Hasso, *Iconografía de Teotihuacan. Los dioses y los signos*, Universidad Nacional Autónoma de México, 1987.

Wallis Budge, E.A. *El libro egipcio de los muertos, El papiro de Ani*, editorial Sirio, Málaga 2007.

Waters, Frank, *El libro de los hopi*, Fondo de Cultura Económica, México 1992.

Watkins, Trevor, *Building houses, framing concepts, constructing worlds*, Paléorient. 2004, Vol. 30 Nº 1. Pp. 5-23.

Wayne Elzey, *The Nahua Myth of the Suns: History and Cosmology in Pre-Hispanic Mexican Religions*, Numen, Vol. 23, Fasc. 2 (Aug., 1976), pp. 114-135.

Wengrow, David, *The Archaeology of Early Egypt. Social Transformations in the North-East Africa*, Cambridge University Press, New York 2006.

Wilkinson, Richard H., *Todos los dioses del Antiguo Egipto*, Oberon-Grupo Anaya, Madrid 2003.

Wolfgand Voss N. Alexander, *¿Qué significa "maya"? Análisis etimológico de una palabra*, Investigadores de la Cultura Maya 10, tomo 2, 2002, UACAM, Campeche, pp. 380-398.

Yoga Vasishtha. Un compendio, Compilación, introducción, traducción y notas de Ernesto Ballesteros Arranz, Editorial Etnos, Madrid 2008.

Zandee, J. *Death as an Enemy According to Ancient Egyptian Conceptions*, Studies in the History of Religions: Supplements to "Numen" (Leiden 1960).

Guillermo Caba Serra nació en Sabadell en 1968. Licenciado en periodismo por la UAB y diplomado de posgrado en comunicación científica por la UPF, se especializó en la elaboración de informaciones de temática científica y de investigación y colaboró en diferentes medios de comunicación de Barcelona.

La elaboración de *La arqueología de la conciencia* es fruto de la decisión que tomó en el año 2001 cuando decidió aparcar su actividad como periodista. Puso el contador a cero e inició un periplo de viajes que, mochila al hombro, le llevaron a la Sierra Tarahumara, los ríos Napo y Amazonas, Manaus, el río Negro y el río Madeira, el desierto de Atacama y los andes peruanos, Turquía y la república de Tuvá en Rusia.

Sus experiencias, algunas de ellas vividas en comunidades indígenas en donde lo sobrenatural convive con lo cotidiano, le suscitaron el llevar a cabo una obra sobre la conciencia que estaba detrás de las creaciones sagradas más singulares de la humanidad. Amante del contacto directo con la naturaleza y de la vida sencilla, Caba reside actualmente en la montaña del Montseny.

www.ingramcontent.com/pod-product-compliance
Lightning Source LLC
Chambersburg PA
CBHW020152090426
42734CB00008B/795

* 9 7 8 8 4 7 9 4 8 1 3 6 0 *